WAS BISHER GESCHAH

Als ich im Jahre 2013 meine Verlobte Junko Katayama am Schalter 13 des Bunkyo Civic Centers in Tokio zur Frau nahm, war unsere Abmachung, dass wir zunächst in München leben würden, wo ich bereits über Heim, Herd und ein geregeltes Einkommen verfügte. Langfristig aber wollten wir nach Japan übersiedeln. Vielleicht nach meiner Pensionierung und wenn der geplante Nachwuchs aus dem Haus wäre.

Noch bevor jener in Form unserer Tochter Hana allerdings seinen ersten Geburtstag feiern konnte, bekam Junko ein finanziell lukratives und moralisch einwandfreies Angebot aus Tokio, ihre berufliche Karriere ebendort wieder aufzunehmen. Den besagten Geburtstag feierte Hana noch in München. Dann packten wir unser bisheriges Leben in Kisten und zogen nach Meguro im Südwesten der japanischen Hauptstadt, wo ich meine Zweitkarriere als freier Autor zu meiner ersten machen wollte. Meine oberste Pflicht sollte jedoch sein, dafür zu sorgen, dass unser deutsch-japanisches Kind das Allerbeste aus beider Länder Kulturen mitbekäme. Da ahnte ich noch nicht, dass der Rest der Welt auch noch etwas mitzureden hatte.

Hellwach im Kimono-Korsett

ZWISCHEN SHINTO-SCHREIN, STUNDENHOTEL UND CHINA-RESTAURANT: ECHTE PRINZESSINNEN FALLEN ERST IN OHNMACHT, WENN DAS MÄRCHEN ERZÄHLT IST

Als Hana drei Jahre alt war, ließen wir ihr die Haare schön machen, steckten sie in einen farbenfrohen Kimono und brachten sie zum örtlichen Schrein, wo sie anlässlich des Shichi-go-san-Festes gesegnet werden sollte. Wörtlich heißt *Shichi-go-san* »sieben-fünf-drei«. Dabei werden dreijährige Mädchen, fünfjährige Jungen und siebenjährige Kinder beiderlei Geschlechts gefeiert. Das sind die Altersgruppen, die in Japan dunklen Mächten gegenüber als besonders gefährdet gelten. Nicht dass moderne Eltern allzu große Furcht vor Geistern und Dämonen hegen. Darum ist das Fest heute wohl auf das Festliche reduziert: ein Anlass für schöne Fotos, ein bisschen Andacht und ein üppiges Essen hinterher.

Mitsamt Schwiegereltern und Schwägerin gingen wir vom Frisör direkt zum Schrein Otori Jinja in unserem Tokioter Wohnviertel Meguro. Er liegt schräg gegenüber unserer damaligen Wohnung, genau gegenüber von unserem alten Supermarkt. Ferner teilt er sich eine Straßenkreuzung mit einem Fast-Food-Restaurant der Kette Mos Burger sowie einem beeindruckenden Kücheneinrichtungsgeschäft der Firma Miele. Hanas Mutter, Junko, trug ebenfalls einen Kimono und prachtvoll drapierte Haare, ich immerhin meinen besten Anzug. Frisurentechnisch ist bei mir nicht viel zu machen, und Glitzer auf der Glatze lehne ich ab.

Auf dem Weg wurde Junko zusehends nachdenklicher. Schließlich sagte sie mit besorgtem Blick auf die fröhlich voranwackelnde Hana: »Hoffentlich schafft sie das.«

Ich sagte: »Nun, sie ist drei Jahre alt, also besteht eine realistische Chance, dass sie sich wie eine Dreijährige benehmen wird. Ich bin mir sicher, sie wird nicht die erste in der Geschichte dieses Festes sein.«

»Das meine ich nicht. Ich meine: Hoffentlich fällt sie nicht in Ohnmacht.«

»Warum sollte sie denn in Ohnmacht fallen? Sie macht keinen sonderlich nervösen Eindruck.«

»Diese Kimonos sind ganz schön eng geschnürt.« Immerhin versuchte Junko, der Sache etwas Positives abzugewinnen: »Hanas Berufsziel ist es, eine europäische Märchenprinzessin zu werden. Jetzt kann sie schon mal unsere Version eures Korsetts ausprobieren.«

Als sie mich vor Monaten gefragt hatte, ob wir Hana am Fest teilnehmen lassen sollten, war ich sofort Feuer und Flamme gewesen: Man hatte mir von den schönen Kimonos und beeindruckend frisierten Haaren erzählt, von einer ungruseligen Shinto-Zeremonie, vom prächtigen Gelage hinterher. Ein Topereignis, das in keinem Familienfotoalbum fehlen durfte. Niemand hatte erwähnt, dass meine kleine schutzlose Babyprinzessin in Ohnmacht fallen könnte!

Die kleine Prinzessin möchte ins Stundenhotel

Es stimmt schon, dass Hana, wie viele Mädchen ihres Alters, etwas für Prinzessinnen übrighat, um es milde auszudrücken. Obwohl ich dieses Faible nicht forciert habe, habe ich ebenso wenig versucht, sie aktiv davon abzubringen mit einem Satz wie: »*Sieh mal, Tierärztin, Astronautin, Gehirnchirurgin, Atomforscherin oder erste Premierministerin mit Migrationshintergrund ist doch auch cool. Du kannst alles werden, was du willst, wenn du nur fest an dich glaubst!*« Sie hätte nur geantwortet: »*Prima! Dann glaub ich ganz fest, ich will Prinzessin werden!*« Und warum auch nicht? Keine Ahnung, warum die Prinzessinnenphase in der modernen Kindererziehung einen so schlechten Ruf hat. Prinzessin zu werden scheint mir ein außerordentlich ambitioniertes Ziel. Prinzessin zu sein ist bestimmt ein aufreibender 24-Stunden-Job.

Lediglich eines musste ich ihr ausreden: Prinzessin des Schlosses werden zu wollen, das in unserer Nachbarschaft steht. Es sieht aus wie ein Disney-Prinzessinnen-Schloss aus den Siebzigern, das seit seiner Eröffnung nicht mehr renoviert wurde. Der Eindruck täuscht allerdings: Dem Vernehmen nach wurde es zwischenzeitlich mindestens einmal renoviert. Diese Information habe ich zumindest auf einer Website für Sextouristen gefunden, auf der ich gelandet war, als ich aus journalistischer und nachbarschaftlicher Neugier die Geschichte des Gebäudes recherchierte. Denn leider handelt es sich nicht um einen Ort, der Kinderfantasien beflügeln sollte, sondern um ein Stundenhotel. Solche mögen im wohnraumbeengten und nicht christlich moralisierten Japan eine höhere gesellschaftliche Akzeptanz genießen als anderswo. Trotzdem sind sie keineswegs beliebte Treffpunkte für Mutter-und-Kind-Gruppen.

»Prinzessinnenschloss!«, rief Hana jedes Mal in den sehr jungen Jahren, in denen man sich mehr in Stichwörtern als in ganzen Sätzen artikuliert, wenn wir an dem Etablissement vorbeikamen. Das war mindestens zweimal am Tag, passenderweise auf dem Weg zum und vom Kindergarten.

»Das ist kein Schloss, das ist ein Hotel«, erklärte ich ihr jedes Mal, und irgendwann hatte sie es akzeptiert.

Bis sie alt genug war, die feinen Seiten des Lebens kennen und schätzen zu lernen, also das Reisen und das Übernachten an fremden, aufregenden Orten. »Warum gehen wir nie in dieses Hotel?«, war nun ihre wiederkehrende Frage, wenn wir daran vorbeischlenderten.

»Wir wohnen doch gleich um die Ecke.«

»Ach ja.« Bis sie für diese unbefriedigende Antwort zu schlau wurde: »Wir gehen auch manchmal in Yokohama ins Hotel, obwohl das nicht sooo weit weg ist.«

Das stimmte. Die Zugfahrt aus dem Zentrum Tokios in die maritime Nachbarstadt dauert bei guter Verbindung nicht viel länger als die Fahrt von Bremen-Vegesack in die Bremer Innenstadt (die Züge zwischen Tokio und Yokohama fahren allerdings auch schneller als die zwischen Vegesack und Bremen Hauptbahnhof). Trotzdem bleiben wir nach einem Abstecher an den Hafen oder ins Chinesenviertel oder ins Museum für komische Kotnachbildungen (fragen Sie nicht) manchmal über Nacht einfach dort, als kleiner Kompromiss zwischen »Ausflug« und »Urlaub«. Eine winzige, dekadente Indiskretion. Adel verpflichtet halt.

Aber zurück zur Frage: »Gut, vielleicht gehen wir mal in dieses Hotel. Allerdings nicht mehr dieses Jahr.« Nächstes Jahr wohnen wir hoffentlich woanders, und die Frage stellt sich nicht mehr.

»Warum nicht dieses Jahr?«

»Wegen Corona.«

»Ach ja.«

Corona hat die Kindererziehung sicherlich vor viele Herausforderungen gestellt. Doch manchmal lässt sich das Phänomen auch als Trumpfkarte ausspielen. Zum Beispiel dann, wenn man ein allzu niedliches Stundenhotel in der Nachbarschaft hat.

* * *

Auf unserem Weg zum Schrein war Corona noch fern, und ich hatte ganz andere Sorgen. Ich wollte nicht, dass jemand in Ohnmacht fiel. Allerdings würden wir aus dieser Shichi-go-san-Nummer und aus dem Kimono jetzt nicht mehr rauskommen. Wir hatten sogar Fotografen dabei, die uns auf Schritt und Tritt verfolgten. Beziehungsweise einen Fotografen und seine Assistentin, die gleichzeitig seine Ehefrau war. Wir hatten die beiden über eine Website kennengelernt. Nicht die für Sextouristen, sondern eine, über die man ernsthafte Hobbyfotografen buchen kann. Ernsthafte Hobbyfotografen sind meist genauso gut wie professionelle, zumindest im ernsthaft fotobegeisterten Japan, nur günstiger. Außerdem belassen sie das Recht an den Abbildungen gerne bei den Abgebildeten. Dieses sympathische, quirlige Paar hatte uns schon öfter geknipst. Das erste Mal, als wir gerade nach Tokio gekommen waren und glamouröse Beweisfotos unseres neuen Lebens anfertigen lassen wollten. Dann dokumentierten sie den ersten Besuch meiner Eltern in Japan, schließlich schossen sie ein paar Autorenfotos von mir. Letztere gerieten leider künstlerisch ein wenig zu wertvoll, weshalb sie bisher von jedem Verlag abgelehnt wurden. *»Darauf kann man ja Ihr Gesicht gar nicht richtig erkennen!«* – Unverfroren, was Verlage heutzutage für Anforderungen haben. Dann bleibt es eben bei den Handyschnappschüssen meiner Frau.

Ich möchte nicht sagen, dass die beiden so etwas wie unsere Freunde geworden waren. Dennoch sind wir recht glücklich darüber, dass sie unser Leben stationsweise begleiten und wir ein bisschen auch ihres. (Ich glaube, bei ihnen steht Nachwuchs an. Aber von mir haben Sie es nicht.)

Auf dem Weg zum Schrein passierte nichts Bedenklicheres als der eine oder andere rabiate Sturz, den dynamische Dreijährige auch ohne Kimono schon mal hinlegen. Wahrscheinlich wollte Hana sich die große divenhafte Ohnmacht für den Moment aufsparen, wenn der Priester ihren Namen aufrief.

Gebrauchsanweisung fürs Anbeten

Im Wartezimmer des Schreins erhielt ich als Einziger ein Merkblatt, auf dem eine großäugige Manga-Figur auf Englisch schrittweise erklärte, »wie man anbetet«. Wahrscheinlich zur Sicherheit, falls mir die vielen Poster desselben Inhalts nicht auffielen, die überall angebracht waren.

In der Tat war das Überreichen des Dokuments bedeutungsvoller als ein unverbindlich herumhängendes Poster. Ich hatte nicht gewusst, dass von mir erwartet wurde, dass ich hier aktiv anbeten würde. Ich hatte gedacht, ich schaue allenfalls den anderen dabei zu.

Vielleicht würde ich ja zuerst in Ohnmacht fallen, aus Angst um meine Tochter und wegen des Leistungsdrucks. Es wäre die konsequente Fortführung beziehungsweise Wiederaufnahme der Ohnmachtsanfälle meiner Kindheit. Damals überkamen sie mich häufig in Kirchen. In diesen Umstand lässt sich sicherlich Gott weiß was hineininterpretieren. Jedoch kam keinerlei guter Geist über mich oder ein böser aus mir heraus, es war nur ein unglückliches Zusammenspiel von schwachem Kreislauf und schlechter

Luft. Es war keine dramatische Angelegenheit; ein wenig genoss ich es sogar, im Mittelpunkt von Besorgnis und warmen Worten aufzuwachen. In Kinos erwischte es mich ebenfalls häufig. Bis heute weiß ich nicht, wie *Gandhi* ausgegangen ist. Haben sie den Kerl geschnappt?

Die Grundzüge der Shinto-Anbetung sind nicht schwierig zu verinnerlichen. Vorausgesetzt, man ist nicht gerade so nervös, wie ich es bei meinem ersten Mal war, als ich das Wasser, mit dem ich ordnungsgemäß meinen Mund gereinigt hatte, wieder zurück in das Becken spuckte, aus dem die echten Gläubigen auch noch sauberes Wasser in den Mund nehmen wollten. Die Scham geschah mir natürlich ganz recht. Die, die hinter mir in der Schlange standen, hatten mein Missgeschick derweil nicht verdient. Was mischte ich mich auch in fremde Glaubensangelegenheiten ein? Fallen japanische Touristen etwa bei der Besichtigung deutscher Kirchen sofort auf die Knie und beten erst mal eine Runde den lieben Gott an? Mehrheitlich nicht. Wenn ich heute mit der Familie einen Schrein (shintoistisch) oder einen Tempel (buddhistisch) besuche, dann trete ich ein paar Schritte zurück, genieße die Aussicht und lasse die echten Gläubigen die Rituale ihres Glaubens ohne mich praktizieren. Ich werfe keine Münzen in Klingelkästen, entzünde keine Räucherstäbchen, klatsche nicht in die Hände zur Götterbegrüßung und knote keine niedergeschriebenen frommen Wünsche an knorrige Äste. Es wäre meinerseits schließlich nichts als leeres, respektloses Theater.

Meine einzige Konzession an den mir fremden Glauben ist der jährliche Erwerb eines Gestecks für die Wohnungstür, das gute Geschäfte versprechen soll. Es nennt sich *Kumade* und ist im Wesentlichen ein dekorierter Rechen, der ordentlich Gewinne ins Haus rechen soll. Einer meiner japanischen Papa-Freunde schwört darauf, und ich nutze den Kauf, um ein bisschen Männer-Bonding zu betreiben. Wir sind einander sympathisch, aber können das nicht immer ideal ausdrücken. Nicht nur weil wir Männer sind, sondern auch weil ich nur wenig Japanisch spreche und er gar keine andere Sprache. Beruflich macht er beim Trickfilm die Geräusche, und ich schreibe und redigiere gelegentlich für Film und Fernsehen. Wir hätten einander bestimmt viel zu erzählen, wenn wir nur könnten. Ist nicht mindestens eine unserer Frauen als Dolmetscherin dabei, herrscht zwischen uns nicht selten angenehmes, männlich-stilles Einverständnis oder betretenes Schweigen. Das ist ja manchmal schwierig auseinanderzuhalten.

Fremdsprachenkenntnisse scheinen in Japan Frauensache zu sein. Nein, stimmt nicht – wenn ich meinen Bekanntenkreis so durchzähle, komme ich durchaus auf zwei männliche Japaner, die der englischen Konversation mächtig sind. Und auf fünf Frauen. Nein, sechs. Moment, es werden immer mehr Frauen … Männer allerdings nicht. Die Frau des Sounddesigners, also die Mutter der besten Freundin unserer Tochter, arbeitet für einen bekannten Hersteller von Videospielen. Ich glaube, sie besitzt kein einziges Kleidungs- oder Gepäckstück, auf dem nicht Pac-Man oder Ms. Pac-Man abgebildet ist. Das nur zur Illustration, mit welcher Art von Leuten wir hier abhängen. Genau die richtige Art von Leuten, würde ich sagen.

Selbstredend ist es in Japan eher an mir, besser Japanisch zu lernen, als an irgendwelchen Japanern, sich irgendwelche mir genehmen Fremdsprachen anzueignen. Bis es so weit ist, behelfen wir uns halt mit Requisiten. Der Talisman zur Gewinnoptimierung muss ein Jahr später während eines rauschenden Festes zurück zum Schrein gebracht werden, wo man gleich einen neuen kauft, und zwar, wenn man das Gesicht nicht verlieren möchte, einen größeren als im letzten Jahr. Wenn die Dinger richtig funktionieren, dürfte das ja kein Problem sein. Sie werden mit viel Geschrei nach dem Kauf geweiht, dann gibt es das, was es bei religiösen Festen halt so gibt: gebratene Nudeln, Dosenbier und gute Laune. Unsere

Töchter fischen derweil für Geld Flummis aus brausenden Wasserbädern. Es wäre günstiger, die Flummis einfach zu kaufen, aber einem kleinen Kind und einem wahren Mann des Glaubens muss man nicht erklären, dass es darauf nicht ankommt.

***

Letztendlich benahm sich meine Tochter vor dem Priester und der versammelten Gemeinde überhaupt nicht daneben. Ihr Vater spuckte nichts irgendwohin, wo es nicht hingehörte. Niemand fiel in Ohnmacht. Der einzige Moment, der mir ein bisschen peinlich war, kam, als der Priester laut und klar unsere komplette Adresse vorsang. Vermutlich, damit der Segen sie noch genauer traf. Ich konnte spüren, wie alle dachten: »*Oho, die kleine Prinzessin tut hier ganz etepetete mit ihrer Püppchenfrisur und ihrem extraengen Angeber-Kimono, aber ihre Eltern können sich nicht mehr leisten, als in einem der schäbigeren Mietshäuser der Gegend zu hausen. Ist das nicht ganz in der Nähe von diesem versifften Stundenhotel?*« Vielleicht dachte das auch gar niemand. Ich war schließlich selbst nicht mehr ganz Herr meiner Gedanken, stand vermutlich kurz vor einer Ohnmacht.

Die Erwachsenen verließen den Schrein erleichtert. Hana, nach wie vor normal atmend, verließ den Schrein glücklich über die Wundertüte mit ganz weltlichem Spielzeug und Süßigkeiten, die sie vom Priester bekommen hatte. Junko sah mich an, sah wohl die Zweifel, die sich allmählich in meine Erleichterung mischten, und fragte: »Ist irgendwas?«

»Nein, wieso? Ich bin froh, dass alles so gut über die Bühne gegangen ist.«

»Aber irgendwas ist doch.«

»Gut, wenn du es wissen musst: Ein kleiner selbstsüchtiger Teil von mir ist etwas enttäuscht, dass nichts Lustiges passiert ist.«

»Was soll bei Shichi-go-san schon Lustiges passieren?«

»Zum Beispiel, dass jemand in Ohnmacht fällt.«

»Und das hätte dir gefallen?« Sie zog die Augenbrauen in die Höhe.

»Größtenteils nicht. Aber teilweise schon, dann hätte man drüber schreiben können.«

»Man muss auch nicht immer über alles schreiben.«

Das wird sie wahrscheinlich nie verstehen.

* * *

Zum Abschluss der Festlichkeiten verabschiedete sich Hana doch noch in die Ohnmacht, allerdings gänzlich ohne große Inszenierung, im Rahmen eines kalkulierten, kleinkindtypischen Nachmittagsschlafes. In dem China-Restaurant, in dem wir ihre erfolgreiche Segnung feierten, bettete sie unmittelbar nach der Ankunft ihren kleinen Kopf auf die harte Tischplatte und schlief ein, bevor auch nur der Apfelsaft serviert war. Sie saß zusammengesunken da wie eine Betrunkene. Dabei waren es die anderen, die um sie herum betrunken wurden, während sie scharfes Hackfleisch-Tofu (nicht zu verwechseln mit Tofu-Hackfleisch), Ententeile und Teigtaschen fröhlich in sich hineinstopften. Es lag nicht am Kimono; Hana trug längst wieder ihren übergroßen Kapuzenpulli mit der Aufschrift »Pony Power« und einer Abbildung des Charakters Rainbow Dash aus der Zeichentrickserie *My Little Pony – Freundschaft ist Magie*.

Die Prinzessin erwachte erst aus dem Schlaf, als es für alle an der Zeit war, in verschiedenen Taxis in verschiedene Richtungen nach Hause zu fahren. Wir würden in vier Jahren sehen, wenn der Segen erneuert werden musste, ob nicht doch noch jemand in Ohnmacht fallen würde.

Alles (ohne Tote und Schwerver-letzte) ist lustig (ir-gendwann)

EINE ETWAS UNAPPETITLICHE
FAMILIENGESCHICHTE ÜBER LUFT-
KRANKHEIT, EINHORNSCHOKOLADE,
JETLAG, GROBE DAMENUNTERWÄSCHE
UND FEINE HERRENOBERBEKLEIDUNG

Als ich heute Morgen fröstelnd meine Schubladen nach langer Unterwäsche durchsuchte, fand ich ein Kleidungsstück, das ich zunächst nicht zuordnen konnte. Ein Oberteil. Es schien niemandem in unserem Haushalt zu passen. Zu klein für mich, zu groß für die fünfjährige Hana, nicht Junkos Stil. Dennoch fragte ich sie danach. Sie meinte, leicht pikiert: »Das ist von Lufthansa. Das hat dir diese blonde Stewardess geschenkt.«

»Flugbegleiterin.«

»Ich wollte es wegschmeißen, aber du hast gesagt, du möchtest es behalten. Als, ich zitiere, ›Erinnerungsstück‹.«

Es hat funktioniert. Die Erinnerung kommt zurück.

Was Flugbegleiterinnen (möglicherweise) druntertragen

Das Kleidungsstück in meinen Händen ist also ein Lufthansa-Kleidungsstück. Genauer kann ich es nicht definieren. Als eine Flugbegleiterin es mir über den Wolken überließ, bezeichnete sie es als Sweatshirt. Für meine Sweatshirt-Vorstellungen ist es allerdings zu dünn und zu ungewöhnlich geschnitten. Es erinnert mich eher an eine grobe Bluse, obwohl der Begriff »grob« sich mit meiner Vorstellung von Blusen nicht recht decken möchte. Es ist schwer zu sagen, zu welchen Anlässen und in welchen Kombinationen dieses Kleidungsstück getragen wird. Ich glaube, es handelt sich um einen Teil der Flugbegleiterinnenuniform, obwohl es mir an den Damen noch nie aufgefallen ist. Vielleicht tragen sie es drunter. Es kann schließlich ziemlich kalt werden in diesen Flugkabinen. Mit Flugbegleiterinnenunterwäsche kenne ich mich nun wirklich nicht aus; das Leben ist schließlich keine Herrenmagazin-Witzeseite. Meines zumindest nicht. Nicht dass ich mich beschweren möchte.

So hatte es also keinerlei erotische Bewandtnis, dass mir eine Flugbegleiterin über den Wolken einmal ein vermutetes Stück ihrer Berufsunterbekleidung überlassen hatte. Es hatte damit zu tun, dass meine Tochter die Fliegerei nicht gut vertrug. Gar nicht gut.

Das (ehemals) unkomplizierteste Kind in der Geschichte der Luftfahrt

Dabei war das nicht immer so gewesen. Sicherlich gehört zu den größten Ängsten international orientierter Eltern kleiner Kinder die, das Kind könnte auf einem Zwölf-Stunden-Flug auf die Idee kommen, sich wie ein Kind aufzuführen und den anderen Passagieren die Reise zum Höllentrip zu machen. Inzwischen gibt es unter gewohnheitsmäßig Reisenden sogar eine Denkschule, laut der die Kindeseltern kleine Aufmerksamkeiten für die Sitznach-

barn mitbringen sollten, um sich schon vorab für das zu erwarten-
de Chaos zu entschuldigen. Ich meine: Pustekuchen! Sicherlich, als
ich noch kinderloser Soloreisender war, ging mir manches Kinder-
geschrei ebenfalls auf den Geist. Aber selbst damals fand ich: Sind
halt Kinder, was willste machen. Die schreienden Kleinen werden
Argumenten gegenüber nicht aufgeschlossen sein, und die Eltern
haben schon genug am Hals. Außerdem sind zwölf Stunden ja nun
keine Ewigkeit. Wenn sich Kinder wie Kinder benehmen, müssen
sich Erwachsene mal wie Erwachsene benehmen und sich zusammenreißen. Auch ohne Belohnung.

   War bei Hana eh nicht nötig, als sie noch im Krabbelalter war.
Sie wurde in ihr Flugzeugbettchen gelegt, das sogenannte Bassinet
(was für alberne Wörter man im Erwachsenenalter noch lernen
muss), das vor dem Sitz der Eltern angebracht war, Deckel drauf,
und gut. Am Ende des Fluges Deckel wieder auf, sie streckte ihren
Kopf über den Rand der Vorrichtung, etwas zerzaust und benom-
men, ein bisschen wie John Belushi in einer College-Partykomö-
die, der gerade verkatert aufwacht und fragt: *»Is was?«*

   Als sie dem Bassinet-Alter knapp entwachsen war, blieb sie zunächst eine talentierte Fliegerin. Ein bisschen *Findet Nemo* auf dem
In-Flight-Entertainment-System, ein paar kleinkindgerechte Rät-
selhefte sowie besonders bunte Snacks jenseits des Alltagsangebots,
und schon war die Sache geritzt. Das charmanteste und unkom-
plizierteste Kind in der Geschichte der Luftfahrt. Mitreisende und
Personal spendierten uns stehende Ovationen. Es war ganz sicher
nicht an uns, Geschenke zu verteilen. Wenn überhaupt, hätte man
uns zum Dank welche zu Füßen legen müssen. Die einzige Sze-
ne, die Hana uns in dieser Phase einmal gemacht hatte, war beim
Verlassen des Flugzeugs. Sie wollte partout nicht. Schrie, versteifte
sich, krallte sich an Sitzen fest, während Junko und ich versuchten,
sie an den Beinen Richtung Ausgang zu zerren. Sie war der einzige
Passagier, der nach einem halben Tag Economy Class fand: *»Das

war schon alles?! Das darf doch nicht wahr sein! Mach noch mal diesen Fischfilm an!«

Aber diese Phase der bedingungslosen, alles verzehrenden Flugreisenliebhaberei dauerte nicht lange an, wie das halt bei besonders melodramatischen Leidenschaften immer so ist. Flugs darauf (Entschuldigung) begann die Phase der Luftkrankheit. Und die währt bis heute.

Sind so kleine Tüten

Als wir uns kurz vor Weihnachten 2019 von Tokio über München auf den Weg nach Bremen machten, keimte sie besonders stark auf, diese elterliche Angst vor dem Kind im Flugzeug. Diesmal war sie allerdings nicht von Ungewissheit gespeist, sondern von Erfahrungswerten: Auf den letzten Interkontinentalflügen war es stets kurz vor Schluss aus Hana herausgebrochen, buchstäblich, und zwar alles (und das war einiges). Vor diesem Flug hatte ich mich im deutsch-japanischen Elternnetzwerk umgehört und ein paar medizinische Tipps bekommen. Junko allerdings war von sportlichem Ehrgeiz ergriffen: Sie wollte es ohne medikamentöses Eingreifen schaffen. Sie meinte: »Hana hat die letzten Male einfach zu viel gegessen und zu viel getrunken, und zwar fast ausschließlich Sachen, die nicht gut für sie waren. Diesmal wird sie das nicht mehr machen. Sie weiß ja um die Konsequenzen.«

»Meinst du wirklich, dass sie so vernünftig ist? Immer wenn ich mit ihr in den Hello-Kitty-Laden gehe und sie mir auf dem Weg mehrfach das Versprechen gibt, dass wir nur gucken und nichts kaufen werden, möchte sie, sobald wir dort sind, trotzdem etwas haben.«

»Und danach reihert sie sich im Hello-Kitty-Laden die Seele aus dem Leib?«

»Das nicht.«

»Siehst du? Das Schlimmste, was ihr in deinem Kitty-Szenario passieren kann, ist, dass du nein sagst. Und wir alle wissen, wie unwahrscheinlich das ist.«

»Da gibt es aber auch immer tolle Sachen … «

»Im Flugzeug hingegen ist der schlimmste anzunehmende Ernstfall um einiges dramatischer, und sie weiß, dass keine großen feucht flehenden Manga-Augen und kein Fußstampfen sein Eintreten verhindern können. Sie wird so vernünftig sein, sich an unsere Abmachungen zu halten.«

* * *

Sie war so vernünftig.

Es hat nicht geholfen.

Glücklicherweise waren wir diesmal eins a vorbereitet mit Wechselkleidung, Reinigungsmitteln und selbstgebastelten Spucktüten-Spezialanfertigungen. Denn mal ganz ehrlich: Welches panische Kind im Vorschulalter kann sich gezielt in diese klitzekleinen Tütchen erbrechen, die die Fluglinien dafür zur Verfügung stellen? Als wir Hana die einmal vor die Nase hielten, schlug sie bloß unsere Arme fort, als wollte sie sagen: »*Weg damit, was immer das sein mag! Ich brauche PLATZ! Achtung … es KOMMT!*«

Durch exzellent choreografiertes Einschreiten konnten wir den schlimmsten Schaden an Kind, Eltern und Sitzreihe verhindern beziehungsweise so schnell eindämmen, dass in der Dunkelheit der Kabine kein Unbeteiligter etwas bemerkte. Ihre Kleidung musste Hana natürlich wechseln. Macht ja nichts, wir hatten schließlich etwas im Handgepäck, genau für diesen Zweck.

Allerdings nicht für das dramatischere zweite Mal.

Diesmal konnten wir nicht mehr undercover im Schutz der Dunkelheit arbeiten. Wir mussten eine Flugbegleiterin hinzurufen.

Sie war hilfsbereit, konnte aber nichts daran ändern, dass sie keine Kinderkleidung zum Wechseln hatte. Ich fragte: »Vielleicht gibt es etwas im Angebot des Bordverkaufs? Wir zahlen jeden Preis.« Zur Not sogar für etwas, auf dem der Kranich Lu abgebildet ist; das Lufthansa-Maskottchen, dem Hana noch nie etwas abgewinnen konnte. Ich habe mich immer gefragt, was das für Menschen sind, die tatsächlich diesen Bordverkauf-Tand erwerben. Jetzt weiß ich: Verzweifelte Menschen sind das.

Doch leider gab es nichts Passendes im Angebot. Die Flugbegleiterin wollte trotzdem noch einmal nachsehen. Schließlich brachte sie ein Stück grobes Tuch: »Ich hätte nur dieses Sweatshirt.« Siehe oben.

Das passte Hana zwar nicht gescheit, doch immerhin konnten wir sie darin einwickeln, und sie musste nicht für den Rest des Fluges nackig im Gebläse zittern. »Hätten Sie vielleicht Spucktüten? Ich glaube zwar nicht, dass noch was kommt, aber man weiß ja nie … «

»Die sind in der Tasche vor Ihnen.«

»Die sind zu klein.«

Größere gab es nicht. Nicht schlimm, wahrscheinlich war sie jetzt wirklich leer.

***

Nein, war sie nicht.

Beim dritten Mal konnten wir nur noch die Waffen strecken. Uns geschlagen geben. Es geschehen lassen und darauf vertrauen, dass wir in München genug Zeit haben würden, uns neu einzukleiden, nachdem wir uns unter den bösen Blicken und gerümpften Nasen der Mitreisenden die gröbsten Brocken aus den Haaren gepult und uns davongeschlichen hätten. Dann würden wir eben diesmal auf unseren traditionellen Airbräu-Anstoß verzichten. Und vielleicht für den Anschlussflug schon mal Geschenke kaufen.

Papa muss arbeiten

Auf dem Franz-Josef-Strauß-Flughafen (so ein unangenehmer Name für so einen angenehmen Flughafen) bekamen Junko und ich uns tatsächlich wieder einigermaßen hin, aber Hana brauchte definitiv ein neues Oberteil. Im Souvenirshop fand Junko etwas: »Das ist das Einzige, was sie in ihrer Größe haben.« Sie hielt mir ein Bayern-München-Trikot vor die Nase.

»Das geht nicht«, sagte ich. »Hana hat drauf bestanden, ihren Werder-Schal zu tragen, um Opa am Flughafen in Bremen eine Freude zu machen. Ich verstehe nicht viel von Fußball, aber eines habe ich mitbekommen: Bayern-Trikot und Werder-Schal schließen sich aus.«

Wir suchten weiter und fanden einen rosafarbenen Kapuzenpulli, der nur ein kleines bisschen zu groß war. Da konnte sie schnell reinwachsen. Auf der Brust stand, ein verschnörkeltes Wappen umschließend: MÜNCHEN BAVARIA. Das ging in Ordnung. Hana ist in München geboren. Ich habe angenehme Erinnerungen an meine knapp zwanzig Jahre in der bayrischen Hauptstadt. So preußisch kann man gar nicht sein, dass man München nicht ins Herz schlösse.

Hana hatte zu diesem Zeitpunkt keine Meinung zu irgendwas, darüber hinaus keinerlei körperliche Kraft mehr. Ich trug sie durch den Flughafen, reihte mich mit ihr auf dem Arm schließlich in die Warteschlange für das Boarding nach Bremen ein. Ich stellte fest: Mit fünfzig über einen längeren Zeitraum eine Fünfjährige zu tragen war etwas anderes, als mit 47 eine Zweijährige zu tragen. Nicht das erste Mal im Leben fragte ich mich, welcher Weg der klügere sein mochte: Spät Vater werden (wie ich), gesegnet mit größerer Weisheit und mehr Gelassenheit als ein wankelmütiger Jungsporn? Oder lieber früher, ausgestattet mit einem voll funktionstüchtigen Stahlkörper in den allerbesten Jahren, von dem die täglichen Attacken des spielsüchtigen Nachwuchses abprasseln wie eine erfrischende Morgendusche? Wie immer kam ich nicht auf die Antwort. Vermutlich gibt es keine. Eine Fangfrage, eine Patt-situation.

Bald wanderten meine Gedanken weiter zu anderen Themen, um mich von den körperlichen Strapazen abzulenken. Sie wanderten zu lustigen Themen. Die lagen gar nicht so fern.

Weil mir Wiehern und Schenkelklopfen zuwider sind, würde ich mir lieber die Fingernägel alkalisch ablösen lassen, als mich als ›humoristischer Autor‹ zu bezeichnen. Nichtsdestotrotz kann ich nicht verleugnen, dass ich bei der Arbeit gerne mal auf den humoristischen Effekt abziele. Ich möchte nicht sagen ›auf Pointe schreibe‹, weil die Pointe als Instrument auch schon wieder so ein billiges Geschmäckle nach alkalischem Fingerbad hat. Welchen Hut ich mir auch immer aufsetze – als dem Humor irgendwie nahe stehender Autor habe ich ein einziges Mantra für alle Lebenslagen. Es lautet: *Irgendwann ist alles lustig.* Beziehungsweise: *Alles ist Material.*

Mein Fehler war nicht, dass ich mein Mantra Junko mitteilte. Mein Fehler war, dass ich es ausgerechnet in dieser Situation tat, mit dem ausgelaugten Kind auf dem Arm, den nächsten Flug bang erwartend, ein säuerliches Gerüchlein uns noch zart umwehend, wie ein Geist des vergangenen Erbrochenen. Dabei hatte Junko meine Offenheit provoziert, als sie feststellte: »Du bist doch in Gedanken schon wieder ganz woanders.«

»Das stimmt nicht, ich bin absolut bei der Sache. Kotzendes Kind und so.«

Ich musste es gar nicht aussprechen, es stand wohl in mein Gesicht geschrieben: »Du bist in Gedanken nicht hier, du bist auf der Arbeit! Sag mir bitte nicht, dass du über diesen ganzen Schlamassel schreiben wirst.«

»Wie könnte ich denn nicht? Sonst erlebe ich ja nichts. Und irgendwann ist alles lustig.«

»Du findest das lustig?«

»Irgendwann, wie gesagt. Jetzt natürlich noch nicht.« Ehrlich gesagt: ein bisschen schon. »Ganz alte erzählerische Regel: Komödie = Tragödie + Zeit.«

»Irgendwann ist alles lustig? Gilt das auch … zum Beispiel … für Völkermord?«

»Natürlich nicht. Das gilt nur für Sachen, die man selbst erlebt hat.«

»Wenn man also Völkermord hautnah erlebt hat und gerade so mit dem eigenen Leben davongekommen ist, dann kann man irgendwann herzhaft darüber lachen?« Sie sah mich an, als hielte sie das für unwahrscheinlich.

»Vielleicht nicht.«

»*Vielleicht* nicht?«

»Okay, ganz sicher nicht.«

»Mir fallen aus dem Stand zwei oder drei weitere Dinge ein, die auch im Nachhinein nicht lustig wären. Deren Aufzählung würde die Stimmung jetzt allerdings zu tief runterziehen.«

»Sieh es positiv: Die Stimmung ist nach wie vor nicht so schlecht, dass sie nicht noch tiefer runtergezogen werden könnte.«

»Sie ließe sich lediglich durch Gewaltverbrechen und unheilbare Krankheiten tiefer herunterziehen. Für einen Familienausflug ist sie so, wie sie ist, ziemlich auf dem Tiefpunkt.«

»Dann sollten wir das nächste Mal eine medikamentöse Lösung in Betracht ziehen. Für das Erbrechen, meine ich. Nicht für unsere Stimmung. Obwohl ich auch bereit wäre, darüber mit mir reden zu lassen.«

»Oder einfach nicht wieder Lufthansa buchen.« Meine Frau ist keine stramme Nationale, aber bei manchen Themen wird sie patriotisch. Zum Beispiel bei Essen, elektronischen Geräten und

Fluglinien. »Die haben nicht mal Kinderklamotten an Bord. Und diese kleinen Spuckbeutel.«

Ich erinnerte sie, dass die Spuckbeutel von All Nippon Airways kaum größer wären und wir nicht wüssten, wie es bei denen um Ersatzgarderobe bestellt war. Außerdem hatte ich mit deren Serviceleistungen schon genauso viele Probleme gehabt, wie Junko sich welche mit denen von Lufthansa einbildete. Eigentlich schenken sich die Linien nicht viel, aber meine Frau verteidigt ANA mit einem religiösen Eifer, der mich Lufthansa-defensiv und beinahe ebenfalls zu einem Aviationspatrioten macht. Dabei strahlt das menschliche Antlitz bei keinem der beiden Großkonzerne freundlicher (oder überhaupt). Wer sich etwas anderes einredet, der tut eben genau das (sich etwas einreden).

Wir hatten keine Zeit, das Thema an dieser Stelle zu vertiefen, denn Hana wurde an meiner Schulter unruhig. Es gab kein Vertun: Es ging wieder los.

An dieser Stelle muss ich kurz etwas über meine Tochter und meine Jacke loswerden: Ich liebe meine Tochter, immer. Ich liebe sie, wenn ihre Energie so stark ist, dass sie alle andere Energie um sich herum auch noch absorbiert. Ich liebe sie, wenn sie verzagt und unsicher ist. Ich liebe sie auf meinem Kopf tanzend und an meiner Schulter schluchzend und bei allem, was dazwischenliegt.

Aber man muss auch bedenken: Die Jacke war teuer. Richtig teuer. Wäre ich ein Freund unsachlicher Vergleiche, würde ich sagen: *»Für das Geld hätte ich früher zwei Wochen Fernurlaub gemacht!«* Allerdings weiß ich: Früher war halt alles anders, und so eine Jacke bietet mir längeren praktischen Nutzen als zwei Wochen lang in texanischen Comicläden Schutz vor Sonnenschein zu suchen oder was auch immer ich früher unter Urlaub verstanden haben mag (mal ganz ehrlich: war das herrlich!). Ich habe die Jacke in einer Ginza-Boutique gekauft, und zwar in einer echten. Nicht in der Ginza-Filiale von Uniqlo, dem japanischen C&A, wo die Touristen drei Fujiyama-T-Shirts zum Preis von zweien kaufen, damit sie hinterher sagen können, sie hätten was auf der Ginza gekauft. Die Prachteinkaufsstraße galt mal als die Champs-Élysées des Fernen Ostens, heute nur noch als die von Japan. Andere fernöstliche Länder haben wirtschaftlich aufgeholt, und das Erste, was Ländern einfällt, wenn sie mal ein bisschen was auf der hohen Kante haben, ist nun mal die Errichtung neuer Champs-Élysées. Meine Jacke ist aus einem dieser Geschäfte, in denen du erst mal eine intensive platonische Beziehung mit dem vom Scheitel bis zur Sohle durchgestylten androgynen Verkäufer eingehen musst, bevor er deine Wahl und dein Geld akzeptiert. Mein Geld war es durchaus, aber die Auswahl hatte natürlich nur bedingt ich getroffen. Der heterosexuelle Mann hat lediglich ein kurzes Zeitfenster im jungen Erwachsenenalter, in dem er sich selbst einkleidet. Davor tut es die Mutter, später die Frau. Die Jacke war also von Junkos Shortlist, aber ich fand sie auch gut, wirklich. Dank eines innovativen Innenfuttersteckssystems kann man sie laut Herstellerangaben ›zehn Monate im Jahr‹ tragen (in den beiden heißesten Monaten des Jahres kann man in Tokio gar keine Kleidung tragen), und genau das hatte ich vor, und zwar jahrelang, damit sich die Investition rentierte. Außerdem hoffte ich natürlich, dass meine Eltern, wenn sie uns vom Bremer Flughafen abholten, ausriefen: *»Alter, was für eine Jacke! Gleichermaßen von urbaner Eleganz wie solidem Nutzwert! Hat man so was schon mal gesehen!«*

Also entfernte ich die erneut brodelnde Hana schnell von meiner teuer bejackten Schulter und schwenke sie durchs Terminal wie einen außer Kontrolle geratenen menschlichen Feuerwehrschlauch. Ihr Erbrochenes traf zum größten Teil ersetzbare oder leicht zu reinigende Objekte. Ein bisschen wurde allerdings auch der ältere Herr besprenkelt, der vor uns in der Schlange stand. Seine Reaktion überraschte mich. Weder erhellte sich seine Miene und kiekste er: *»Ach, mein Gott – ist die süß!«* Noch umwölkte Besorgnis seine Züge und raunte er: *»Ach, du armes Kind! Geht's dir* *gut? Ist jetzt alles raus? Das wird schon wieder.*« Nein, er guckte nur angewidert und murmelte etwas Ungehaltenes, im genauen Wortlaut Unverständliches.

»Typisch deutsch«, dachte ich, »wird gleich muffelig, bloß weil ihn mal ein Kind ankotzt.« Was sollte ich denn da sagen? Ich war an dem Tag bereits dreimal von einem Kind angekotzt worden.

Der kurze Flug von München nach Bremen verlief ereignislos. Jetzt war wohl wirklich alles aus ihr raus.

***

Am Bremer Flughafen nahmen meine Eltern uns in Empfang. Ihre Großmutter fragte Hana: »Wo hast du denn den tollen Kapuzenpulli her?«

»Ist eine lange Geschichte«, sagte ich.

»Ich habe gebrochen!«, strahlte Hana stolz.

»Vier Mal«, stöhnte Junko.

So lang war die Geschichte anscheinend auch wieder nicht.

Keinem fiel meine Jacke auf.

Urlaub in Trance

Es ist meine Schuld, dass Hana niemals fähig sein wird, in einem westlichen Standardbett zu schlafen. Denn es ist meine Schuld, dass wir zu Hause auf Futons schlafen. Ich fand das so herrlich japanisch. Die Matratzen liegen direkt auf dem Boden. Wenn mal im Tiefschlaf einer runterfällt, merkt der das in den meisten Fällen gar nicht. Hana ist es gewohnt, sich nachts über zwei Erwachsenenfutons zu rollen, und falls sie doch mal über die Klippe kullert, schläft sie ungerührt weiter. Bei meinen Eltern zu Gast hingegen teilt sie sich mit Junko ein schmales Bett traditioneller deutscher Höhe, ich liege daneben beziehungsweise darunter auf einer Matratze. Jede Nacht kracht mir irgendwann eine schlafende Fünfjährige ins Kreuz. Ich lasse sie dort weiterschlafen, ungeachtet meiner eigenen unbequemen Lage, denn die Hoffnung stirbt zuletzt. Die Hoffnung, dass sie durchschlafen könnte. Vielleicht sogar richtig lang, bis fünf Uhr morgens zum Beispiel.

Aber nein, jede Nacht um zwei Uhr herum beginnt sie, gut gelaunt zu singen: »Ich kann nicht mehr, ich kann nicht mehr … Papa, ich kann nicht mehr …«

»Was kannst du nicht mehr?«

»Schlafen!«

Von ihrer Mutter hat sie das nicht, die kann schlafen wie ein Stein. Zumindest im Urlaub. Also ist es an mir, das jetlaggeplagte Kind zu unterhalten. Zu tintenschwarzer Stunde das Brettspiel *Lotti Karotti* zu spielen, die Tiergehege des Playmobil-Zoos zu reparieren, *Best of Biene Maja* zu gucken. Bis ich alle Skrupel verliere, meine Frau wecke und sie die nächste Schicht übernehmen lasse, um vorm Frühstück zumindest noch ein Stündchen die Augen zu schließen. Zu jenem Zeitpunkt ist es tatsächlich nur noch ein symbolisches Augenschließen. Über den Schlaf bin ich längst hinweg. Was nicht heißen soll, dass ich hellwach wäre.

Ich reise stets mit großspurigen Plänen nach Bremen: jede Menge Jugendfreunde treffen, möglicherweise sogar mal wieder in den alten Szenekneipen versumpfen. Doch die Müdigkeit packt meine Tage in Watte. Hanas Jetlag verbessert sich in der Woche, die wir in Bremen verbringen, kaum. Es ist, als sähe sie es gar nicht ein, sich auf eine Zeitzone einzustellen, die wir sowieso bald wieder verlassen. Ich bin froh, wenn ich bis zum Abendessen mit offenen Augen durchhalte. Es ist gar nicht daran zu denken, mein Elternhaus nach Anbruch der Dunkelheit noch mal zu verlassen. Junko geht es nur unwesentlich besser.

Eines Vorweihnachtstages 2019 waren wir uns einig, dass wir zumindest auf dem Rückflug ein wenig Ruhe bräuchten, bestenfalls sogar Schlaf bekommen wollten. Junko sah ein, dass wir die Brechsituation diesmal nicht mit Vernunft angehen sollten, sondern mit Medizin. Ich würde also unverzüglich zur Apotheke gehen. Gleich wenn sie öffnete. Also etliche Stunden nach dem Aufstehen.

Mein schönstes Ferienerlebnis: Vomex

Die Vegesacker Apothekerin war nett, mitfühlend und hilfsbereit, wie es Apothekerinnen oft sind, machte mir allerdings keine großen Hoffnungen, als sie die Zeilen auf ihrem Medizinsuchcomputerbildschirm vorlas: »Ab sechs Jahre ... Ab sechs Jahre ... Ab sechs Jahre ... Ah, hier! Ab vier Jahre!«

»Super, das nehmen wir!«

»Nein, Moment ... *bis* vier Jahre.«

Es hatte den Anschein, als seien fünfjährige Kinder mit flauem Magen medizinisch unerforscht. Beinahe hätte ich gesagt: »*Äh ... Moment mal ... ich hatte mich verrechnet. Sie ist schon sechs. Ich Dummerchen, wie konnte ich das vergessen. Happy Birthday, Hana, haha.*« Altersangaben auf Medikamenten sind schließlich von Natur aus unseriös; ihre Verträglichkeit hängt von der Masse des Körpers ab, dem sie verabreicht werden, nicht von dessen Alter. In japanischen Apotheken wird man eher nach dem Gewicht des Kindes gefragt. In Japan überragte die fünfjährige Hana so ziemlich alle Sechsjährigen, konnte also mit deren Gewicht locker mithalten. In Deutschland allerdings wiegen Sechsjährige mehr als anderswo, da wollte ich bei meiner Tochter nicht mogeln.

Musste ich auch nicht, denn die Apothekerin fand doch noch etwas Passendes, was ich sofort kaufte, ehe es mir jemand wegschnappte oder die Apothekerin doch noch etwas Kleingedrucktes fand. Draußen schaute ich auf das Etikett: Vomex. »Hätten die das nicht anders nennen können?«, dachte ich.

Informierte ich allerdings im weiteren Verlauf des Tages Menschen in meinem Umfeld feixend darüber, dass ich ein Antibrechmittel namens Vomex mit mir führte, erntete ich nicht etwa das infantile Gekicher, das mir selbst zumindest innerlich gekommen war, sondern enthusiastische Versicherungen, dass meine Wahl die goldrichtige gewesen war. Man kommt jetzt halt in das Alter, in dem die Leute mehr Medikamente als Bands kennen. (Vomex wäre natürlich auch ein guter Bandname.) Alle liebten Vomex. Vomex beruhigte anscheinend nicht nur bei Einnahme den Magen. Es brachte schon allein bei Erwähnung Augen zum Leuchten. »Kann ich nur empfehlen!«, bekam ich zu hören. »Nehme ich auch immer!« Ich bekam mit schockierender wie entwaffnender Fröhlichkeit schwere Krankheitsschicksale aufgetischt, bei deren Bewältigung das Mittel zumindest eine zentrale Nebenrolle gespielt hatte.

Vielleicht ist wirklich nicht jedes Leid irgendwann lustig. Manches wird aber offenbar mit der Zeit zum zwanglosen Small-Talk-Thema.

Nur: Wie bekommt man das Vomex in das Kind hinein? Unser vorerst letztes Mittagessen in Bremen nahmen wir in Begleitung meiner Eltern in einem chinesischen Flughafen-Buffetrestaurant mit Schokoladenbrunnen ein. Wir hatten Hana eröffnet, dass wir eine Medizin gegen ihr Problem gefunden hätten. Ein Blick auf das Fläschchen genügte ihr, um zu wissen, dass sie den Inhalt nicht mögen würde. »Aber alle lieben Vomex!«, klärte ich sie auf. Alle um Hana herum nickten eifrig, leckten sich demonstrativ die Lippen, rieben sich die Bäuche und machten: »Hmmm …!«

Hanas Lippen blieben fest verschlossen.

»Vielleicht mit Schokolade«, schlug meine Mutter vor. Dabei war es gerade Schokolade, auf die Hanas Magen ablehnender reagierte als der Rest des Kindes.

Ich war skeptisch, ob das gute Vomex die Wirkung der bösen Schokolade neutralisieren konnte. Ein Spiel mit dem Feuer. Was Besseres fiel mir derweil selbst nicht ein. Wir schnappten uns ein Löffelchen und setzten uns an den braunen Blubberbrunnen. »Erst die Medizin, dann Schokolade«, erklärte ich Hana.

»Erst Schokolade«, forderte sie.

»Sinnvoller wäre aber, wenn du die Schokolade hinterher isst. Falls die Medizin tatsächlich nicht ganz so toll schmecken sollte, obwohl ich mir das kaum vorstellen kann, kannst du das dann gleich ausgleichen.«

»Schokolade. Medizin. Schokolade.«

So gingen wir es also an. Selbstverständlich bekam sie das Becherchen Vomex nicht auf ex hinunter. Es war so scheußlich, dass sie nach der Medizin und vor der Schokolade auf »Wasser! Wasser!« bestand. Also: Schokolade. Medizin. Wasser. Schokolade. Medizin. Wasser. Schokolade. Medizin. Wasser. Schokolade.

Was würde über den Wolken stärker wirken? Das Vomex oder die Schokolade? Es blieb spannend.

Der Sieg über die erste Runde ging an Vomex. Der Flug von Bremen nach München war derweil allerdings nur so etwas wie die kurze Generalprobe für den echten zwölfstündigen Wettkampf. Vor dem Weiterflug nach Tokio wollte ich Hana eine weitere Dosis verabreichen. Hana weigerte sich. Ich appellierte an ihre Vernunft; manchmal klappt das ja: »Du weißt doch jetzt, dass es hilft.«

Zwischen zusammengepressten Lippen murmelte sie: »Schokolade. Medizin. Wasser. Schokolade.«

»Schokolade haben wir keine mehr.«

Junko trug mir auf, welche zu kaufen, während sie unserer Tochter gut zureden, den Ernst der Lage erklären würde. Zu meinem Glück geschah ein Wunder: Ich bekam in einem kleinen Flughafenladen die letzte Schachtel Einhornschokolade! Eigentlich war es handelsübliche Schrottschokolade, die lieblos in eine Einhorn-Blechbüchse geschmissen worden war, aber was soll's. Magie ist Magie. Wenn man im Leben ein Einhorn am meisten braucht, dann erscheint auch eines, solange man reinen Herzens ist. Ob im Märchenwald oder auf dem Franz-Josef-Strauß-Flughafen.

Mit mehreren Happen Einhornschokolade, mehreren Schlucken Wasser und einigem Würgen bekam Hana auch die zweite Dosis hinunter.

Der Flug war traumhaft. (So traumhaft dieses halbtägige Economy-Eingepferchtsein im Idealfall halt sein kann.) Sicher wussten wir das allerdings erst, als wir am anderen Ende die Gangway verlassen hatten und endgültig Entwarnung geben konnten. Während des Flugs war Junko und mir permanent angst und bange. Hana schlief. Wir wussten: Sollte sie aufwachen, würde sie es hören. Das Mädchen hinter uns. Das Mädchen, das in einer Tour reihte, während ihre Eltern seelenruhig auf sie einredeten. Wahrscheinlich würde Hana aus Solidarität sofort mitmachen.

Vor uns: Das Land der aufgehenden Sonne
Hinter uns: Komische Leute

Ich fragte mich, warum die Familie hinter uns den Problemen des Mädchens mit nichts anderem als warmen Worten begegnete. Aus den Gesprächen war herauszuhören, dass diese Situation bereits

Routine für sie war. Und da hatte man bis heute keine besseren Strategien entwickelt als gutes Zureden?

Vielleicht waren das komische Leute, die fanden, dass alle Medizin Teufelswerk sei. Das waren sogar ganz sicher komische Leute. Sonst hätte ich sie ja gekannt. Aus diversen Spielgruppen und Kindersprachkursen kenne ich alle deutschanteiligen Familien mit einigermaßen kleinen Kindern in Tokio zumindest flüchtig. Mir entgeht niemand. Nur komische Leute könnten Gründe haben, diesen Kreisen fernzubleiben. Halten sich für was Besseres, sektieren am liebsten alleine vor sich hin. Vielleicht haben sie Angst, in weltlichen Spielgruppen und Sprachkursen auf satanische Impfbefürworter zu treffen oder auf jemanden, der ihren Kindern weismachen könnte, die Erde sei eine Kugel.

Ich war mir also sicher: Diese Eltern glaubten, dass Gott es gewollt hatte, dass ihr Kind sich auf Reisen die liebe reine Seele aus dem Leib kotzte. Ihm etwas dagegen zu geben wäre eine ebenso üble Todsünde wie Empfängnisverhütung. Als ich drauf und dran war, mich über die Fluglinienrichtlinien zur Benutzung von elektronischen Geräten an Bord hinwegzusetzen und das Jugendamt in Tokio zu alarmieren, ging mir auf, dass mein Zwei-Minuten-Psychoprofil dieser Familie nicht das einzige plausible sein musste. Vielleicht hatten die Eltern dem Kind sehr wohl etwas gegeben, und ohne wäre es noch schlimmer gekommen. Vielleicht hatten sie ihm nichts gegeben, weil das arme Mädchen die Medizin erfahrungsgemäß noch schlechter vertrug als die Fliegerei. Vielleicht war schon alles versucht worden, doch nichts hatte geholfen. Sogar meine Unkenntnis dieser Familie konnte erklärt werden, ohne die guten Leute gleich zu denunzieren: Vielleicht lebten sie gar nicht in Tokio. Vielleicht hatten sie einen Anschlussflug. Die gedankenlose Annahme, dass alles, was in Japan passiert, in Tokio passieren müsse, bringt manchen Einwohner Japans mit und ohne Migrationshintergrund zur Weißglut; insbesondere die, die nicht in Tokio leben. Vielleicht wohnten diese Leute gar in Deutschland und kamen nur zu Besuch nach Japan. Kann ja nicht jede deutsch-japanische Familie in Tokio … ich meine in Japan … leben. Ich meinte außerdem, den Vater vor der Kotzerei etwas ungelenk japanische Touristenphrasen üben gehört zu haben. Um ein Haar hätte ich ihm hier und da ein paar Tipps gegeben, aber es gibt ja wohl nichts typisch Deutscheres, als die Fremdsprachenkenntnisse anderer Deutscher zu kritisieren.

Vielleicht waren diese Leute also doch völlig normal und eigentlich ganz nett. Vielleicht mochte es lohnen, sie zwanglos besser kennenzulernen, zum Beispiel beim Austausch von Erfahrungsberichten über kotzende Kinder. Aber als ich gedanklich so weit war, war das Flugzeug bereits gelandet und jeder erst mal anderweitig beschäftigt. Junko mit dem leichten Gepäck, ich mit dem schweren Gepäck, und Hana damit, Oma und Opa anzurufen: »Ich habe nicht gebrochen!«

Als ich mich schließlich nach der bemitleidenswerten anderen Familie umsah, war sie verschwunden. Das Mädchen hing womöglich über irgendeiner Kloschüssel, während ein Elternteil ihm gut zuredete und der andere sich umschaute, ob es irgendwo einen Laden gab, der frische Wäsche verkaufte.

Epilog: Letzte Worte im Ankleidezimmer

»Können wir das Lufthansa-Sweatshirt jetzt wegschmeißen?«, fragt Junko. »Oder brauchst du es noch als Erinnerungsstück?«

»Nein«, sage ich. »Ich glaube, ich werde mich ab jetzt auch so gut genug an die Sache erinnern können.«

Hitler-grüße aus Chichibu

ICH SPIELE FÜR JAPANER GERNE DEN DEUTSCHEN. ABER NICHT JEDEN DEUTSCHEN

Wenn es nicht gerade nach Deutschland geht, bleiben wir im Urlaub in Japan. 2019 brachte uns eine unserer Inlandsreisen nach Chichibu in Tokios Nachbarpräfektur Saitama, bekannt für Wälder, Wiesen und Flüsse. Wir verbrachten unsere Tage damit, in heißen Quellen zu baden, *Kakigoori* (geraspeltes Wassereis mit Geschmack) zu essen, Kanu zu fahren, regionale Bierspezialitäten zu probieren, Sobanudeln selbst zu machen und Teller mit eigenen Motiven zu bemalen, die dann eingebrannt wurden. Ich entschied mich für das klassische schwarz-gelbe Batman-Logo. Daraufhin sagte die schon etwas betagtere Tellerbrennerin anerkennend: »Batman. Cool.« Als mein Vater später Fotos unserer Teller sah, meinte er: »Wie süß, Hana einen Batman-Teller gemacht. Das hättest du bestimmt auch gemacht, als du klein warst.« Dann überlegte er und kam von selbst drauf: »Ach, das *hast* du gemacht.«

Es war ein schöner, wie üblich viel zu kurzer Urlaub. Vor der Heimreise wollte Junko noch *Omiyage* (Reisemitbringsel) kaufen. Hana und ich suchten Schatten unter einem großen Baum am kleinen Bahnhof. Zwei ältere, freundlich wirkende Herren hatten dieselbe Idee gehabt. Sie beobachteten Hana schmunzelnd, wie sie fasziniert den Pilzbewuchs des Baumes inspizierte, machten mir Komplimente ob ihrer Niedlichkeit und fragten, woher wir kämen.

Sagt mal, von wo kommt ihr denn her?

Vor nicht allzu langer Zeit, als die Menschen noch händeringend nach Themen suchen mussten, über die sie sich herrlich aufregen konnten, wurde die Frage nach der Herkunft zum Reizthema in der ausländischen Gemeinde Japans. Schließlich impliziert sie, dass jemand, der so aussieht, als käme er von woanders, tatsächlich von woanders kommen muss. Ich hatte damit nie große Probleme. Wenn mich in Japan einer fragt, woher ich komme, antworte ich nicht schnippisch: »Aus Tokio.« Es ist keine Frage nach dem aktuellen Wohnort, sondern nach dem Ort, der einen geprägt hat, und die Frage ist nicht irrelevant. Sie wurde mir mindestens genauso oft in München gestellt wie in Japan. Zum einen, weil München – genau wie Tokio – keine Stadt ist, aus der man kommt, sondern eine, in die man zieht. Zum anderen konnte ich hier wie dort meine relative Fremdheit sprachlich nie ganz verhehlen. Ich habe mich dennoch in München nie von der Frage unangenehm berührt gefühlt und wüsste nicht, warum das in einem anderen Land anders sein sollte.

Also erzählte ich den beiden freundlichen Herren, dass ich aus Deutschland käme. Darauf freute sich der eine und rief: »Ah, Kopenhagen!« Der andere freute sich ebenfalls, streckte den rechten Arm zum Gruße in die Luft und bellte: »Heil Hitler!«

Ich dachte: »Dann schon lieber Kopenhagen.« Ich lächelte verlegen, nahm meine Tochter bei der Hand und bewegte sie schnell in Richtung Bahnhof, bevor sie einen neuen Lieblingssatz aufschnappte. Kinder lernen ja immer sehr selektiv. Als Kleinkind konnte man Hana zehnmal »Schmetterling« vorsagen, und man bekam nur große Augen zurück. Entfuhr einem allerdings nur ein einziges Mal im Affekt ein »Scheiße!«, ging es gleich fröhlich los: »Scheiße! Scheiße! Papa, Scheiße!« In solchen Situationen konnte man nur hoffen, dass es wieder aufhörte, bevor die Mutter nach Hause kam.

Ich kochte innerlich. Nicht wegen des gedankenlosen Grußes, sondern weil ich den Schwanz eingezogen und als tapferer Widerstandskämpfer versagt hatte. Beim nächsten Mal, so schwor ich mir, würde ich es besser machen.

Mein (beinahe) erster Hitlermoment

Wenn es denn überhaupt ein nächstes Mal geben würde. Nachdem ich rund vier Jahre in Japan gelebt hatte und auf über fünfzehn Jahre Reiseerfahrung zurückblicken konnte, war dies mein erster Hitlermoment gewesen. Ich hatte schon davon gehört, doch es schien etwas zu sein, das immer nur den anderen passierte. Selbstverständlich wurde auch ich in Konversationen ständig mit gewissen, an meine Nationalität gekoppelten Erwartungshaltungen konfrontiert. Ich gab stets gerne Auskunft zu den Themenkomplexen Bier, Wurst und Merkel. Die Reduzierung von Menschen auf angenommene Attribute ihrer Nationalitäten ist keine japanische Spezialität. Würde Junko für jede Sushi- und Stäbchen-Frage bezahlt, die sie regelmäßig in Deutschland beantworten muss, könnten wir uns längst unser Traumhaus leisten.

Es hat mich nie gestört, für Japaner den Deutschen zu geben. Man entkommt seiner kulturellen Prägung ja sowieso nicht. Das Beste, was man erreichen kann, ist die Einsicht, dass die Gepflogenheiten und Ansichten, mit denen man aufgewachsen ist, weder die einzigen auf der Welt sind noch die einzig richtigen sein müssen. Eine komplette kulturelle Umprogrammierung hingegen ist nicht möglich. Selbst wenn ich eines Tages länger in Japan gelebt haben sollte als in Deutschland – was der Plan ist –, werde ich noch immer von dem Ort definiert werden, der mich definiert hat. Dem Ort, an dem ich formelle und informelle Bildung genossen habe; dem Ort, an dem ich erste Freude und erstes Leid erfuhr; dem Ort, von dem ich irgendwann dann doch wegwollte, obgleich er nicht von mir. Könnten wir uns jemals komplett loslösen, müssten wir Ausgewanderten nicht alle paar Wochen mit großer Sehnsucht und schlechtem Gewissen durch internationale Supermärkte schleichen, um unser Geld für überteuertes Junkfood aus der Heimat hinzublättern. Ich habe in Japan sogar schon einmal Schwarzbrot gekauft, nur weil es gerade Schwarzbrot gab. Dabei mag ich gar kein Schwarzbrot. Dachte ich.

Seine kulturelle Prägung zu akzeptieren muss nicht gleich zu Patriotismus oder anderen Hirnschäden führen. In welchem Land einer geboren wurde oder aufwächst, ist mehr Zufall als Schicksal. Es ist weder eine persönliche Leistung, auf die man stolz sein könnte, noch ein persönlicher Makel, dessen man sich schämen müsste.

Aber zurück zum Führer. Ich habe also nichts dagegen, zur Unterhaltung von Japanerinnen und Japanern hin und wieder meine Liebe zu Bier und Bratwurst ein wenig zu übertreiben (mehr als ein wenig gibt es da eh nicht zu übertreiben). Aber bei der Liebe zu Hitler bin ich Spielverderber, da ziehe ich die Grenze. Dass die Begegnung in Chichibu, wie behauptet, mein erster Hitlermoment in Japan war, entspricht nicht mal ganz den Tatsachen. Nicht selten fragt man mich, meistens im unverbindlichen Plauderton, was ich von Hitler halte oder von Juden. Der Herr in Chichibu war allerdings der Erste, der einfach voraussetzte, dass ich keine Probleme mit Adolf hätte.

Vermutlich war der Mann genauso wenig Nazi wie ich. Er wollte nur freundlich sein und hatte keine Ahnung von dem, was er da bellte. Dieses Kapitel der Weltgeschichte wird in Japan stets überblättert. Viele Menschen werfen mir zur Begrüßung die ersten oder einzigen deutschen Ausdrücke an den Kopf, die ihnen einfallen. Bei den einen ist es »Schnitzel«, bei anderen »Kopenhagen«. Bei ihm war es halt »Heil Hitler«. Ich weiß bis heute nicht, was die richtige Reaktion darauf gewesen wäre. Für eine Geschichtslektion fehlt mir das Vokabular. Auf eine gut gemeinte Unmöglichkeit ungehalten zu reagieren hätte nichts gebracht. Der Alte hätte sich nur gedacht: »Ganz schön unhöflich, diese Deutschen.«

Vielleicht war es richtig, meine argumentativen Kräfte für jüngere Generationen aufzusparen, die die Gesellschaft nachhaltiger prägen werden als zwei Greise unterm Baum. Jetzt musste ich mich nur noch selbst überzeugen, dass das der Grund für meine überstürzte Flucht gewesen war.

Nur eines weiß ich: Ich hätte zumindest sagen können: »Nein, das ist in Dänemark.«

Babylon, Baby!

VON BESORGTEN BABY-
SITTERN UND STRENGEN
KANJI-MÜTTERN.
AUßERDEM: WIE ICH EIN-
MAL SELBST WIEDER EIN
KIND UNTER KINDERN WERDEN
MUSSTE, UM ETWAS ZU LERNEN

Das Satiremagazin *Titanic* stellt in seinem Online-Auftritt einen Schnelltest für Eltern zur Verfügung: »Ist mein Kind hochbegabt?« Klickt man auf die Schaltfläche, kommt das Wort: »Nein.«

Es ist tatsächlich ein Kreuz mit diesen Eltern, die jedes Strichmännchen mit zwei Beinen und zwei Armen sowie jeden Fortschritt im kleinen Einmaleins ihres Nachwuchses für Anzeichen einer unter der kindlichen Oberfläche brodelnden Genialität halten. Besonders Nichteltern geht das schnell auf den Keks. Was Nichteltern allerdings nicht verstehen: Es ist halt wahr. Kinder sind hochbegabt, allesamt. Zumindest im Vergleich zu Erwachsenen. Wer das für gedankenlose, kitschige Kinderverherrlichung hält, soll nur mal versuchen, im fortgeschrittenen Alter noch eine neue Sprache zu lernen.

Babys können alles (außer Dosen öffnen und Hochseil balancieren)

Als Hana ein paar Monate alt war und ich somit eine Koryphäe auf dem Gebiet elterlichen Denkens und Handelns, nahm mich ein nervöser werdender Vater aus meinem damaligen Arbeitsumfeld beiseite. Er spendierte mir ein Mittagessen (nicht in unserer kontrovers diskutierten Betriebskantine, sondern im edlen Bistro des Luxushotels nebenan) in der Hoffnung, von mir wertvolle Tipps hinsichtlich der Erfüllung seiner väterlichen Pflichten zu erhalten.

Leider muss ich davon ausgehen, dass meine Auslassungen ihm zu jenem Zeitpunkt keine große Hilfe gewesen sind. Viel mehr als Variationen von »*Ach, das klappt schon alles irgendwie!*« bekam ich nicht mehr zusammen, obwohl ich mich durch Kurse und Ratgeberlektüre durchaus schlaugemacht hatte. Überschreitet man allerdings die magische Grenze zwischen »werdender Vater« und »Vater«, verpufft ganz plötzlich die frisch angelernte Theorie, und man improvisiert nur noch. Eines wird schnell klar: Um die elementaren Dinge zu lernen, brauchen Kinder ihre Eltern nicht. Die machen das einfach selber. An den Eltern ist es lediglich, eine sichere Umgebung dafür zu schaffen, denn ausgesprochene Sicherheitsexperten sind Neugeborene nicht.

Ist eigentlich klar, dass Kinder exzellente Selbstlerner sind. Schwer vorstellbar, dass die Neandertaler ihrem Nachwuchs mit ausgeklügelten Trainingseinheiten, Lehrplänen und erbitterten Diskussionen um pädagogische Ansätze gekommen sind. Trotzdem lernten die haarigen Kleinen rechtzeitig aufrecht zu gehen, zu jagen, zu sammeln, in der richtigen Tonlage »*Uh-uh-uh*« zu sagen und ihre Notdurft irgendwann nicht mehr dort zu verrichten, wo die anderen Urmenschen ständig reintreten würden. Auch die Aufgaben moderner Eltern beschränken sich im Wesentlichen auf drei leicht zu merkende Punkte:

Nahrung zur Verfügung stellen

Kind sauber machen

Ums Kind herum aufräumen

Sehen Sie: Da haben Sie mit diesem Buch einen kompletten Erziehungsratgeber gratis dazubekommen. Alles andere geht von alleine. Obwohl ich deutlich länger *kein* Vater war, als ich bislang Vater *war*, dürfte inzwischen der häufigste Satz sein, der mir zeit meines Lebens über die Lippen gekommen ist: »*Hana, pass auf.*« Dicht gefolgt von: »*Hana, nicht so schnell.*« Und: »*Hana, nicht so langsam.*« Sowie dem Kinderklassiker: »*Hana, guck nach vorne.*« Das reicht, der Rest ist Small Talk und Liebe. Vielleicht kommt später noch dazu: »*Aber nicht in diesem Ton, junges Fräulein.*« Und: »*Aber nicht in diesem Aufzug, junges Fräulein.*«

Langwierige Rede, ganz einfacher Sinn: Ich möchte an dieser Stelle meine Hände in Unschuld waschen. Wenn ich im Folgenden von Hanas sprachlichen und anderweitigen Glanzleistungen berichte, dann ist mein Anliegen mitnichten Prahlerei. Es sind schließlich ihre Leistungen, nicht meine. Mein Verdienst war allenfalls, dass sie sich bei der schrittweisen Aktivierung des in ihr schlummernden Menschheitswissens nicht allzu oft in Stacheldraht verheddern musste.

* * *

Ich bin also keiner dieser Erziehungsberechtigten, die ihren Nachwuchs in ominöse Institute schicken, wo ihnen Elektroden an den Kopf geschlossen werden, um zu testen, wie genial sie sind. Und wenn nichts festgestellt wird, kommen womöglich noch mehr Elektroden, um die Genialität mit Gewalt ins Gehirn zu zappen. (So läuft das, habe ich mal gelesen. Vermutlich bei Stephen King.) Ich bin schon froh, dass bei Hana alles ganz normal funktioniert. Als Neugeborenes hatte sie Probleme mit dem Atmen. Heute ist ihr einziges Atmungsproblem, dass sie redet und redet, ohne Luft zu holen. Kurz nach der Krankenhausentlassung vermutete der Kinderarzt, sie könne nicht richtig hören. Es stellte sich allerdings heraus, dass sie schlicht nicht auf jeden Dahergelaufenen reagiert, der albern mit den Fingern um sie herumschnippt. Warum sollte sie auch? Da könnte ja jeder kommen. (Selbstverständlich hört sie nach wie vor situationsbedingt nicht richtig, vor allem wenn ihre Eltern etwas sagen und im Fernsehen *Der Popodetektiv* läuft. Aber das ist normal. Diesen Ermittler, wörtlich übersetzt vom japanischen Original *Oshiri tantei*, habe ich mir natürlich nicht ausgedacht; auf so etwas käme ich gar nicht. Es handelt sich um eine äußerst beliebte Kinderbuch- und Fernsehfigur: einen Detektiv mit einem hinternförmigen Gesicht, der dem Verbrechen übelriechende Luft ins Gesicht bläst.) Eine Erzieherin im Kindergarten meinte: Ihre feinmotorischen Fähigkeiten lassen zu wünschen übrig. Heute bereitet sie ihre erste öffentliche Kunstaustellung in einem richtigen Kunstmuseum vor (zugegebenermaßen eine Gruppenausstellung, aber trotzdem … mit sechs … nicht dass ich prahlen möchte … ich meine ja nur). Eine zweite Erzieherin fand: Sie fällt zu oft hin. Wir nahmen unsere Tochter beiseite und fragten, wie das käme. Sie, mit einem begeisterten wie irren Blick: »Weil ich so viel RENNE!«

Sehen Sie, ein ganz normales Kind. Einer der schwierigsten elterlichen Balanceakte ist es, auf Ärzte und Pädagogen zu hören (in der Regel verstehen die ja schon etwas von der Materie), aber nicht jede geäußerte Vermutung als in Stein gemeißeltes Wort Gottes zu nehmen. Zweite Meinungen können nicht schaden. Vor allem dann nicht, wenn das die Meinungen des Kindes selbst sind.

Die besorgte Babysitterin

Kinder lernen die Sprachen, von denen sie täglich umgeben sind, von ganz alleine. Hana schnappte also Englisch in ihrem internationalen Kindergarten auf und Japanisch überall außerhalb des Kindergartens. Deutsch zunächst lediglich von mir. Damit sie nicht glaubte, das sei eine Fantasiesprache, die ich mir allein zu ihrer Unterhaltung ausgedacht hatte, nahmen wir außerdem jede deutsche Spiel- und Krabbelgruppe wahr, die wir in Tokio und Umgebung finden konnten. Das war dann eben die Art von Wochenendplänen, die man in dieser Phase seines Lebens so hatte. Und das war auch gar nicht schlecht, weil man dabei selbstverständlich nicht nur deutsche Kinder kennenlernte, sondern auch die dazugehörigen deutschen Erwachsenen. Endlich mal wieder Deutsch mit richtigen Volljährigen zu sprechen war unerwartet berauschend.

Weil uns das aber nicht genug war, stellten wir auch noch eine deutsche Babysitterin ein, um mit Hana einmal in der Woche in ihrer Heimatsprache zu spielen. Wir machten vermutlich keinen guten ersten Eindruck auf die junge Frau, als die damals vierjährige Hana ihr aus ihrem Lieblingsbuch vorlas. »Die kann schon lesen?!«, rief die Babysitterin aus und sah mich mit einem wütenden Funkeln an, als sei ich einer dieser Hubschrauber-Terror-Väter, die ihre Kinder zum Lesen zwingen.

»Ich kann nichts dafür«, verteidigte ich mich. »Die lernen das hier einfach so im Kindergarten, und dann machen die zu Hause weiter, ohne zu fragen.«

Das vermochte die Babysitterin jedoch nicht zu beruhigen. Nun dachte sie wahrscheinlich, wir schickten Hana in eines dieser Kinder-Bootcamps, von denen man immer wieder in den Landesnachrichten hörte, wo der Nachwuchs jeden Tag mit Dauerlauf und Strammstehen unter der Kaiserflagge zu kleinen zu alles bereiten Patrioten gedrillt wird. Nur dass man in dieser Art von Kindergarten ganz bestimmt nicht das Lesen westlicher Sprachen lernt.

»Sie geht da gerne hin«, versicherte ich. »Das ist alles ganz spielerisch dort.«

Später ertappte die Babysitterin Hana beim Schreiben. »Die kann schon schreiben?!«

»Tut mir wirklich leid … Sie hat trotzdem eine erfüllte Kindheit voll Matsch und Einhörnern und aufgeschürften Knien, ich schwöre.«

Eines immerhin beruhigte die Babysitterin. »Sie schreibt mit links«, stellte sie fest.

»Nur weil sie findet, dass es mit rechts keine Herausforderung mehr ist.«

Hana stöhnte frustriert: »Ich kann es einfach nicht so gut mit dieser Seite!« Doch sie machte eisern weiter. Weil sie einfach so ist. Nicht weil sie jemand zu irgendwas zwingt.

* * *

Während an deutschen Grundschulen Kinder ganz langsam an das Lesen und Schreiben herangeführt werden wie an ein gefährliches oder gefährdetes Tier, wird von japanischen Grundschulen vorausgesetzt, dass sie vor der Einschulung selbst das Anmeldeformular ausfüllen können. Nun, wenn auch nicht vorausgesetzt, so wird es doch zumindest gern gesehen. Anzeichen dafür, dass den Kindern die frühe Bildung schadet, gibt es keine. Warum auch? Kinder machen keinen großen Unterschied zwischen Lernen und Spielen, solange man sie nicht gerade mit der Nase drauf stößt. Wenn Kinder nicht lernen, langweilen sie sich.

Ehe wir uns also versahen, hatte Hana sich in ihrer babylonischen Umgebung drei Sprachen angeeignet. Dennoch darf man ihr nicht trauen, wenn sie mit ihren Sprachkenntnissen prahlt. Einmal hörte ich, wie eine ihrer Kindergartenkameradinnen ihr zuflüsterte: »Dein Papa spricht Französisch, oder?« Keine Ahnung, wie das Mädchen darauf kam. Vielleicht weil für viele Japaner alle nichtasiatischen, nichtenglischsprachigen Ausländer Franzosen sind. Ich hatte in der Schule ein paar Jahre Französisch nicht vermeiden können, aber es war nie ein Fach gewesen, das meinen Notendurchschnitt gehoben hätte. Als relativ junger Erwachsener, inzwischen frankophiler als zu meiner hoffnungslos amerikanisierten Schulzeit, versuchte ich, das Restschulwissen zu vertiefen oder zumindest wieder aufzufrischen, allerdings mit nur überschaubarem Erfolg. Ich bin mir sicher, dass ich niemals meiner Tochter gegenüber meine Französischkenntnisse in unangemessener Weise dargestellt habe.

Dennoch antwortete Hana im Brustton der Überzeugung: »Klar!« Dann im selben Ton: »Ich auch!« Zum Beweis gab sie alle französischen Worte zum Besten, die sie beherrschte: »*Un, deux, trois!*« Und die hat sie noch nicht mal von mir, sondern aus dem japanischen Kinderfernsehen.

Am japanischen Kinderfernsehen ist nichts auszusetzen; es gibt da auch ein schönes, einprägsames (vielleicht zu einprägsames) Lied über den deutschen Ausdruck »*toi, toi, toi*«. Es ist eher das Erwachsenenfernsehen mit seiner faden, zu Tode gesponserten Mischung aus schlecht (nach-)gemachten Serien und oberflächlichsten Plappershows, das mir manchmal Angst macht. Mir scheint es beinahe so, als statte das japanische Fernsehen die Menschen in jungen Jahren mit allem aus, was sie im späteren Leben an Kreativität und Bildung brauchen könnten, nur um ihnen dann alles wieder herauszusaugen und platt zu hauen. Wenn die Revolution gelingen soll: Am besten nach der Grundschule mit dem Fernsehen aufhören.

Die strenge Kanji-Mama und das Riesenbaby ohne Bleistift

Ist es deutschen Erwachsenen suspekt, wenn Kinder zu viel wissen, so kann man in Japan dem umgekehrten Fall begegnen. Die japanische Mutter einer Freundin von Hana zeigte sich einmal angetan, wie fließend unser Kind in drei Sprachen parlierte und wie furchtlos es romanische Buchstaben sowie Zeichen der japanischen Silbenschriften Hiragana und Katakana zu Papier brachte. »Wie viele Kanji kann sie denn schon?«, fragte die Mutter. Kanji sind die chinesischen Schriftzeichen, die auch im Japanischen verwendet werden, oft, aber nicht immer, in unterschiedlichen Lesarten. Es gibt ein paar tausend; wie viele genau, weiß niemand.

»Damit haben wir noch nicht angefangen«, gab ich zu.

»Wie alt ist die Kleine denn jetzt?«

»Bald vier.«

Die Mutter riss panisch die Augen auf und den Mund dazu: »Dann ist es schon viel zu spät!«

Sie war mir stets mit großer Freundlichkeit begegnet und schien positiv beeindruckt, wie viel ich mit meiner Tochter unternahm. In Japan sind Väter, die auf eigene Faust etwas mit ihren Kindern unternehmen, so ungewöhnlich, dass die Väter, die es doch tun, sich und ihren Nachwuchs oft im Partnerlook kleiden, damit die Zusammengehörigkeit offensichtlich ist und niemand die Polizei ruft: »Da ist ein Mann mit einem Kind auf der Straße – ohne Frau!« Jetzt allerdings schien diese Mutter gar nicht mehr von mir beeindruckt, sondern sah mich vorwurfsvoll an, weil ich Hana offenbar mit meinem westlichen Laisser-faire geistig verwahrlosen ließ.

»Immerhin kann sie schon die knapp hundert Zeichen der Kana-Alphabete und die 26 romanischen Buchstaben plus deutscher Sonderzeichen … «, gab ich zu bedenken.

»Aber mit den Kanji muss man *früh* anfangen!«

Ich versicherte ihr, dass ich vollstes Vertrauen in das japanische Schulsystem hätte, meinem Kind die Kanji beizubringen, sobald es dafür an der Zeit war. Nichtsdestotrotz nahm ich nach unserem Treffen auf der Heimfahrt im Zug den Notizblock heraus und sagte: »Guck mal, Hana, das ist das Kanji für eins.« 一 »Und das für zwei.« 二 »Drei.« 三

»Ganz einfach!«

»Und das ist vier.« 四

»Hä?! Warum?! Wie geht fünf?«

Nun war sie angefixt und verlangte nahezu täglich neue Kanji. Ich war dabei weniger stolz auf ihre Lernleistung und Lernbegeisterung als vielmehr auf die Tatsache, dass in unserer Familie ausgerechnet ich derjenige war, der sie an diesen komplizierten Aspekt der japanischen Sprache heranführte. Vielleicht eine kleine, späte Rache dafür, dass sie einst ausgerechnet von meiner Frau gelernt hatte, auf Deutsch *»Ich bin Hana!«* zu sagen.

Falls es für Hana nun doch schon zu spät sein sollte, die Zeichen zu lernen, wie die strenge Kanji-Mama meinte (der Spitzname für unsere Bekannte hat sich in familieninternen Diskussionen etabliert), habe ich selbst mit meinen fünfzig Jahren selbstverständlich erst recht eine hervorragende Ausrede, mein Studium der Schrift sofort einzustellen. Vor ein paar Jahren allerdings – noch keine fünfzig und noch kinderlos – habe ich selbst einen Kanji-Test abgelegt, an einer japanischen Schule in München. Es handelte sich um den hochoffiziellen ersten Kanji-Test, wie ihn auch echte japanische Grundschüler absolvieren müssen. Meine Lehrerin hatte mir eingebläut, dass ich unbedingt meinen eigenen »Bleistift« mitbringen müsse. Ich hatte selbstverständlich nachgefragt, ob sie wirklich »Bleistift« meine. Ja, sie meine wirklich »Bleistift«, hatte sie mir versichert. Ich dachte mir: »Ach, die meinte bestimmt nicht Bleistift.« Meine Japanischlehrerin sprach zweifelsohne exzellentes Japanisch, aber Deutsch nur als Fremdsprache. Meine Vermutung war, dass »Bleistift« in ihrem Vokabular lediglich ein Synonym für jede Art von Stift war. Ich konnte mir nicht vorstellen, dass man bei einem offiziellen Test, der zur Auswertung sogar nach Japan und dann wieder zurück geschickt wurde, mit einem so unzuverlässigem Schreibwerkzeug wie einem Bleistift arbeiten durfte. Also tat ich das Naheliegende und brachte einen Kugelschreiber mit.

Mein erstes Problem beim Test: Da saßen rund zwanzig japanische Grundschüler – und ich. Tische und Stühle waren den Größen der japanischen Grundschüler angepasst.

Mein zweites Problem: Die Lehrerin, die den Test abnahm (zum Glück nicht meine übliche), trat vor die Klasse und sagte: »Guten Morgen, liebe Kinder! Hat jeder seinen Bleistift dabei?«

Jedes Kind hatte seinen Bleistift dabei. Nur ich sagte stolz: »Ich habe sogar einen Kugelschreiber!«

»*Dame desu*«, sagte die Lehrerin. Ich verstand noch nicht viel Japanisch, aber diesen Satz hatte ich früh gelernt: »Das geht nicht.«

Also kam ich vor der gesamten Klasse gesenkten Hauptes nach vorne, um mir von der Lehrerin einen Bleistift auszuleihen, und ging damit gesenkten Hauptes wieder zurück zu meinem kleinen Schreibtisch.

Den Test habe ich trotzdem bestanden. Nehmt das, ihr Streberkinder mit euren … Bleistiften!

***

Schnelltest für Kinder: Ist dein Vater hochbegabt? (Für die Antwort bitte umblättern.)

Unerkannt und über-bezahlt in der Jugend-herberge der gebrochenen Herzen

VOM DAMENFRISÖR IN DIE JUGEND-
HERBERGE UND WIEDER DAHIN
ZURÜCK, WO MAN HERGEKOMMEN IST:
AUSFLÜGE IN DIE ARBEITSWELT

Eine der Kardinalsünden beim kreativen Schreiben besteht darin, Figuren über Schauspielervergleiche zu beschreiben. Also zum Beispiel so:

Der zynische Oberinspektor Géràrd Foufou, der aussah wie Jean Reno kurz nach dem Aufwachen, zündete sich eine Zigarette an wie Humphrey Bogart in seinen besten Zeiten, stieß den Rauch aus wie die Dietrich und sagte mit der deutschen Stimme von Bruce Willis: »Das Opfer muss den Täter gekannt haben.«

Da kann man auch gleich schreiben: *»Der Typ sah so aus, wie ich ihn gerne im Kino sehen würde, wenn ich mal groß bin und das Buch verfilmt wird.«*

Allerdings:

1. … bin ich keine Figur, sondern ein Mensch aus Fleisch und Blut.
2. … was wäre das Leben ohne ein bisschen Sünde?
3. … wer hat denn hier was von »kreativ« gesagt?
4. … der folgende Vergleich stammt nicht von mir, sondern von meiner Frau.

Also kommt hier mein Schauspielervergleich, damit Sie sich ein besseres Bild machen können: Ich bin so etwas wie eine Mischung aus dem jungen Hugh Grant und dem alten Clint Eastwood.

Findet Junko zumindest. Wäre sie gerade hier, würde sie vielleicht darauf hinweisen, dass der Hugh-Grant-Vergleich erstens bereits verjährt sei, weil vor Urzeiten im Affekt der ersten Zuneigungswallungen geäußert, und sich zweitens nicht auf Hugh Grants perfektes Gebiss, verträumten Blick oder einladenden Wuschelkopf bezog – oder überhaupt auf den Menschen Hugh Grant als solchen –, sondern lediglich auf die Rolle, die er in dem Film *Notting Hill* spielte: einen etwas schusseligen, mäßig erfolgreichen Buchhändler.

Der Eastwood-Vergleich kam folgendermaßen in die Welt: Junko machte irgendetwas Sinnvolles in der Küche, während ich ihr Promi-Meldungen aus dem Internet vorlas. »Clint Eastwood hat sich schon wieder ein neues Regieprojekt angelacht. Wie alt ist der jetzt eigentlich? Neunzig?« (Meine Schätzung stellte sich nach späterer Recherche als korrekt heraus.)

Junko sagte: »Bei Clint Eastwood muss ich immer an dich denken und bin dann beruhigt.«

»Weil ich so ein stiller, starker Typ bin? Oder gar ein mysteriöser Fremder?« Nach all den Jahren. Nicht schlecht.

»Nein, weil man bei Clint Eastwood sieht, dass man als Selbstständiger noch bis ins hohe Alter arbeiten kann. Als klassische Festangestellte gehöre ich so langsam zum alten Eisen, aber du ...«

Sie meinte: Ich könnte schuften, bis ich neunzig plus wäre. Und genau das hatte ich auch vor. Vielleicht nicht ganz so lang, doch schuften durchaus. Und zwar wieder so, wie ich es eigentlich nicht mehr hatte tun wollen: für andere.

Endlich wieder arbeiten gehen

Eines der Dinge, über die ich mich seinerzeit hinsichtlich unseres Umzugs nach Japan am meisten gefreut hatte, war, nicht mehr arbeiten zu müssen. Nein, Quatsch, nicht mehr arbeiten *gehen* zu müssen. Arbeiten würde ich genug, in meiner Dreifachbelastung als Vater, Hausmann und Autor. Nicht im nervenraubenden Großraumbüro, sondern mal im urgemütlichen Schlafzimmer, mal am Esstisch, bisweilen auf dem Sofa. Aber man kennt das ja: Sind die Kinder erst mal aus dem Haus, fällt einem daheim die Decke auf den Kopf. Gut, unser Kind war nur wochentags von morgens um neun bis abends um halb sechs aus dem Haus, nämlich im Kindergarten. Das allerdings reichte mir schon für den Deckeneinsturz. Ich versuchte, meinem Alltag neuen Kitzel zu verleihen, indem ich einen Großteil meiner schriftstellerischen Tätigkeiten in Cafés auslagerte, was ich zuvor für erbärmliche Possenreißerei gehalten hatte. Das förderte recht gute Resultate, musste ich zähneknirschend eingestehen, doch irgendetwas stimmte nach wie vor nicht. Es war, als düste das Leben an mir vorüber, während ich im Café saß. Obwohl ich jetzt mit Brief und Siegel in Tokio lebte, hatte ich weniger das Gefühl, ein Teil der Stadt zu sein, als in jenem Lebensabschnitt, in dem ich lediglich als Tourist regelmäßig vorbeigekommen und nach spätestens drei Monaten wieder abgereist war. Da war die kurze Zeit wenigstens Qualitätszeit gewesen, jede Minute ausgekostet.

Ich wollte Teil der Massen werden, die ständig an den Fenstern vorbeirauschten, aus denen ich wehmütig hinaussah. Ich wollte auch rauschen wie die, mit einem Ziel. Das Ziel sollte ein richtiger Arbeitsplatz sein. Also durchforstete ich Ausländerjobbörsen nach Angeboten, die meinen Fähigkeiten und Vorlieben entsprachen. Ich wollte mich auf keinen Fall völlig verbiegen und auch nicht komplett versklaven. Zwei oder drei Tage in der Woche würden reichen, um meinem Leben einen neuen Anstrich zu verleihen, glaubte ich. Ich bin schon lange der Meinung, dass Arbeit, sogar fremdbestimmte Arbeit, Spaß machen könnte, wenn man nur das zeitliche Verhältnis von Arbeitstagen und Wochenende umkehrte. Darauf wollten sich allerdings bislang weder Arbeitgeber noch Politik einlassen.

Ich fand jede Menge Angebote für redaktionelle Tätigkeiten im Manga- und Videospiele-Bereich – ein Traum für jeden Freund der japanischen Popkultur. Zumindest für jeden minderjährigen Freund der japanischen Popkultur, der ein bisschen sein Taschengeld aufbessern möchte und noch nie richtig gearbeitet hat, weshalb er keinerlei Erfahrung in Sachen menschenwürdiger Bezahlung mitbringt. Für die genannten Gehälter würde man in Deutschland verklagt werden, nicht ganz zu Unrecht.

Hatte ich erwähnt, dass es mir aufs Geld nicht ankam? Nein? Das hätte mich auch gewundert, denn es kam mir durchaus auch aufs Geld an. Sonst hätte ich doch gleich bei irgendeiner NPO-NGO gratis Gutes getan.

Kein New Yorker für Tokio

Eine englischsprachige Zeitschrift, an die ich als Leser eine gewisse sentimentale Bindung hatte, suchte einen Redakteur. Das war zwar eine Festanstellung in Vollzeit, aber zu verlockend, um es nicht wenigstens mal zu versuchen. Bestimmt würde man bei großer gegenseitiger Sympathie einen Weg finden, wie ich meine neuen beruflichen Aufgaben mit meinen väterlichen und häuslichen Pflichten sowie schriftstellerischen Leidenschaften kombinieren könnte, quasi eine ideale Work-Work-Work-Work-Balance schaffen. (Es war nicht allzu lange her, dass ich rübergemacht hatte, und ich war noch unter dem euphorischen Eindruck, die Stadt hätte bloß auf mich gewartet und jeder würde alles dafür tun, mir das Leben so angenehm wie möglich zu machen.)

Die Redaktion hatte ihr Büro im hübsch gentrifizierten Rotlicht- und Botschaftsviertel Roppongi, in unmittelbarer Nähe des vornehmen Büro- und Shopping-Komplexes Roppongi Hills. Allererste Adresse also. Ich rieb mir erst die Augen, dann die Hände.

Rechts neben dem Redaktionsgebäude war ein für Neu-Roppongi typisches Glitzergebäude aus Glas, Spiegeln und gewagten Winkeln. Links neben dem Redaktionsgebäude war ein anderes für Neu-Roppongi typisches Glitzergebäude. Nur das Redaktionsgebäude selbst sah bemitleidenswert aus, als wollte es rufen: »*Hallo! Ihr habt mich übersehen! Gentrifiziert mich endlich, ihr neoliberalen Kapitalistenschweine!*«

Ein Redaktionsgebäude war es eigentlich ohnehin nicht, sondern nur ein Mietshaus, in dem sich die Redaktion einen Raum zum Arbeiten gemietet hatte; genau über dem traurigsten Hundesalon der Stadt. Da war keine Spur von der Lobby aus Glas und Spiegeln und dem Empfangsroboterinnen-Hologramm mit sanfter Stimme, auf die ich gehofft hatte. Es gab nur einen tonal unangenehmen Summer, mit dem man sich selbst hineinlassen konnte.

Zu behaupten, dass mir offene Feindseligkeit entgegenschlug, als die Redaktionsmitarbeiter kurz von ihren Computern aufsahen, um den Eindringling zu beäugen, wäre übertrieben. Aber nur ein bisschen. Vielleicht guckten sie auch nur so, weil sie so konzentriert arbeiteten. Dabei lächeln halt die wenigsten.

Zum Glück war der Herausgeber, der mich zum Gespräch geladen hatte, ein recht freundlicher Gesell. Ein hagerer Australier mit schneeweißem Haar. Als Vaterfigur für die ernsten jungen Leute hier war er ein wenig zu locker. Wahrscheinlich war er eher deren Onkelfigur. Wir verzogen uns in sein Büro. Soll heißen: Wir versteckten uns hinter seiner Trennwand. Ich versuchte, allem etwas Positives abzugewinnen. Gut, das war hier nicht der Hightech-Angeber-Arbeitsplatz, von dem ich fünf Minuten lang geträumt hatte. Das hier war viel besser: ein Newsroom alter Schule. Zerschlissene Stühle, verqualmte Luft, ruppiger Ton. Abgesehen davon, dass hier nicht geraucht wurde und bislang niemand außer dem freundlichen Chef mir gegenüber irgendeinen Ton geäußert hatte. Zerschlissene Stühle immerhin gab es.

Der Herausgeber weckte sofort meinen Beschützerinstinkt. Je nachdem, wessen Version der Magazinhistorie man glaubt, hatte er die Zeitschrift entweder vor ihren inkompetenten Vorbesitzern gerettet oder den idealistischen Gründern gestohlen. Man steckt nicht drin. Auf mich machte er nicht den Eindruck, als könne er irgendjemandem irgendetwas stehlen. Den Großteil unseres Gesprächs verbrachte er damit zu jammern, wie schrecklich alles sei, in der Zeitschriftenbranche im Allgemeinen und bei seinem Blatt im Besonderen. Ich hätte ihn am liebsten in die Arme genommen, ihn an meine Brust gezogen und ihm versichert, dass es okay ist zu weinen. Bei aller Sympathie muss ich allerdings zugeben, dass er es nicht allzu geschickt anstellte, mich als Mitarbeiter zu gewinnen.

Trotzdem war ich Feuer und Flamme, als er die Katze aus dem Sack ließ: Man suche in Wirklichkeit gar nicht irgendeinen x-beliebigen Fußvolk-Redakteur, sondern einen Nachfolger für den scheidenden Chefredakteur.

Allerdings war das mit Sicherheit keine Aufgabe, die ich mit allzu vielen meiner bestehenden Aufgaben kombinieren könnte. Doch vielleicht musste ich das gar nicht. Sollte das Ganze finanziell genug abwerfen, damit Junko ihre Arbeit aufgeben oder zumindest einschränken konnte, könnte sie sich fortan vorrangig um Heim, Herd und Kind kümmern. Was für ein innovatives Familienkonzept! Anscheinend hatte ich die zerschlissenen Stühle und das Gejammer bereits vergessen, als ich mir ausmalte, dass man mir tatsächlich ein dahingehend großzügiges Angebot machen könnte. Im Nu spann ich große Pläne. Ich würde das Magazin zu so etwas wie den *New Yorker* aus Tokio umkrempeln. Keine Story unter acht eng bedruckten Seiten; ohne Bilder, allenfalls hier und da mal eine vergeistigte Witzzeichnung, die man nur mit Abitur versteht.

Der Herausgeber fragte mich nicht nach meinen Gehaltsvorstellungen, sondern sagte mir, womit ich mich zufriedengeben müsste. Es lag ungefähr 75 Prozent unter meiner Mindestvorstellung von einem Erwachsenengehalt. Und 75 Prozent unter dem, was ich ihr mindestens bezahlen müsste, um aus meiner Frau eine Hausfrau zu machen. Auch die nichtmonetären Vorteile, die der Herausgeber aufzählte, konnten nicht gänzlich überzeugen: »Wir versuchen, so gut es geht, nicht am Wochenende zu arbeiten. Und es gibt auch ein paar bezahlte Urlaubstage.«

Weil ich nicht wollte, dass er wirklich noch weinte, sagte ich ihm, ich würde eine Nacht darüber schlafen. Am nächsten Morgen sagte ich höflich ab, aber bot an, hin und wieder für seine feine Publikation zu schreiben. Das schien ihn ein bisschen aufzubauen. Doch jedes Mal wenn ich etwas an die Redaktion schickte, bekam ich genau das zurück, was ich bei früheren Angeboten zurückbekommen hatte: nichts. Das Äquivalent des kalten Blicks der Bestandsmitarbeiter über ihre Computerbildschirme.

* * *

Bei einem weiteren englischsprachigen Printmedium, das sich dezidiert eher an Touristen als an die ausländische Gemeinde richtet, bestand nahezu das gesamte Vorstellungsgespräch aus Vorwürfen, dass ich für die Position nicht gut genug Japanisch könne. Obwohl Sprachkenntnisse in der Ausschreibung lediglich als Bonus deklariert waren und ich in meinem Bewerbungsschreiben keinerlei Zweifel über das beschränkte Ausmaß meiner diesbezüglichen Befähigung gelassen hatte. Man könnte das Gespräch folgendermaßen zusammenfassen:

Potenzieller Arbeitgeber: »Ist Ihnen gar nicht bewusst, dass Sie meine Zeit verschwenden, wenn Sie hier ohne fließendes Japanisch aufkreuzen?«

Ich: »Ist Ihnen gar nicht bewusst, dass Sie viel mehr von meiner Zeit verschwendet haben, weil Sie nicht klipp und klar in Ihre Anzeige geschrieben haben, was Sie wirklich wollen? Und hätten Sie sich nicht wenigstens die Zeit nehmen können, meine Bewerbung zu lesen, bevor Sie mich hier antanzen lassen?«

»Einen schönen Tag noch.«

»Sie mich auch.«

Der mit Models spricht

So landete ich schließlich beim Damenfrisör. Wohlgemerkt nicht mit der Schere oder dem Besen in der Hand, sondern mit dem Notizblock. Ich war auf ein Gesuch einer Agentur aufmerksam geworden, die sich zum Thema der von ihr gewünschten Texte zunächst ausschwieg, allerdings ein recht faires Honorar pro Wort nannte.

Als die Agenturchefin mich anrief, um mir Genaueres zu erzählen, fragte sie als Erstes: »Was wissen Sie über Damenfrisuren?«

Ich sagte: »Alles!«

Denn die erste Regel des Schreibclubs lautet: Immer ja sagen. Ja, ich habe Zeit. Ja, ich kann das. Ja, das habe ich schon tausendmal gemacht. Das allerwichtigste Ja: Ja, ich mache das. Dieses Ja ist nahezu buchstäblich die halbe Miete. Wer zweimal nein sagt, wird wahrscheinlich kein drittes Mal gefragt. Keine Angst vor keiner Ahnung. Selbst wenn man sie sich vor dem Abgabetermin nicht mehr aneignen kann, sollte jeder professionelle Schreiberling fähig sein, den Duktus eines ihm fremden Milieus durch Recherche erfassen und glaubhaft fälschen zu können. In neunzig Prozent aller Fälle kommt man damit durch. Einer meiner sonderbareren Jobs in jüngeren Jahren hatte darin bestanden, für Fachzeitschriften Anwenderberichte über Systemmanagementsoftware zu formulieren – anstelle der tatsächlichen Anwender. Ich weiß bis heute nicht so ganz genau, was Systemmanagementsoftware überhaupt ist. Hat aber trotzdem geklappt. Gut, letztendlich bin ich gefeuert worden. Aber erst nach acht Monaten und zwei Gehaltserhöhungen wegen zufriedener Kunden (bis der eine, einzige unzufriedene Kunde meine Chefin fragte: »Sagen Sie mal, ist der Neuenkirchen eigentlich geisteskrank?«). Ich werte das als Erfolg. Waschen, schneiden, föhnen. Was sollte schon schiefgehen?

Ehe ich michs versah, saß ich bei einem noblen Damenfrisör mit Aussicht auf das noble Viertel Aoyama zwischen zwei Models und sollte im Auftrag eines Online-Beauty-Portals darüber schreiben, wie den beiden Damen die Haare gemacht wurden. Die eine war eine sehr junge Kenianerin mit krausem Haar, die andere eine Amerikanerin mit langem irischen Stammbaum und dem entsprechenden lockigen Rotschopf. Problemhaare also für den gemeinen japanischen Frisör, für den die extravaganteste Alltagsherausforderung darin besteht, aus glatten schwarzen Haaren dackelbraune Dauerwellen zu machen. Für diese seltsamen Haare aus dem Ausland brauchte es neue Technologien und innovative Toniken. Über diese und darüber, was die beiden Ausländerinnen bei der Anwendung empfanden, sollte ich berichten. Ich sah Geräte, die ich noch nie gesehen hatte. Manchmal war ich mir nicht sicher, ob wir noch beim Frisör oder bereits im Kreißsaal saßen.

Die beiden jungen Damen waren famose Menschen: freundlich, fröhlich, natürlich. Das Einzige, was diese Models von uns normalen Menschen unterschied, war, dass sie besser aussahen. Wer wollte es ihnen krummnehmen, dass sie die Welt verschönerten, indem sie in ihr waren? Die Kenianerin sprach so leise, dass es mir irgendwann unangenehm war, sie ständig um Wiederholung zu bitten. Ich würde mir stattdessen einfach Antworten ausdenken, die ihr sicherlich nicht zum Verhängnis werden würden.

Offenbar machte ich das genauso gut wie alles andere. Die Beauty-Portal-Chefin war sehr angetan von meinem Stil und meiner Fachkenntnis. Sie wollte mich gern behalten. Ich selbst hatte natürlich bei der ganzen Sache einen entscheidenden Rechenfehler gemacht: Die Entlohnung war zwar für das bisschen Geschreibsel tatsächlich sehr großzügig. Aber die Zeit beim Damenfrisör gibt mir keiner zurück. Schon normale Frauen brauchen dort ewig. Bei Models mit Problemhaaren muss man von Zeiträumen ausgehen, in die mindestens zwei warme Mahlzeiten gehören.

Trotzdem wollte ich gerne weiter aus dieser Welt berichten. Manchmal ist schließlich die Erfahrung wichtiger als die Bezahlung. (Liebe Kinder: Es ist in Ordnung, wenn der Arbeitnehmer das sagt. Wenn hingegen der Arbeitgeber es sagt, ist es Ausbeutung.) Mir wurde ein neuer Auftrag am Wochenende angeboten, den ich jedoch nicht annehmen konnte, weil das Wochenende halt der Familie gehört. Der nächste war spätnachts, aber spätnachts hat mich die Familie schon zu sehr ermattet. Nach dem zweiten Nein wurde ich kein drittes Mal gefragt. Nichts für ungut, ich kenne ja die Regeln. Außerdem wartete bereits ein anderer Job auf mich, der noch besser zu mir zu passen schien als der des Chronisten schwieriger Damenfrisuren.

Kaputte Software und gebrochene Herzen

Gesucht wurde ein Online-Redakteur für eine Reise-Website, wahlweise in Voll- oder Teilzeit, der »zumindest manchmal« (so die wortwörtliche Formulierung) im Firmenbüro vorbeischauen würde und idealerweise Deutschkenntnisse mitbrachte, denn Deutsche machten einen Großteil der Kunden des Unternehmens aus.

Ich wusste: Wenn ich diesen Job nicht bekomme, werde ich mein Lebtag gar keinen Job mehr bekommen.

Ich musste glücklicherweise nicht die Scherben meines Selbstwertgefühls zusammenfegen; ich bekam den Job. Mein Arbeitgeber war ein junger Herbergsvater, der mehrere Gästehäuser in und um Tokio unterhielt, in denen noch jüngere Leute bei geteilten Sanitäranlagen und Küchen günstiger unterkommen konnten als in richtigen Hotels. In einem dieser Gästehäuser war das Büro, in dem ich arbeiten würde. Zumindest manchmal. Gemäß der Anzeige hatte ich die Bedingungen diktiert: zwanzig Stunden pro Woche, verteilt über die üblichen fünf Arbeitstage, davon drei im Büro.

Nach kurzer Zeit reduzierte ich auf zwei Tage im Büro, denn die Faszination des Zur-Arbeit-Fahrens wie ein richtiger Tokioter verflog doch recht schnell, obwohl ich mich nicht mal mit den berüchtigten Massen in die Züge quetschen beziehungsweise mich mit ihnen von Ordnungskräften in die Züge quetschen lassen musste. In dieser Hinsicht hatte ich Glück: Die Massen zog es morgens in die Stadt hinein, mich zog es aus der Stadt heraus. Mein Problem mit den Zügen war nicht ihr Füllstand, sondern dass ich mit ihnen nicht weit kam. Ein Großteil des Weges musste mit einem Bus bestritten werden, der nur in sehr großzügig gesetzten Intervallen fuhr, und zwar durch ein Industriehafengebiet ausgesuchter Trostlosigkeit. Zuerst hatte ich noch geglaubt, der Gegend einen rauen Charme andichten zu können, doch es ging nicht. Diese Arbeitsgeschichte sollte mich meiner Stadt näherbringen, aber sie brachte mich nur Gegenden der Stadt näher, denen man lieber fernblieb.

Das Büro war eingerichtet, wie Orte eingerichtet sind, die Erwachsene für Jugendliche eingerichtet haben: Flohmarktmöbel und gerahmte Filmplakate. Als erwachsener Berufsjugendlicher gefiel es mir gut. Ich hatte allerdings eine gewisse Angst, dort zu erfrieren. Ungerechterweise gewöhnt man sich nie an den Tokioter Sommer, aber sehr wohl an den milden Tokioter Winter. Mit »gewöhnen« ist gemeint, dass man alles unter fünfzehn Grad plus als Winter zu definieren lernt und bei allem darunter zu schlottern beginnt, obwohl man von dieser Jahreszeit einmal Härteres gewohnt war. Das Büro war zunächst lediglich mit mir und dem Herbergsvater besetzt, der stoisch im T-Shirt seine Arbeit verrichtete, worin auch immer die bestehen mochte. Er äußerte sich zu seiner Arbeit genauso wenig wie zu meiner, weshalb ich nie erfahren sollte, wie zufrieden oder unzufrieden er mit meiner Leistung war. Als der Neue traute ich mich nicht zu fragen, ob wir nicht mal die Klimaanlage anstellen könnten, die es in Japan anstatt einer Heizung gibt. Der Herbergsvater war so ein Globetrotter-Typ, wahrscheinlich frieren die nicht. Vermutlich würde er sagen: »*Kalt? Das ist doch keine Kälte! Damals, am Pol, das war eine Kälte! Ich hätte wirklich mehr als nur mein Lieblings-T-Shirt einpacken sollen!*«

Am dritten Tag kam endlich eine Kollegin aus dem Urlaub zurück, die sagte: »Scheiße, ist das kalt hier! Hallo, ich bin die Bettina!«, und die Klimaanlage anstellte.

Immerhin konnte ich mich recht früh zu einer anderen lebenswichtigen Frage überwinden: »Gibt es hier eigentlich eine Toilette?«

Der Herbergsvater schaute mich amüsiert an, als sei es ihm ganz neu, dass man sich bei nur einem halben Arbeitstag am Stück nicht einfach ein bisschen am Riemen reißen konnte (»*Toilette? Damals am Pol hatten wir auch keine ... ›Toilette‹!*«). Er gab mir trotzdem Auskunft: »Ja, aber ich würde empfehlen, lieber die öffentliche draußen im Park zu benutzen.« Einer der am seltensten gehörten Sätze in der deutschen Sprache. In Japan jedoch gelten oft andere Regeln, insbesondere bei Toiletten. Ich kam seinem Ratschlag bald nach. Die Reinigung der hauseigenen Toilette war den Gästen selbst überlassen, was sie unterschiedlich gründlich hinbekamen. Außerdem befand sie sich in so unmittelbarer Nähe zum Frühstückstisch, dass die Situation weder für die frühstückende noch für die andere Partei besonders angenehm war.

Der Herbergsvater und ich hatten unterschiedliche Auffassungen vom genauen Aufgabenbereich eines Online-Redakteurs. Ich meinte, es sei meine Aufgabe, dafür Sorge zu tragen, dass der Online-Auftritt des Unternehmens mit themenrelevanten, begeisternden Inhalten (vulgo: Content) Besucherinnen und Besucher in seinen Bann schlug. Der Herbergsvater war der Ansicht, ein Online-Redakteur habe sich vor allem professionelle Grafiken aus dem Arm zu schnitzen und die kaputte Zimmerbuchungssoftware zu reparieren.

Ich bin zwar alles andere als ein professioneller Grafiker, aber ich kenne mich ein kleines bisschen mit professionellen Grafikprogrammen aus, weil ich einmal, spät im Leben, noch schnell Manga-Künstler werden wollte. Ich meinte, gehört zu haben, dass man dafür heute nicht mehr zeichnen können muss, wenn man stattdessen mit professionellen Grafikprogrammen umgehen kann. (Ich hatte mich wohl verhört, wie sich herausstellte.) Dass ich theoretisch weiß, was aus diesen Programmen herauszuholen ist, heißt freilich nicht, dass ich derjenige bin, der das auf professionellem Niveau zustande bringt. Fragt mich jemand, ob ich kochen kann, sage ich ja und meine damit scharfen Hackfleischbohneneintopf oder Spaghetti mit Tomatensauce. Ich erwarte nicht, dass mich der Fragesteller schnurstracks in die Küche eines Sternerestaurants schleift und verlangt: *»So, jetzt mach mal dekonstruktivistisches Avocadokernpüree an geräucherten Ochsenmandeln.«*

Glücklicherweise wusste der Herbergsvater aber gar nicht so genau, wie professionelle Grafiken eigentlich aussehen. Deshalb kam ich mit diesem Teil meiner Aufgaben einigermaßen zurecht. Anders sah das bei der Fehlerbehebung der Buchungssoftware aus. Ich kenne den Unterschied zwischen Software und Hardware, aber das war es dann auch schon. Gegenüber völligen Grafikbanausen kann man sich als Grafiker durchmogeln, wenn man einigermaßen mit dem Werkzeug umgehen kann. Wer nicht programmieren kann, wird allerdings niemanden davon überzeugen können, dass er es doch könne. Ich versuchte es also gar nicht erst und bekannte klipp und klar, dass ich keinerlei Programmiersprache beherrsche, mir aus dem Stand noch nicht mal der Name einer einfiele.

Der Herbergsvater meinte, das sei doch alles kein Problem. Er habe ein Team von Programmierern, die mir zur Hand gehen würden. Ich müsse sie nur anleiten.

Die Programmierer saßen – Sie haben es längst erraten – in Indien. Zumindest wurde das behauptet. Vielleicht gab es sie auch gar nicht. Telefonisch erreicht habe ich sie nie, was der Herbergsvater stets mit einem knapp gemurmelten »Zeitunterschied« abtat. Dabei ist der zwischen Indien und Japan so gewaltig auch nicht. Alle E-Mail-Mitteilungen an sie mussten über den Herbergsvater gehen. Ich sollte mich allerdings von der Nichterreichbarkeit dieser Inder nicht aus dem Konzept bringen lassen und alles, was mir persönlich unlösbar schien, in eine Liste schreiben, in die sie reinsehen würden, sollten sie irgendwann einmal an ihren Arbeitsplätzen auftauchen. Ein Großteil meiner Arbeit bestand also darin, aufzuschreiben, woran ich nicht arbeiten konnte, auf dass andere es vielleicht hinbekämen, so sie denn existierten. Selbst ich fand, dass ich dafür überbezahlt war. Nicht dass ich das an die große Glocke gehängt hätte. Beim Vorstellungsgespräch hatte ich eine Stundengehaltsforderung unterbreitet, die für einen Online-Redakteur mit fünfzehn Jahren Berufserfahrung in Deutschland äußerst bescheiden gewesen wäre, aber für japanische Verhältnisse unverschämter Wucher war. Selbständige Medienarbeiter bekommen hier halt meist nur ein Taschengeld und ein paar Groschen für die U-Bahn. Ich war erstaunt gewesen, als der Herbergsvater, ohne mit der Wimper zu zucken, einfach gesagt hatte: »Okay, wann kannst du anfangen?« Ein bisschen war ich sogar pikiert.

Wie der Barthändler auf dem Basar im Film *Das Leben des Brian*, der beleidigt ist, weil die Titelfigur in ihrer Eile einfach so seine Preise akzeptiert: »Wir müssen erst feilschen!«

***

Als ich gehört hatte, dass das Büro in einer der Herbergen ist und dass Deutsche sowohl beim Personal wie auch unter den Gästen gut vertreten sind, war mir einer der allerpeinlichsten Gedanken meines bisherigen Lebens gekommen: Was, wenn mich einer erkennt? Könnte doch sein, dachte ich: Das sind Leute, die sich für Japan interessieren. Ich habe Bücher über Japan geschrieben. Also?

Um der gedanklichen Peinlichkeit die Krone aufzusetzen, machte ich mir des weiteren Gedanken darüber, ob die jungen Leute vielleicht unangenehm berührt wären, wenn sie mich dort im Büro gemeine Bürotätigkeiten verrichten sähen. Junge Leute dachten wahrscheinlich, dass jemand, dessen Name auf Büchern steht, automatisch Spitzenverdiener ist. Zumindest habe ich das als junger Mensch so gedacht, und irgendwann war es zu spät, um noch umzuschulen.

Aber die jungen Leute von heute sind anders. Die machen sich womöglich gar keine Gedanken darüber, was in oder auf Büchern steht. Einmal kam nach einer Lesung einer zu mir, mehr themen- als literaturinteressiert, der mir freundlich und ohne jede Häme erklärte, dass das alles recht interessant gewesen sei und so ein ganzes Buch zu schreiben bestimmt einigermaßen krass wäre, aber er sich nicht vorstellen könne, jemals eines zu lesen. Die liebenswerte Clique aus Gleichaltrigen um ihn herum nickte eifrig. Er meinte nicht speziell eines von meinen Büchern, sondern Bücher ganz allgemein.

Andererseits kann man nicht alle jungen Leute über diesen einen Kamm scheren. Bei der Lektüre meiner sehr gelegentlich eintreffenden Leser- und Leserinnenpost bin ich schließlich oft erschrocken, wie jung die Menschen sind, die schon meine Bücher lesen dürfen und dies offenbar sogar freiwillig tun.

Dennoch ist eines mal klar: Solange sie es nicht mit weißem Anzug und roter Rose im Knopfloch provozieren, werden Schriftsteller nicht in der Öffentlichkeit erkannt, weder von Jung noch von Alt. Die meisten sind darüber heilfroh, die anderen können immer noch zu Anzug und Rose greifen. Visuell unaufdringliche Schriftsteller werden nicht mal in Kontexten erkannt, die ihre Erkennung eigentlich begünstigen sollten. Ich wette, John Grisham kann in jeder Gerichtscafeteria ganz unbehelligt seinen Cappuccino schlürfen.

Und was der kann, kann ich sowieso: Niemand erkannte mich. Und das war auch gut so. Ich hatte große Freude an den jungen Leuten, insbesondere an den Gästen. Tagtäglich standen sie im Büro Schlange, um gute Gründe vorzubringen, warum sie ihre Miete erst ein bisschen später würden zahlen können, wenn überhaupt. Ein junger Mann war von seiner erst kürzlich angelachten japanischen Freundin verlassen worden und konnte seither seinem Minijob im Convenience Store – einer kompakten Mischung aus Supermarkt, Drogerie und Imbiss – nicht mehr nachgehen, weil alles dort ihn an sie erinnerte (war halt alles japanisch). Nun verbrachte er sicherheitshalber den lieben langen Tag damit, auf dem Bauch zu liegen und in sein Herbergskissen zu heulen. Ach, junge Liebe, sie ist scheußlich. Man kann froh sein, dass sie vorbeigeht. Selbstverständlich hatte der junge Mann seinen Fall nicht selbst vorbringen können – er umklammerte ja sein Kissen –, sondern eine Mitbewohnerin vorgeschickt.

»So viel Material«, dachte ich mir bei der täglichen Problemparade der reisenden Jugend und fühlte mich wieder mehr wie ein Schriftsteller als ein Online-Redakteur. Vielleicht war es Zeit weiterzuziehen. Beziehungsweise dahin zurückzuziehen, wo ich hergekommen war: an meinen inoffiziellen Stammplatz im Tully's-

Café hinterm Bahnhof. Denn das fiel mir jetzt von den Augen wie Schuppen: Ich hatte meinen Platz längst gefunden. Ich war längst ein Teil der Stadt. Ein klitzekleiner. Ungefähr ein Dreizehnmillionstel. Mehr hatten die anderen, die ich immer beneidet hatte, wenn sie an mir vorbeirauschten, auch nicht. Vermutlich dachten nicht wenige von denen: »*Der hat's gut – sitzt gemütlich im Café, während ich ins Büro hetze und irgendwie gar nichts davon habe, dass ich in dieser tollen Stadt lebe, in der man so vortrefflich im Café sitzen könnte, müsste man nicht in dieses schreckliche graue Büro.*«

Der Herbergsvater würde sich bestimmt nicht zu seinem liebeskranken Gast ins Bett legen und mit ihm gemeinsam weinen, sollte er mich nie wiedersehen. Wie bei jedem leicht angespannten Arbeitsverhältnis hielten wir beide uns selbst für Koryphäen und uns gegenseitig für Idioten. Wie immer in solchen Konstellationen hatten wir beide in der Idioten-Sache vermutlich recht, in der Koryphäen-Sache eher nicht. Ich war nicht die Art von Mitarbeiter, die er sich erhofft hatte. Er hatte nicht die Art von Arbeit zu bieten, die ich mir erhofft hatte. Mein letzter Arbeitstag war kurz vor Weihnachten des betreffenden Jahres und (in Japan weitaus wichtiger) den Neujahrstagen, an denen das ganze Land stillsteht. Offiziell war es nur mein letzter Arbeitstag des Jahres. Um unsere Gesichter zu wahren, verblieben wir so, dass der Herbergsvater mich kontaktieren würde, sobald er die Inder ausfindig gemacht hätte und die Projekte, an denen ich gearbeitet hatte, weitergingen. Er hat es nie getan, und ich war nicht unglücklich darüber. Das Geld, das bis dahin überpünktlich und auf Heller und Pfennig genau auf meinem Konto eingetroffen war, kommt mir nach wie vor wie ein unverdientes Wunder vor.

Kommt ein Mann zum Arzt und sagt: »Ich bekomme nicht genug Schlaf.« Sagt der Arzt: »Sehr gut, weiter so!«

JAPANER SCHLAFEN NICHT, DEUTSCHE BEKOMMEN KEINEN KREBS UND WEITERE NEUESTE ERKENNTNISSE DER MODERNEN MEDIZIN

Ich hörte einen nichtjapanischen Japan-Erklärer einmal die These aufstellen, Japaner betrachteten Schlaf als ein Hobby. Ich muss dem entschieden widersprechen. Die Japaner, die ich kenne, nehmen ihre Hobbys sehr ernst und widmen ihnen viel Zeit. Ihr Verhältnis zum Schlaf sieht gänzlich anders aus. Sie schlafen zu den ungewöhnlichsten Zeiten und an den außergewöhnlichsten Orten. Allerdings nie lange, nur selten gemütlich, kaum freiwillig. Ich selbst bin in Sachen Schlaf recht konservativ. Ich mache es am liebsten nachts, im Bett liegend. An den neuen Rhythmus und die neuen Begebenheiten musste ich mich erst gewöhnen.

Schlaflos in Shimomeguro

Ich mag es nicht, wenn Nichtjapaner versuchen, Japaner zu analysieren wie eine unbekannte Spezies von einem anderen Planeten. Und trotzdem möchte ich an dieser Stelle selbst ein wenig küchenpsychologisch theorisieren: Ich glaube, Japaner hassen den Schlaf. Sie sehen ihn als eine Beleidigung, eine Schmach, einen Verrat des Körpers am Geiste. Deshalb schlafen sie im Büro, in der Bahn, im

Café, im Kaufhaustreppenhaus. Wenn es einen dort erwischt, kann man halt nichts dafür. Aber ginge man zum Schlafen ins Bett, das wäre ja geradezu, als schliefe man absichtlich.

Auch bei meiner Frau stoße ich auf wenig Verständnis, wenn ich vorschlage, ab und zu mal früher ins Bett zu gehen. Sie guckt dann gleich erschrocken und fragt: »Wieso, bist du krank?«

Ich argumentiere, dass schlafen nichts Schmutziges sei, sondern die natürlichste Sache der Welt. Vögel tun es, Bienen tun es, die Große Braune Fledermaus tut es zwanzig Stunden am Tag (was man nicht alles lernt, wenn die Tochter einen guten Kindergarten besucht). Alle tun es, und wenn man es richtig macht, kann es sogar Spaß machen. Junko hingegen argumentiert, dass unsere Tage vollgestopft sind mit erfüllenden, aber eben oft auch aufreibenden beruflichen wie elterlichen Pflichten und dass sie deshalb abends bitte schön nicht gleich mit dem Kind zu Bett gehen möchte, sondern gern ein paar Stunden Erwachsenenqualitätszeit zur Zerstreuung hätte. Ich versichere, dass ich das genauso sehe, allerdings auch finde, dass ein Tag pro Woche oder gar Monat keinen allzu großen Einschnitt in die uns zur Verfügung stehende Qualitätszeit darstellen würde. Doch da hört sie schon nicht mehr zu.

Ich habe versucht, Regeln zur Abendgestaltung aufzustellen, um ein allzu großes Ausufern zu verhindern. Zum Beispiel, die tägliche Pflichtstunde des gemeinsamen Qualitätsfernsehens nicht später als 22 Uhr beginnen zu lassen. Das klappte ein- oder zweimal, dann fielen wir doch wieder zurück in alte Gewohnheiten. Sie musste noch ihre Gymnastik machen, ich musste noch ein paar Pixelzombies enthirnen, und ehe man sichs versah, war es schon wieder elf Uhr oder später. Und bin ich dann der, der eisern auf Regeln pocht? »*Guck mal auf die Uhr! Jetzt aber zack, zack ins Bett, junge Dame, und kein* Damengambit *mehr!*« Nein, das bringe ich nicht übers Herz.

***

Eine der besonderen Fähigkeiten der Japaner ist das instinktive Ausblenden von Unangenehmem. Das ist beneidenswert, wenn es um das Bewundern schöner Details in unschönen Umgebungen geht, und frustrierend, wenn es um das Annehmen historischer und politischer Verantwortungen geht. Oder wenn der Ehepartner einem allzu subtil etwas nahezubringen versucht. Einmal fand ich einen Artikel in einer Tageszeitung, der schwarz auf weiß belegte, was ich immer geahnt hatte: Japaner schlafen zu wenig. Sogar weniger als in jedem anderen Land der Welt (oder zumindest in jedem der hundert Länder, die in der entsprechenden Studie berücksichtigt wurden). Ich schnitt den Artikel aus und legte ihn demonstrativ auf die Ecke des Wohnzimmertisches, an der Junko weite Teile ihrer Freizeit damit verbringt, Rechnungen zu sortieren, Kinderkleidung zu bestellen und Mangas über das Leben schwuler Anwälte zu lesen (es ist halb so verwegen, wie es klingt; es wird wohl vor allem gekocht und gegessen). Dann beobachtete ich wochenlang stumm und mit schwindender Hoffnung, wie sie den Artikel immer wieder von einem Platz zum anderen transferierte, ohne das geringste Anzeichen, dass sie jemals seinen Inhalt wahrgenommen hatte. Als der nächste Altpapiertag kam, gab ich auf und entfernte ihn.

Er taufte mich auf den Namen Neuen-san

Ich brauchte jemanden, der auf meiner Seite stand. Eine Autorität. Jemanden, der mir bestätigte, dass Schlaf eine tolle Sache ist, und dessen Wort in Junkos Ohr Gewicht hatte. Einen Arzt zum Beispiel. Ärzte sagen immer, man solle mindestens acht Stunden pro Tag schlafen, am besten nachts und am allerbesten, wenn man nicht allzu spät damit anfängt. Deutsche Ärzte zumindest.

Zum Glück gibt es in Japan auch Ärzte. Der regelmäßige Besuch ist eine freiwillige Pflicht, die staatlich sanft forciert wird. Einmal im Jahr wird gratis alles überprüft, was irgendwie krank werden könnte. Wer diese Untersuchung nicht wahrnimmt, findet ein ums andere Mal hartnäckige wie freundliche Aufforderungen im Briefkasten, es sich vielleicht doch noch einmal zu überlegen, um seiner selbst willen und um später dem Gesundheitswesen nicht allzu penetrant auf der Tasche zu liegen, falls doch mal was ist, was man früher und günstiger hätte erkennen und behandeln können. Wer, wie ich, jeden Termin brav wahrnimmt, bekommt die Mitteilungen sicherheitshalber ebenfalls.

Ich hatte einige Ärzte durchprobiert, bis ich den fand, bei dem ich geblieben bin. Zuerst war meine einzige Anforderung an einen japanischen Arzt gewesen, dass er Englisch können müsse; der Rest würde sich schon ergeben. Da fragen die Japanisch-Streber gleich: Aha – warum denn Englisch?! Ja, ich weiß: Man soll sich sprachlich immer mitten ins Getümmel stürzen, sonst wird das nichts mit der eigenen Sprachkenntnis. Dem füge ich mich gerne bei der Begegnung mit Schankwirten und anderem Personal des Alltags, dem ich nicht ganz konkret mein Leben anvertrauen muss. Bei Ärzten hingegen ist es mir wichtig, mehr als »dreißig Prozent so in etwa« zu verstehen. Es gibt eine Zeit, Japanisch zu üben, und es gibt eine Zeit, seine eigene Gesundheit zu priorisieren.

Wenn man ein bisschen bohrt und traurig guckt, stellt sich heraus, dass so ziemlich jeder japanische Arzt einigermaßen Englisch spricht (das unterscheidet den japanischen Arzt vom Japaner an sich). Es hilft wohl beim Medizinstudium, womöglich ist es sogar ein Teil dessen (nageln Sie mich nicht fest, es gehört in diese trübe und tückische Kategorie namens: »*Ich meine, da mal was gehört zu haben ...*«). Es hängt nur nicht jeder an die große Glocke. Jahrelang habe ich Hana zu ihren Kinderarztbesuchen begleitet und mich einigermaßen auf Japanisch durchgewurschtelt, bis ich eines Tages Ohrenzeuge wurde, wie er dem frisch gespritzten Kind eines anderen Ausländers in einwandfreiem Englisch gut zuredete.

Der Allgemeinmediziner für Erwachsene, bei dem ich selbst schließlich geblieben bin, inseriert seine sprachliche Befähigung auch nicht in blinkender Neonschrift an der Fassade. Gleichwohl war seine Adresse in den Jahresuntersuchungsunterlagen der Stadtverwaltung als eine der Praxen gelistet, in der unbedarfte Ausländer auf Wunsch auf Englisch untersucht werden können. Er ist nicht mehr der Jüngste, hat einen natürlich kahlen Kopf, dafür besonders buschige Augenbrauen und ein kugelrundes Gesicht, das große Fröhlichkeit ausstrahlt, wenn er lacht, was er allerdings nur selten tut. Er ist ein Mann weniger Worte. Seine bislang kürzeste Konsultation erschöpfte sich in dem Satz: »Ihr Blutdruck ist sehr gut, frohe Weihnachten.«

Mit meinen fünfzig Jahren drücke ich den Altersdurchschnitt in seinem Wartezimmer dramatisch nach unten. In jenem wird stets klassische Musik in einer Lautstärke gespielt, die auch bei den ältesten Patienten ankommt. Wenn ich dran bin, brüllt er über die Musik und durch die geschlossene Tür des Behandlungszimmers: »Neuen-saaan!«

Den Spitznamen hat er sich ausgedacht, ohne meine Meinung einzuholen. Ich bin ganz zufrieden damit. Japaner und ausländische Namen ist ein ganz schwieriges Thema, insbesondere für die betroffenen Ausländer. Nicht selten werden sie ungefragt mit dem Vornamen angesprochen. Vielen geht das gegen den Strich. Es gibt drei wesentliche Theorien, warum das so ist (die Vornamennennung, nicht das Gegen-den-Strich-Gehen; das dürfte erwachsenen Menschen ohne Erklärung nachvollziehbar sein):

1. In Japan werden Namen, verglichen mit westlichen Gepflogenheiten, andersrum angegeben (der berühmte Schriftsteller

heißt im eigenen Land Murakami Haruki), und das verwirrt eben bei der Lesart ausländischer Namen.

2. Japaner kennen ausländische Namen in erster Linie aus amerikanischen Fernsehserien, und da quatschen sich halt alle lässig mit Vornamen an. (An dieser Stelle wollte ich einen sehr zeitgemäßen Witz mit *Starsky & Hutch* machen. Das sind jedoch tatsächlich Nachnamen. Es ist aber auch verwirrend.)

3. Es handelt sich um reine Respektlosigkeit.

Die richtige Antwort: Es kommt auf den Einzelfall an. Selbst die dritte Möglichkeit ist nicht ganz und gar auszuschließen, auch wenn gewohnheitsmäßige Japan-Verherrlicher das nicht wahrhaben mögen. Ein amerikanischer Lehrer, mit dem ich lose bekannt bin (also über Facebook, also gar nicht), berichtete einmal, dass er seine Lehrerkollegen höflich darauf hingewiesen habe, dass er gerne mit Nachnamen angesprochen werden wolle, so wie es unter den japanischen Lehrern der Schule üblich war. Als sich dadurch nichts an der Situation änderte, wies er noch einmal darauf hin und bekam zu hören, dass das nicht ginge, weil man sich schon an seinen Vornamen gewöhnt habe. Als er dann fragte, ob er demnach seinerseits die japanischen Kollegen bei deren Vornamen nennen dürfe, waren die entgeistert: Nein, das sei nicht üblich. Pauschalisieren lässt sich dieser Fall sicherlich nicht. Als einen bizarren Einzelfall abtun allerdings ebenso wenig.

Ich möchte mich über Neuen-san nicht beschweren. Immerhin ist ein Teil meines Nachnamens enthalten. Hin und wieder benutze ich Neuen-san sogar als Pseudonym bei Videospielen mit Registrierungspflicht. Als meiner Tochter das irgendwann auffiel, sagte sie: »Papa, ich werde dich ab jetzt Neuen-san nennen.« Eine Frage um Erlaubnis war das nicht. Japanerin halt.

Ich hoffe, ich muss mir nie einen anderen Arzt suchen. Allerdings könnte ich unmöglich sagen, ob er seinen Beruf mit großer Leidenschaft ausübt und eines Tages, vielleicht mit 110, nach mehreren fatalen Fehldiagnosen von einem Sondereinsatzkommando mit Gewalt aus seiner Praxis entfernt werden muss – oder ob er schon seit langem die Tage bis zum Erreichen des offiziellen Rentenalters zählt. Bei ihm finde ich genau die richtige Mischung aus Nähe und Distanz, die ich mir von meinem Hausarzt wünsche. Ich möchte einen, der mich auf der Straße erkennt, aber nicht unbedingt an seinem freien Tag mit einer Flasche Wein, einem Picknickkorb und zwei Angelruten vor meiner Tür steht und ruft: »*Überraschung!*« Einen, für den ich mehr als eine Patientennummer bin, allerdings nicht *viel* mehr. Einen, bei dem ich ganz einfach Neuen-san sein kann.

Vor der jährlichen Rundumuntersuchung muss man zu Hause einen mehrseitigen Fragebogen zu seinem Lebenswandel ausfüllen. Ich bemühe mich, das so aufrichtig wie möglich zu tun. Den Alkoholkonsum runde ich vielleicht ein bisschen ab, damit es leichter zu rechnen ist. Bei der Frage danach, ob ich Sport treibe, kreuze ich hingegen jedes Jahr dieselbe absolut korrekte Antwort an: Nein, aber ich werde bald damit anfangen. Und das werde ich auch. Bald.

Beziehungsweise wieder damit anfangen. Vor einigen Jahren hatte ich das Laufen für mich entdeckt. Beim Sport wie in allen anderen Dingen von der Religion bis zur Ernährungspolitik sind die Spätbekehrten stets die Fanatischsten, und so hatte ich es bald auf zwei erfolgreiche Marathonteilnahmen und zwei Löcher mehr im Gürtel gebracht. Woraufhin ich zufrieden wieder aufgehört habe. Eigentlich sollte es nur eine Pause werden, doch die Pause hält nun schon eine ganze Weile an. Statt den Gürtel enger zu schnallen, muss ich nun immer häufiger diskret den Knopf öffnen. Ich fühle mich nach wie vor als Läufer, sehe allerdings ein, dass man in dieser Sache mit Gefühlen allein nicht weit kommt. Wenn mir einer sagt: »*Ich schreibe ständig im Kopf*«, dann würde ich gerne entgegnen: »*Und ich laufe ständig im Kopf. Aber ich werde trotzdem dicker, und dein Manuskript nicht.*«

Es mangelt mir eher an Zeit als an Motivation, bilde ich mir ein. Seit ich kurz nach der Geburt meiner Tochter meine lukrative Festanstellung in Deutschland aufgegeben habe, um mich als freischaffender Künstler zu versuchen (perfektes Timing, ich weiß), und mit meiner Familie in ein fernes Land aufgebrochen bin, erscheint mir jeder Moment, der nicht mit Erziehung, Arbeit und Vokabelnlernen gefüllt ist, wie frivoler Schlendrian. Andererseits ist an der oft behaupteten Kongruenz von körperlicher und geistiger Fitness schon etwas dran. Laufen diszipliniert das Schreiben. Normalerweise stehe ich nach jedem geschriebenen Absatz auf, drehe eine Runde durchs Zimmer, mache den Abwasch, wedele Staub, ziehe die Schrauben von Schrankscharnieren an. Unmittelbar nach einem vernünftigen Lauf bin ich dafür zu kaputt. Da wird sitzen geblieben und weitergeschrieben.

Aber zurück ins Wartezimmer.

»Neuen-saaan!«

Der Arzt, der mich nicht schlauchen wollte

Mein Arzt geht stets penibel den ganzen Fragebogen durch. Dabei liest er meine Antworten nicht etwa vor, sondern lässt sie noch einmal mündlich von mir referieren. Als wollte er mich bei einem Widerspruch ertappen. Ich frage mich zwar, warum ich das alles zu Hause ausfüllen soll, wenn ich hier dieselben Fragen noch einmal beantworten muss, aber das macht nichts, denn wir werden bald zu der Frage kommen, auf die ich mich am meisten freue: »Schlafen Sie ausreichend?« Ich habe ein dickes, fettes **NEIN** angekreuzt.

»Wie oft trinken Sie alkoholische Getränke und wie viele?«

Ich gebe eine Antwort, die der Wahrheit recht nahe kommt. (Und die er bereits schriftlich vor der Nase hat.)

»Treiben Sie regelmäßig Sport?«

Wie immer: »Nein, aber bestimmt bald.«

Jetzt kommt sie … Jetzt … kommt … sie …

Er legt den Fragebogen beiseite und sagt: »So. Ich habe gesehen, dass Sie die Magenkrebsvorsorgeuntersuchung ebenfalls angekreuzt haben.«

Was? Moment mal, was ist mit dem Schlaf? »Wie bitte?«

»Sie wollen eine Magenkrebsvorsorgeuntersuchung?« Anscheinend denkt er sich: »*Zu wenig Schlaf? Sehr gut. Vorbildliche Integration in die japanische Gesellschaft.*« Oder: »*Zu wenig Schlaf? Buhu, ich heul gleich. Du kriegst zu wenig Schlaf, ich krieg zu wenig Schlaf, deine Mudder kriegt zu wenig Schlaf.*«

Gut, reißen wir uns zusammen, und machen wir weiter mit wichtigeren Themen. Krebsvorsorge. »Klar, ich will das volle Programm.«

»Warum?«

»Warum?« »*Weil es umsonst ist*« wäre wohl nicht die Antwort, die er hören wollte. »Weil es umsonst ist und ich noch nie eine gemacht habe.«

»Haben Sie denn Grund zu der Annahme, dass Sie Magenkrebs haben?«

»Nein, allerdings bin ich kein Arzt.«

»Sie sind doch Deutscher.«

»Nicht alle Deutschen sind Ärzte.«

»Aber Deutsche bekommen keinen Magenkrebs.«

»Ehrlich? Ich habe die Zahlen gerade nicht zur Hand, aber ich bin mir relativ sicher, dass das nicht ganz hinkommt.«

»Sehr selten zumindest.« Wahrscheinlich trifft man nicht häufig Ärzte, die versuchen, einem die Krebsvorsorgeuntersuchung auszureden. Das erinnerte mich an meine Frau, die erstaunlicherweise nicht zu den allereifrigsten Unterstützerinnen meiner Laufleidenschaft gehört. Wahrscheinlich meint sie, das würde alles von meiner Arbeitszeit abgehen. Hilfreich wäre es, wenn ich irgendwo eine Quelle fände, die belegt, dass Clint Eastwood mindestens dreimal die Woche zum Dauerlauf aufbricht. Ich habe es ihr bereits ins Gesicht gesagt: »Du bist vermutlich eine der ganz wenigen Ehefrauen, die ihrem nicht mehr ganz jungen, mehr oder weniger leicht übergewichtigem Mann ausreden will, mehr Sport zu treiben.« Aber vielleicht ist das das Geheimnis der Japaner: Kein Schlaf, kein Sport, keine Krebsvorsorgeuntersuchung, und schwupps wird man so alt wie die Frauen in Okinawa, über die das internationale Fernsehen so gerne berichtet, wenn die bunte Hektik von Shibuya Crossing und die entspannten badenden Affen im weißen Schnee von Nagano schon abgefrühstückt sind.

»Ich möchte es trotzdem machen«, sage ich. »Wenn nicht für mich, dann für meine Familie.« Jetzt bin ich also einer von diesen Melodramatikern.

»Es ist aber nicht sehr angenehm.«

»*Shoganai*«, sage ich. *Da kann man nichts machen.* Beziehungsweise: *Muss ja.* Eine der japanischen Floskeln, die ich gerne einstreue, um zu signalisieren, dass mir die Sprache nicht völlig fremd ist. In die Vernarrtheit der Japaner in ihr *Shoganai* wurde ethnologisch schon allerhand hineininterpretiert, ob es nun um ihre Unverzagtheit im Angesicht von Naturkatastrophen oder ihre Opferbereitschaft für Firma und Gesellschaft geht. »Das muss auch nicht angenehm sein.«

* * *

Nachdem er mir den Schlauch wieder rausgezogen hat, fragt er: »Und? Wie war's?«

»Nicht sehr angenehm.«

Da lacht er herzhaft. »Das muss auch nicht angenehm sein.«

Es stellt sich heraus, dass ich keinen Magenkrebs habe. Ich bin schließlich Deutscher. Aber ich würde es jederzeit wieder tun. Für meine Familie.

***

Ich merke gerade, dass mein Arzt Gefahr läuft, bei dieser Sache nicht allzu gut wegzukommen. Also möchte ich schnell eine Lanze für ihn brechen: Bei der Medikamentierung eines chronischen Leidens hat er die Dosis, die mir in Deutschland tagtäglich verschrieben worden war, auf ein Drittel reduziert. Und mir geht es prächtig. Gut, prächtig natürlich nicht, sonst hätte ich es nicht nötig. Aber meine Leiden halten sich auf unverändertem erträglichem Niveau, was genau das ist, was die Medikamente bewirken sollen. Der Arzt in Deutschland, der mir die Volldröhnung verschrieben hatte, war wohlgemerkt kein skrupelloser Pillenandreher, sondern einer von denen, die am liebsten nur Schnuppern an Kräuterölen und positive Gedanken verordnen würden.

Außerdem hat mein japanischer Arzt ein weiteres chronisches Leiden ausgemacht, das ich wohl tatsächlich habe. Nichts allzu Dramatisches, es gibt Pillen dagegen. In Deutschland wahrscheinlich dreifach stärkere.

Man muss mir das nämlich sagen, wenn ich ein Leiden habe. Von alleine komme ich nicht drauf. Ich bin das Gegenteil eines Hypochonders, wofür es erstaunlicherweise kein knackiges bildungssprachliches Fremdwort gibt (ich habe das recherchiert, also gegoogelt). Ich denke stets: »Ach, ein bisschen leiden ist normal. *Shoganai*, morgen geht es bestimmt wieder.« Muss aber nicht immer normal sein, und manchmal geht es morgen noch weniger, wenn man nicht die passende Pille schluckt.

Im Gegensatz zu meinen deutschen Ärzten macht mir mein japanischer Arzt auch nie direkte Vorwürfe zu jeder kleinen Indiskretion meines Lebenswandels. Er weiß schließlich, wie es ist: *Boys will be boys. Shoganai.* Er weiß außerdem, dass ich es selbst weiß, wenn etwas keine gute Idee war. Meistens bin ich ja doch erwachsen.

Ein weiterer Schritt in die Integration, schlafwandlerisch

Seit wir umgezogen sind (ich merke, ich greife vor, und hätte vielleicht »Spoiler-Warnung!!!« schreiben müssen, doch ich bin zu müde für Warnungen oder strukturelle Umbauten), habe ich eine neue Art gefunden, dem Schicksal ein paar Minuten Schlaf abzuluchsen. Weil wir nun nicht mehr wohnen, wo wir einmal wohnten, Hana aber weiterhin ihren geliebten Kindergarten in unserer alten Nachbarschaft besucht, muss ich sie morgens mit dem Bus hinfahren und abends abholen – das sind pro Tag zweimal elf Haltestellen, die ich zur freien Verfügung habe. Gemeint sind freilich die Wege, die ich ohne meine Tochter bewältige, also der Rückweg am Morgen und der Hinweg am Abend. Mit ein bisschen Glück gibt es sogar Stau, aber dieses Glück hat man bei der streberhaft ausgeklügelten japanischen Verkehrsführung leider selten. Wie jeder halbwegs normale Mensch greife ich in solchen Situationen zu einem Buch, das ich immer bei mir trage. Inzwischen übermannt mich jedoch nach wenigen Sekunden der süße Schlaf, egal ob bei Stephen King oder Don DeLillo (die natürlich beide toll sind, allerdings auf sehr unterschiedliche Weise aufregend). So schlafe ich, die Lektüre aufgeschlagen auf dem Schoß, seelenruhig im öffentlichen Personennahverkehr, als gehörte ich genau hierher, als hätte ich das traditionelle japanische Brauchtum mit der Muttermilch aufgesogen.

Ausgeschlafen auf der McDonald's-Rentnerbank

Ein Ort, an dem ich niemals schlafe, ist McDonald's. Da unterscheide ich mich dann doch wieder von meinen Wahllandsleuten. Zu McDonald's gehe ich vor allem aus einem Grund: zum Arbeiten. Mehr noch als die Cafés der unzähligen Ketten, die ihre Kunden mit Kaffeeverkauf eigentlich wach halten sollten, sind die McDonald's-Restaurants so etwas wie die großen gemeinschaftlichen Pausenräume Japans. Hier wird gelesen und studiert, Kalligrafie geübt und geschlafen, und gelegentlich verspeist auch mal jemand einen Alibi-Burger. Als ich mich in der dreistöckigen Filiale am Bahnhof Meguro neulich nach einem bequemen Arbeitsplatz mit Aussicht umsah, fand ich nur einen auf einer Bank zwischen zwei anderen Gästen. Der eine war ein über dem Tisch zusammengesunkenes Großväterchen, leise in seine Maske schnarchend. Der andere Gast war gerade nicht am Platz, hatte aber nach alter japanischer Sitte während des Nasepuderns seine Wertsachen auf Tisch und Sitz gelassen. Irgendwo muss man sie ja lassen. Ich sah ein Jäckchen aus pinkem Kunstfell, eine pinke Lederhandtasche und ein pinkes Glitzernotizbuch. Ich vermutete eine junge Dame, geschmackvoll aufgetakelt, und freute mich, ein paar Augenblicke oder vielleicht auch ein paar Augenblicke mehr in ihrem Strahlbereich verbringen zu dürfen.

Als der Gast aus dem McDonald's-Puderzimmer zurückkam, war es allerdings ein Großmütterchen mit Gehhilfe, das sich nach extrem langer Annäherung ächzend neben mich fallen ließ, sich ihr Glitzernotizbuch vornahm und darin irgendetwas mit Zahlen machte, was aussah, als spiele sie Bingo gegen sich selbst. Was das angeht, bin ich aber noch kein Experte.

Als sie damit fertig war, schlief sie ein. Nun saß rechts von mir der schlafende Opa, links von mir die schlafende Oma. »Neben dem Ausländer schlafen heißt, dem Ausländer vertrauen«, dachte ich mir. Und ich war genau dort angekommen, wo ich hingehörte: auf der Rentnerbank von McDonald's.

Schnell wieder zurück zum Arzt.

Es läuft

Meine alljährlichen Rundumuntersuchungen inklusive genauer Protokollierung haben mir zwar nicht mehr Schlaf gebracht. Aber immerhin ein gutes Argument, wieder ernsthaft mit dem Laufen anzufangen. Als ich von meiner letzten Untersuchung zurückkam, hielt ich meiner Frau jedoch zunächst das Protokoll unter die Nase, auf dem auch die Ergebnisse aus den Vorjahren festgehalten waren. Stolz deutete ich auf die Zeile über meine Körpergewichtsentwicklung: »Sieh mal – obwohl ich sportlich kaum noch aktiv bin und nur selten tatenlos an einem Hot-Dog-Stand vorbeigehen kann, habe ich in den letzten Jahren stetig ein bisschen Gewicht verloren.«

Junko seufzte nur und sagte: »Du musst die Zahlen in die andere Richtung lesen.«

Und deshalb darf ich nun mit der vollen Unterstützung meiner Familie wieder mit dem Laufen anfangen. Und das werde ich auch tun. Bald.

Der Yamathon-Mann

SO WEIT DIE FÜSSE TRAGEN: EINMAL IM KREIS DURCH DIE STADT, MAL GERADE EBEN

Einmal lud mich ein Redakteur einer Zeitung in sein Büro ein, um zu besprechen, welche Themen ich in näherer Zukunft für ihn beackern könnte. Da in einem Zeitungsgroßraumbüro zwischen lauter rasenden Reportern nicht gut plauschen ist und Konferenzräume wie in allen anderen Unternehmen der Welt stets überbucht sind, verzogen wir uns ins öffentliche Café im selben Gebäude, wo ich ihm meinen üblichen Forderungskatalog unterbreitete:

1. Ich möchte nichts schreiben, für das ich allzu viel recherchieren oder mit Leuten außerhalb meiner Familie kommunizieren muss.
2. Ich möchte eher unterhalten als informieren.
3. Ich möchte nur über mich selbst und meinen eigenen Erlebnishorizont schreiben. Das hat sehr wenig mit Eitelkeit und sehr viel mit Bequemlichkeit zu tun.

Der Redakteur fand, ein bisschen Fakten oder zumindest nützliche Tipps gehörten schon in Zeitungsartikel, auch in die »bunten«. Ich sehe das anders. Ich bin großer Zeitungsbefürworter und werde mein Abonnement, wenn es sich einrichten lässt, mit ins Grab nehmen. Aber selbst als alter, ungebrochener Liebhaber muss ich eingestehen, dass sich das Format als Nachrichtenmedium überlebt hat. Ich lese Zeitungen in erster Linie zur Erbauung und nur selten am Erscheinungstag; wer hat schon so regelmäßig so viel Zeit?

Eine Generation am Frühstückstisch raschelnder Väter hat meine Generation nicht nur angefixt, sondern ihr auch den Spruch mitgegeben: »*Sohn, nichts ist so alt wie die Zeitung von gestern.*« Wir, der Prototyp der Generation IT, hatten bald als Antwort: »*Ach, Papa, die von heute Morgen ist doch auch schon überholt.*« Heute erwarte ich von der Zeitungslektüre interessante, gewissenhaft formulierte Gedanken zu Gesellschaft und Zeitgeschehen. Harte, brandaktuelle Fakten bekomme ich bequemer und früher auf anderen Wegen.

Auf meinen üblichen Ansatz (einfach mal losschreiben und gucken, was dabei rauskommt) wollte sich der Redakteur nicht einlassen, das konnte man wohl bei Themenkonferenzen den anderen Redakteuren nicht überzeugend verkaufen. Also schlug ich vor: »Vielleicht könnte man was übers Laufen machten. Die schönsten Strecken Tokios. Altbekannte Hits neu beleuchtet, dazu ein paar waschechte Geheimtipps.«

Der Redakteur sah misstrauisch auf die Menschenmasse, die da vor ihm in diesen Kaffeesessel gequetscht war, der allenfalls bequem aussah für jemanden, der sehr viel schmaler und sehr viel kleiner sein müsste als ich. »Läufst du denn?«

»Außer im Kopf momentan nicht. Aber ich werde auch aktiv wieder anfangen.«

»Wann?«

»Bald.«

»Ich hätte da vielleicht was. Hast du schon mal etwas vom Yamathon gehört?«

Hatte ich nicht. Der Yamathon, so stellte sich heraus, ist ein jährlicher Benefiz-Spaziergang die Eisenbahnstrecke der Yamanote-Linie entlang, die im Kreis durch die innerstädtischen Bezirke Tokios führt. Die Länge des Fußwegs kommt annähernd an die eines Marathonlaufs heran. Laufen oder Rennen ist aus Sicherheitsgründen jedoch verboten. Die Richtung ist egal, Abkürzungen sind erlaubt, solange man an jedem Bahnhof ein Beweis-Selfie knipst.

Ständig jammerte ich, dass ich gar nicht so richtig etwas davon hatte, in Tokio zu wohnen, spielte sich mein Leben doch größtenteils an den immer gleichen Schreib- und Kaffeehaustischen ab. Beim Yamathon könnte ich endlich mal wieder »meine Stadt spüren« (sollte ich drüber schreiben, würde ich natürlich eine weniger kitschige Formulierung finden), etwas für meine Gesundheit tun, neue Leute kennenlernen (das kann in Maßen ja auch mal ganz angenehm sein), und die Zeitung würde, so wurde mir versichert, für einen Erlebnisbericht richtig viel Platz freischaufeln. Selbstverständlich sagte ich zu.

Es gibt kein I in Team und auch sonst nichts und niemanden

Mein Problem war, dass ich nicht alleine losspazieren durfte. Niemand durfte das, eine weitere Sicherheitsmaßnahme. Mindestens zu zweit, höchstens zu siebt sollte man sein.

»There's no ›I‹ in ›team‹«, sagt man im Englischen, womit man meint, dass der freie individuelle Geist in einer Mannschaft ganz im Gruppenmief der anderen aufzugehen habe (falls es nicht klar geworden sein sollte: Ich bin kein Freund von Mannschaftssportarten). In meinem Team allerdings gab es bislang nur I, also mich. Und ich fand auch keinen anderen. Meine Frau hatte einen guten Grund; jemand musste schließlich auf Hana aufpassen. Mein achtzigjähriger Schwiegervater hatte zwar unlängst zur großen Erleichterung aller seine frühmorgendlichen Spaziergänge nach einer längeren Pause wieder aufgenommen, aber zu viel zumuten wollten wir ihm nicht. Außerdem ist mein Schwiegervater ein Typ, mit dem einem schon im Verlauf einer Stunde der Gesprächsstoff ausgehen kann, wenn man nicht ganz so gut Japanisch spricht wie er.

Meine Schwägerin Takako lachte mir offen ins Gesicht, als ich ihr das kulante Angebot unterbreitete, bei meiner Bande mitzumachen. Ich argumentierte: »Aber du kommst uns oft zu Fuß besuchen. Aus Spaß.«

»Nicht aus Spaß. Aus Sport.« Sie gehört offenbar zu den Menschen, die da streng unterscheiden. »Hinterher plumpse ich jedes Mal halb tot aufs Sofa. Und zurück nehme ich ein Taxi.«

»Nach dem Yamathon können wir uns ein Taxi teilen.«

»Von mir zu euch sind es sechs Haltestellen mit der Bahn. Die Yamanote-Linie hat 29 Haltestellen.«

Hatte ich mir das gut überlegt? »Nicht ganz. Es sind dreißig Haltestellen.«

»Takanawa Gateway wurde noch nicht eröffnet.«

»Aber sie existiert bereits.«

»Meinst du wirklich, du kannst mich mit dem Argument überzeugen, dass es eine Station mehr ist, als ich dachte?«

Hatte ich mir *das* gut überlegt? »Du kannst auf dem Weg schon mal einen ersten exklusiven Blick auf unsere wunderbare neue Olympia-Haltestelle werfen.«

»Ich bin total gegen die Olympischen Spiele.«

Ich hatte mir das offenbar nicht gut überlegt. »Na ja, jetzt werden wir sie nicht mehr aufhalten können. Da müsste schon sonst was passieren.«

»Hoffen kann man ja.«

Ich fragte bei den Zeitungskollegen herum, stieß jedoch nur auf eine Mauer aus Hohn und Entsetzen. Der Redakteur, der mich überhaupt erst auf den Trichter gebracht hatte, bot sich schließlich an, mich zu begleiten, machte in letzter Minute aber doch einen Rückzieher: »Ich muss dringend nach Hause fliegen, um das Finale von *Game of Thrones* zu gucken.« Er war in Kanada zu Hause.

»Nicht weitersagen, aber ich kann dir zeigen, wie du es quasilegal auch hier sehen kannst.«

»Nein, das ist eine zu emotionale Angelegenheit. Ich muss das im Kreise meiner Familie sehen.«

Im Kreise meiner Familie habe ich früher höchstens *Der kleine Lord* geguckt, allerhöchstens *Sandokan*. In meiner aktuellen Familienkonstellation allenfalls *Der kleine Drache Kokosnuss* oder natürlich den *Popodetektiv*. Aber gut. Ging die Suche eben weiter.

Ich wandte mich an den Veranstalter, ob er mich in ein Team einschleusen könne, dass noch einen Platz freihatte. Ich würde im Gegenzug auf jegliche Pressepriviliegienschnorrerei verzichten und gerne die Anmeldegebühren für alle übernehmen.

Das ließ sich tatsächlich arrangieren. Bald saß ich mit der Kapitänin eines erfahrenen Yamathon-Teams, einer lässigen Dame um die dreißig, bei einem Beschnupperungstreffen in einem Kettencafé in Yoyogi. Das durchschnittliche Team bewältigt die Strecke in elf Stunden, hatte ich gehört. Da das Ganze recht früh morgens startete, war ich der Meinung gewesen, ich würde locker wieder zu Hause sein, bevor meine Tochter ins Bett musste. Die Teamkapitänin sagte nun: »Wir gehen die Sache immer ganz gemütlich an. Wir machen Umwege für Sightseeing, viele Pausen für Snacks und mindestens eine Stunde Mittag.«

»Verstanden«, sagte ich. »Ich werde Bescheid sagen, dass ich doch nicht zum Abendessen zu Hause sein werde.«

* * *

Etwas schien seltsam, als ich am Morgen des Yamathons in der Eingangshalle eines modernen Bürogebäudes nahe Tokyo Station eintraf, die der Veranstaltung als Start und Ziel diente. Bald kam ich darauf: Die sahen alle so normal aus. Wo waren die Freaks? Beim Tokyo Marathon war ich unter anderem mit mehreren Darth Vaders gelaufen (schwer atmend, versteht sich), einem Jesus inklusive Kreuz, einem unentwegt blasenden Tubaspieler und einem als Polizist und Verbrecher verkleideten Pärchen, in Handschellen aneinandergekettet. Hier war das höchste der Gefühle eine Clique grobschlächtiger Männer, die sich als dralle weibliche Oktoberfest-Bedienungen verkleidet hatten. Ich fragte sie, ob sie aus Deutschland kämen. Es waren Briten, stellte sich heraus. Ich überlegte, ob ich daraus eine empörte Skandalgeschichte über kulturelle Aneignung machen sollte, ließ es letztlich aber bleiben. Soll sich doch jeder Mann im Dirndl wohlfühlen dürfen, wenn er möchte.

Unser Team bestand aus zwei japanischen Frauen und drei nichtjapanischen Männern inklusive mir. Eine der Frauen war eine ernsthafte Sportlerin, angetan mit enganliegender Neonkleidung voller Schlaufen, die verschiedene Sprays zur Vorbeugung oder Behandlung unterschiedlichster Verletzungen hielten. Die andere, die ich bereits kennengelernt hatte, schätzte eher den Partycharakter der Veranstaltung und das Bier danach. Einer der beiden anderen Männer war ein jungdynamischer Börsianer aus England. Er bildete sich viel darauf ein, anders zu sein als andere Börsianer. Ein Börsianer mit Gewissen, vielleicht gar mit Herz. Besonders stolz machte ihn eine Episode, in der er alle Anteile an einem Unternehmen abgestoßen hatte, als nicht mehr von der Hand zu weisen gewesen war, dass es vor allem Geld mit illegalen Waffenverkäufen an führende Despoten und Star-Terroristen machte. Der Gute. Ich mochte ihn nicht. Ich machte trotzdem höfliche Konversation, ich bin ja nicht so. Ich erzählte ihm, dass ich gerade an einem Buch über die Kawaii-Kultur schrieb, also der Japaner Begeisterung für alles Niedliche. Er verzog das Gesicht und entgegnete, dass ihn diese Kultur total anwidere. Da hatte er sich natürlich genau das richtige Land zur Wahlheimat genommen. Danach ging uns irgendwie der Gesprächsstoff aus.

Der dritte Mann war schon besser. Es handelte sich um einen Polen namens (sagen wir mal) Gregor, der in Japan Fuß gefasst hatte, weil er sich so gut mit Computern auskannte, dass er Japanisch auch noch später lernen konnte. Doch bevor ich seinen Namen, seine Nationalität und seinen ungefähren Beruf erfuhr, bemerkten ich und der Rest des Teams etwas ganz anderes, und wir riefen wie aus einem Mund: »Mann, wieso schwitzt du denn so?!«

Das war ein wenig untertrieben. Sein Schweiß floss in solchen Strömen, dass der kleine Mann darunter zunächst kaum auszumachen war. Wir waren wohlgemerkt noch nicht losgegangen. Gregor sagte: »Das liegt vielleicht an meinen neuen Klamotten. Habe ich extra für heute gekauft.«

Wir schauten auf das Etikett. »Das ist *Heattech*!«, rief eine der Frauen. »Das trägst du, damit dir im Winter nicht kalt wird. Nicht, wenn es sowieso schon warm ist, wie jetzt.« *Heattech* ist die leichte, aber wirksame Thermokleidung aus dem Hause Uniqlo. Die luftdurchlässige Sommerwäsche nennt sich *Airism*.

»Ich weiß«, sagte Gregor, »aber …« Er ließ das Aber so stehen, wie man es tut, wenn man bei einem dummen Fehler ertappt wurde und ihn als clevere Absicht verkaufen möchte, bevor man merkt, dass es überhaupt keine Route gibt, die dabei zum Erfolg führen würde.

Davon abgesehen gab es auch keine Möglichkeit mehr, den Fehler vor dem Start zu korrigieren. Nachdem ein Jubel-Moderator der wartenden Menge versichert hatte, dass jeder Einzelne von uns rocken würde, der Yamathon sowieso rocke und hinterher ordentlich gerockt werden würde, durften wir endlich loswatscheln, gemäß unserer Strategie entgegen den Uhrzeigersinn, die bekannteste innerstädtische Eisenbahnstrecke Japans entlang.

Wessis im Osten

Ich fragte mich, wann wir wohl an die erste Haltestelle kämen, an die ich noch nie auch nur einen einzigen Gedanken verschwendet hatte, obwohl ich schon etliche Male im Zug an ihr vorbeigerauscht war. Sie kam recht bald. Sie hieß Okachimachi, und die Gegend gefiel mir. »Schön hier«, dachte ich, als wir uns einen Weg durch bunte Krimskramsverkaufsstraßen bahnten. »Es gibt ein Kino und gut riechendes Essen – wieso wusste ich das eigentlich nicht?« Als wir an die nächste Station kamen, merkte ich: »Ach, wir sind eigentlich in Ueno. Bloß von hinten gekommen.«

Ueno steht in jedem Reiseführer, und zwar zurecht. Da gibt es diesen berühmten Park, den Ueno Park halt, mit seinem berühmten Zoo, in dem gefühlt ständig total süße Pandababys geboren werden (tatsächlich nur ein Mal in jüngerer Vergangenheit, aber medial multipliziert sich so was ja immer). Der Bahnhof ist ein wichtiger Verkehrsknotenpunkt und geschichtlich interessant, besonders wenn man sich für die Geschichte des japanischen Güterverkehrs interessiert. Und … gut, das war's. Ganz ehrlich: Niemand, der in Tokio lebt, geht jemals nach Ueno. Das hatte man sich schließlich bereits als Tourist angeguckt, bevor man hierherzog, war schön und hat gereicht. Parks gibt's in Tokio an jeder Ecke, Bahnhöfe sowieso, und wie oft geht man schon in den Zoo? Insbesondere wenn da vor lauter Pandababy-Gaffern kaum ein Durchkommen ist.

Wir Tokioter sind ein Volk von arroganten Wessis. Wir haben keine Ahnung, was im Osten der Stadt los ist (außer vielleicht in Akihabara, falls man großer Fan der dort residierenden Girlgroup AKB48 ist oder gerne Zimmermädchen-Fetisch-Cafés besucht). Kennen wir nicht, verstehen wir nicht, interessiert uns nicht.

Wir und die Mädchen vom Bahnhof Ikebukuro

Ikebukuro ist wie Ueno eines dieser eigentlich recht bekannten Viertel, in die man ohne guten Grund nie kommt, und einen guten Grund gibt es nicht. Das zweifelsohne vorhandene Unterhaltungsangebot von Aquarium bis Planetarium, von Jazzkneipe bis Telespielhalle, von Ringelpiez für Kinder bis Ringelpiez nur für Erwachsene findet man anderswo ebenso. Eines gibt es vielleicht, das es so nicht überall gibt: eine Großeisdiele, in der über hundert Geschmacksrichtungen angeboten werden, darunter viele Fische, Meeresfrüchte und japanische Würzsoßen. Kann man mal machen. Kann mir aber niemand erzählen, dass er da Stammgast wäre, weil er vom Sesam-Tintenfisch-Sorbet einfach nicht genug bekommen kann.

Dabei habe ich durchaus eine sentimentale Bindung an Ikebukuro. Als ich noch Reisender war, hatte mich ein neu eröffnetes Hotel der ganz leicht gehobenen Klasse mit einem attraktiven Schnuppertarif dorthin gelockt. Das Hotel und die Gegend überzeugten mich (ich kannte ja noch kaum etwas, damals), also wurde es für ein paar Jahre zu meinem Stammhotel, und ich lernte Ikebukuro recht intensiv kennen. Aber, ach, das Hotel veränderte sich. Es erhöhte die Preise und verringerte den Service. Immer eine schlechte Kombination, aber erstaunlich viele Unternehmer wollen das nicht wahrhaben. Bald fand man auf dem Kopfkissen nicht mehr den liebgewonnenen Getränkegutschein für die Klimperjazz-Bar mit Aussicht, dafür lümmelten in der Lobby zusehends mehr Reisegruppen, deren Mitglieder ein Faible für Trainingswäsche hatten, obwohl sie offensichtlich schon lange nichts mehr trainiert hatten. Ich fand ein neu eröffnetes Hotel mit Schnuppertarif in Shinjuku (oder fand es mich?) und blickte nie wieder zurück. Es war schön gewesen damals in Ikebukuro. Wenn man allerdings keinen Grund hat, in Ikebukuro zu sein, zieht es einen auch nicht dorthin.

Als uns der Yamathon nach Ikebukuro führte, entwickelte ich eine Theorie, warum so wenige Verkleidete unter den Teilnehmern waren. Die Verkleideten waren alle hier. In einem Park fand eine riesige Zusammenkunft von Cosplayern und – vor allem – Cosplayerinnen statt. Ikebukuro ist ähnlich wie Akihabara ein Popkultur-Hotspot, allerdings einer, der vor allem Mädchen anspricht, während Akihabara eher eine Spielwiese für Jungs ist (Zimmermädchenfetisch nicht zwingend erforderlich, aber hilfreich).

»Bisher erkenne ich nur eine Figur«, sagte Gregor, als wir die Kostümierten sondierten.

»Bisher erkenne ich keine einzige«, gab ich zu. Es gab kein Vertun: Ich verlor allmählich den Anschluss an diese Subkultur. Und es war gar nicht so schlimm, wie ich erwartet hatte. Am bunten Völkchen konnte ich mich auch erfreuen, ohne ganz genau zu wissen, wer wen darstellen wollte.

Wie gut, dass wir weitermussten, so liefen wir nicht Gefahr, wie schmierige Cosplayerinnen-Spanner zu wirken.

Als wir weiterzogen, tat das allerdings auch eine Gruppe apart bestrumpfter Teilnehmerinnen des Treffens, die eine ganze Zeit lang wiegenden Schrittes vor unseren Nasen stolzierten. Es war nicht der übelste Anblick für einen lang Marschierenden, musste man zugeben. Sicherlich mag man nun den dieser Tage schlecht beleumundeten »männlichen Blick« kritisieren. Zur Verteidigung möchte ich einen der großartigsten alten weißen Männer der jüngeren Geschichte ins Feld führen – den meiner Instrumentalisierung gegenüber wehrlosen Marcel Reich-Ranicki. Als sich in einer Talkshow, es mag *Das literarische Quartett* gewesen sein, jemand irritiert darüber geäußert hatte, dass Hitler in der Kunst zunehmend als Mensch dargestellt würde, eiferte sich RR, wie nur er es konnte, sinngemäß: »Als was soll man ihn denn sonst darstellen? Als Elefant?« In diesem Sinne sage ich zum Reizthema »männlicher Blick«: »Wie soll ich denn sonst blicken? Wie ein Waschbär?« (Bitte nehmen Sie davon nicht mit, dass ich mich mit Hitler verglichen hätte. Oder mit Reich-Ranicki.) Man ist halt, was man ist, und man blickt, wie man blickt. Die Veranlagung rechtfertigt natürlich keinerlei Schandtaten. Über so etwas Harmloses wie einen Blick kann man allerdings schon mal hinwegsehen.

Inzwischen war Gregor in der Gruppe mein hauptsächlicher Bezugspunkt geworden. Bevor er nach Japan gekommen war, hatte er mehrere Jahre in Deutschland gelebt und gearbeitet und sich dabei beträchtliche Sprachkenntnisse angeeignet. »Eigentlich spreche ich besser Deutsch als Englisch«, sagte er und lachte.

»Ich auch«, antwortete ich und lachte ebenfalls. Dennoch unterhielten wir uns während des ganzen langen Marsches ausschließlich auf Englisch, selbst wenn uns keine Ohren außer unseren eigenen zuhörten. Gelegentlich wiesen wir uns gegenseitig verständnislos lachend auf die Idiotie dieser Situation hin, änderten aber nichts an ihr. Wenn man sich erst mal in einer Sprache festgequatscht hat, kann man sich schwer wieder rausquatschen.

»Ich hätte auch gerne Kinder«, sagte Gregor irgendwann. »Aber dazu brauche ich erst mal eine Frau. Wie hast du denn deine kennengelernt?«

»Während du so einer Cosplay-Lady auf den Hintern guckst, denkst du ans Heiraten?« Das war eigentlich rührend, es machte ihn zu einem Ehrenmann. Sogar einigermaßen im klassischen Wortsinne, nicht im Sinne der unsäglichen jugendsprachlichen Verballhornung. Ich erzählte ihm, dass meine Liebesgeschichte leider nicht sonderlich exemplarisch sei. Im Detail schwer reproduzierbar. Sie war eine Mischung aus beruflichem Kennenlernen und privatem In-Kontakt-bleiben, aus Internet-Kommunikation und erst weniger, dann mehr verbindlichen Treffen im echten Leben. Weder konnte ich ihm eine seriöse Online-Kontaktbörse empfehlen (*»Geh da mal hin, die haben eine große Auswahl an properen Ehefrauen!«*) noch eine Erfolg versprechende Bar (*»Da kannst du sie quasi gleich vom Tresen wegheiraten!«*).

Enttäuscht erzählte er von den anderen Enttäuschungen seines Lebens. Vom erst lieblosen, später kaum noch vorhandenen Elternhaus und warum er meinte, gerade deshalb einen exzellenten Vater abzugeben. Er würde seinen Nachwuchs mit der Liebe überschütten und der Weisheit füttern, mit der ihn niemand überschüttet und gefüttert hatte; die er sich selbst hatte hart erarbeiten müssen. Ich nahm ihm das ab. Vielleicht konnte ich ihm ja doch bei der Eheanbahnung helfen. Sollte ich ihn meiner faulen Schwägerin vorstellen? Die ist im heiratsfähigen Alter und lehnt das Konzept der Ehe nicht grundsätzlich ab. Aber was sollte ich ihr schon sagen? *»Er ist ein kleiner, stark schwitzender Pole aus einem zerrütteten Elternhaus. Macht irgendwas mit Computern.«*

Auch die beiden Frauen in unserem Team schienen nicht in Frage zu kommen. Erstens wäre er auf die ja bestimmt selbst schon gekommen (zumal er bereits mindestens einmal die Yamathon-Herausforderung gemeinsam mit ihnen angenommen hatte), zweitens umgurrten die lieber den Engländer in unserer Gruppe. In den meisten Fällen bekommen halt die Börsianer mit Herz dieser Welt das Mädchen, nicht der schwitzende Pole und nicht sein deutscher Kumpel. Da konnte man nichts machen, außer auf einen der Ausnahmefälle zu hoffen, die zu jeder Regel gehören. Unsere Mannschaftskapitänin und die Sportlerin behandelten den süßen, feuchtglänzenden Gregor aufrichtig herzlich, gleichwohl eher wie ein liebgewonnenes Maskottchen als wie ein ernstzunehmendes Mannsbild.

Was ich ihm immerhin – auf seinen Wunsch – mitgeben konnte, waren Tipps zur zweisprachigen Kindererziehung, auch wenn das ein wenig den Karren vor das Pferd spannte. Man hat es schon tausendmal gehört, und selbst wenn man es wundersamerweise noch nie gehört haben sollte, müsste es einem eigentlich der gesunde Menschenverstand vorsagen: Jeder Elternteil spricht mit dem Kind rigoros die eigene Muttersprache, dann klappt's. Von ganz alleine. Mehr muss man nicht wissen und nicht tun. Es ist erschütternd, wie viele das trotzdem nicht hinbekommen und ihr Kind schließlich professionellen Lehrkräften anvertrauen müssen, damit es auch mal mit den Großeltern am anderen Ende der Welt schnacken kann. Stellt man die vermeintlich deutschsprachigen Elternteile zur Rede, stammeln sie: »Manchmal ist es auf Japanisch eben einfacher …« Das ist natürlich auf seine ganz eigene Art beeindruckend. Ich bin fest überzeugt, dass sich mein Japanisch stetig ein klein wenig verbessert. Dass es für mich allerdings eines Tages »einfacher« sein könnte als Deutsch, auch nur manchmal, wage ich stark zu bezweifeln.

Detaillierte Erörterungen um die Eheanbahnung und das, was daraus resultieren mochte, wegen ein bisschen Popowackeln vor uns. Ich riet Gregor, dass, wenn er so eine Cosplay-Lady zur Frau nehmen wolle, er sie erst mal überholen und sich bemerkbar machen müsse, den Blick am besten zwei Etagen höher als jetzt.

Ob er sich das bis heute irgendwann getraut hat, weiß ich nicht. Aber ich wünsche es ihm. Und für eine Cosplay-Lady wäre er bestimmt ebenfalls nicht die schlechteste Partie.

* * *

Mag sein, dass der Börsianer mit Herz und ich niemals Busenfreunde werden würden, doch der Rest des Teams war in Ordnung. Die Sportlerin lieh mir aus einer ihrer vielen Kleidungsschlaufen ein Sonnenschutzspray, als wir merkten, dass ich meines vergessen hatte, aufgrund meiner Frisur aber dringend eines brauchte. Später lieh sie mir ein Eisspray, als wir feststellten, dass das Sonnenschutzspray zu spät gekommen war. Die Kapitänin gestand mir unter vier Augen, sie würde jeden Samstag Deutsch lernen, sei gleichwohl nicht weit genug in die Materie vorgedrungen, um irgendein Wort herauszubringen. Das überraschte mich nicht. Ich höre solche Behauptungen verdächtig häufig: Entweder hat jemand gerade angefangen, Deutsch zu lernen, kann das allerdings nicht beweisen, oder hat früher mal Deutsch gelernt und inzwischen alles wieder vergessen. Entweder ist Deutsch eine außerordentlich beliebte Fremdsprache in Japan, oder die Japaner behaupten es nur aus Höflichkeit und ersetzen »Deutsch« in der Gegenwart von Franzosen oder Litauern mit »Französisch« oder »Litauisch«. Weder das eine noch das andere fände ich skandalös.

Nur eine Sprache wird, so scheint es, noch lieber gelernt als Deutsch: Koreanisch. Das ist auch nachvollziehbar angesichts der rasenden Beliebtheit der koreanischen Popkultur in Japan und im Rest der Welt. Aber solange es in Japan keine nennenswerte *GZSZ*-Fanfiction-Szene und keine D-Pop-Abteilung bei Tower Records gibt, bin ich bei den Bekundungen der Liebe für die deutsche Sprache skeptisch. (Es sei angemerkt, dass man in den Tower-Records-Filialen in Shibuya und Shinjuku sehr wohl alles von Kraftwerk und das Wichtigste von Modern Talking und Einstürzende Neubauten findet, jedoch muss man schon selbst danach suchen, während der K-Pop seine eigenen, unübersehbar ausgewiesenen Stockwerke hat.)

Inmitten der Mitten

Es gab ein großes Hallo, als wir gegen Mittag Mejiro erreichten. Freiwillige Yamathon-Helferinnen und -Helfer nahmen uns in Empfang, versicherten uns, dass wir rockten.

Der örtliche Bahnhof markierte offiziell die Mitte der Strecke. Allerdings, so wurde gemunkelt, sei das lediglich numerisch betrachtet der Fall; ab dieser Station müsse man halt noch einmal so viele Stationen laufen, wie man bereits hinter sich gebracht hatte. Die tatsächliche geografische Mitte der Strecke sei derweil erst in Shinjuku erreicht – satte drei Haltestellen weiter.

Mejiro ist ein angenehmer Ort mit malerischem Fluss und grüner Promenade, den ich vor allem mit zwei Dingen verbinde: meiner Hochzeit und einem legendären Schnapsladen, in dem ich schon einige seltene Tropfen gefunden habe. Schöne Erinnerungen. Junko und ich haben zwar nicht in Mejiro geheiratet, allerdings in einem üppig ausgestatteten Luxushotel dort unsere Hochzeitsfotos schießen lassen. Trotz des schönen Ortes mit seinen schönen Erinnerungen nagte etwas an mir wie am Rest der Gruppe. Erste Panik zitterte in unseren Stimmen, wenn wir die Strecke besprachen: »Das mit Shinjuku kann doch nicht stimmen, oder? Das hier ist bestimmt die richtige Mitte, oder? Die würden uns doch nicht anlügen, oder?«

(Spätere Recherchen ergaben, dass Mejiro weder die geografische noch die numerische Mitte der Strecke ist. Sie haben uns nicht nur belogen, sie haben uns nach Strich und Faden belogen).

***

Auf dem langen Weg von Mejiro nach Shinjuku durch das Koreanerviertel Shin-Ōkubo und das Studentenviertel Takadanobaba begann sich das Ganze mehr wie Sport als wie Spaß anzufühlen. Die Running Gags über »einfach den Zug nehmen« klangen immer weniger nach Gags. In Takadanobaba ertappte ich mich beim Passieren des Bahnhofs zum ersten Mal dabei, wie ich instinktiv nach der Pasmo-Geldkarte in meiner Tasche griff, mit der Bahnfahrten in Japan gemeinhin bezahlt werden. Dieser spezielle Ort gab mir gleichwohl auch wieder etwas Aufwind. Vor Jahren war mir hier von einem trinkfreudigen japanisch-englischen Debattier-klub, mit dem ich während eines Sabbaticals abhing, die Karaoke-Jungfräulichkeit genommen worden. An Details kann ich mich allerdings nicht mehr erinnern, wie es sich für Karaoke-Abende gehört. Das reale Takadanobaba ist außerdem die fiktive Heimat der Manga- und Anime-Figur Astro Boy, dessen 1989 verstorbe-ner Schöpfer Osamu Tezuka hier sein Studio eingerichtet hatte (es existiert noch heute, inzwischen unter der Leitung seines Sohnes, des Filmemachers Makoto Tezuka). Der Bahnhof widmet unter anderem ein paar große Wandgemälde den Kreationen Tezuka des Älteren. Dazu gehört der weiße Löwe Kimba, der auch Deutsche eines gewissen (also meines) Alters verlässlich in nostalgische Ver-zückung versetzt. Eines meiner schriftstellerischen Langzeitneben-projekte hat mit Tezuka zu tun, und der Anblick seiner Kreationen überall in Baba (wie wir Vertrauten zu Takadanobaba sagen) inspi-rierte mich zum Weiterlaufen und Weiterschreiben.

Jede Station der Yamanote-Linie hat ihre eigene Erkennungs-melodie, die immer gespielt wird, wenn ein Zug einfährt. Diese Jingles sind ein weitverbreiteter auraler Fetisch geworden; in An-denkenläden kann man sie als Audiokonserven kaufen. Die west-lichen Ohren bekannteste Melodie dürfte in Ebisu gespielt wer-den: ein Ausschnitt aus dem Thema des Films *Der dritte Mann*, welches in Japan aus einer klassischen Bierwerbung einer einst in Ebisu ansässigen Brauerei bekannt ist. In Takadanobaba ertönt seit 2003, dem offiziellen Geburtsjahr des Roboters Astro Boy (erfun-den wurde die Figur Anfang der 1950er), auf den Bahnsteigen die Titelmusik seiner Fernsehserie. Doch das weiß ich nur, weil ich's weiß. Am Tag des Yamathons haben wir sie selbstverständlich nicht hören können, denn wir blieben dem Bahnsteig eisern fern.

* * *

108

Noch ein kleines Informationshäppchen zum Bahnhof Takadano-baba: Er ist der zwölftmeistgenutzte von über 900 der JR-East-Eisenbahngesellschaft und der neuntmeistgenutzte der Tokioter U-Bahn.

Das ist natürlich Pipifax. Shinjuku Station ist der meistgenutzte Bahnhof der Welt. Wir näherten uns dem Koloss im Shopping-, Regierungs- und Rotlichtviertel nicht über die breiten Alleen zwischen den monolithischen Regierungsgebäuden oder den bunten Boulevards der Einkaufsmeilen, sondern durch enge, auch bei Tageslicht dunkle Gassen voller kleiner *Izakayas*, den verlockenden landestypischen Restaurantkneipen. Bei allem mitunter nervtötenden Bombast vergisst man leicht, dass Shinjuku auch das ist. Gerne würde man einkehren. Beim Anblick der vielen englischen Karten und Hinweisschilder stellt man fest, dass man nicht der Erste wäre. Ich gehöre wohlgemerkt keineswegs zu denen, die eine englische Speisekarte in einem japanischen Restaurant als eine Zumutung empfinden. Und doch war es irgendwie romantischer und abenteuerlicher, als die noch nicht mit einem rechneten.

Eiszeit in Ebisu

Ebisu ist für viele vor allem der Yebisu Garden Place (für mich auch, ehrlich gesagt), das weitläufige Einkaufs-, Verzehr- und Kulturzentrum zwischen dem Bahnhof des Viertels und dem Westin-Hotel, in dem meine Familie gern in der Weihnachtszeit zum Baumgucken vorbeischaut. Früher beherbergte das Areal die Yebisu-Brauerei, die für ihre Produkte mit ebenjener Filmmusik warb, die noch heute auf dem Bahnhof zu hören ist. Ihre Biere gehören inzwischen zur Dachmarke Sapporo, die fünf Brauereien in Japan betreibt, allerdings weder in Ebisu noch in Sapporo. Ebisu wurde sogar nach seinem ehemaligen Bier benannt, und nicht etwa umgekehrt, wie man meinen könnte. Hier kann man nach wie vor vortrefflich Bier trinken, doch das verbietet sich wohl für aktive Teilnehmer einer Sportveranstaltung. Also gingen wir stattdessen Eis essen. Der beliebte Speiseeisproduzent Blue Seal aus Okinawa hat hier eine Dependance. Ich empfehle die Geschmacksrichtung Shiiquasa von der Okinawa-eigenen Zitrusfrucht.

Damit nicht immer nur der Captain sagt, wo es langgeht, wechselten wir uns ab. Auf der Wegstrecke Ebisu → Meguro → Gotanda → Ōsaki war ich dran, weil das mein Revier ist. »Revier« klingt blöd, aber für eine »Nachbarschaft« scheint das Gebiet zu groß, und ich habe eine mir selbst etwas rätselhafte Aversion gegen den Begriff »Kiez«. In meiner Kindheit war das Wort exklusiv der Großelterngeneration vorbehalten. Aus den Mündern von Omas und Opas fand ich es goldig, doch als einige Jahre später die Jugend es sich aneignete, fand ich, dass es stets unecht und prätentiös klang. Dabei bin ich eigentlich sehr dafür, alte Sprachschätze nicht nur zu pflegen, sondern notfalls auch wiederzubeleben. Trotzdem: Immer wenn ich einen Hipster von seinem »Kiez« reden höre, rolle ich mit den geistigen Augen.

Wie man diese Sammlung von Straßen, die ich einigermaßen kannte, weil ich in einer von ihnen lebte, auch nennen mag: Ich machte meine Sache anständig. Privat verlaufe ich mich häufig, doch sind mir die Schicksale anderer anvertraut, kann man sich anscheinend auf mich verlassen. Und so kamen wir sicher und relativ wohlbehalten an einen meiner Lieblingsorte auf der Strecke der Yamanote-Linie.

Magisches Ōsaki

Als Ōsaki in Sicht kam, lahmten bereits die ersten Mitglieder unserer Gruppe. Sie kamen kaum die Treppen hinauf, die uns über die Bahngleise führen würden. Ich derweil spürte frische Energie mich durchsprudeln. Ich liebe Ōsaki. Nun mag mancher vor Schreck ausrufen: *»Wie kann er die kulturellen und kommerziellen Weltklasseorte Ueno und Ikebukuro so überheblich abtun, aber bei der gesichts- und geschichtslosen Büro- und Bettenburg Ōsaki in Verzückung geraten?«* Ganz einfach: Es ist kompliziert. Genauso wie ich nicht recht bestimmen kann, warum mich das Wort »Kiez« unangenehm berührt, kann ich nicht exakt definieren, was an Ōsaki mein kleines Herzchen höherschlagen lässt. Es stimmt, dass dieser Ort ausschließlich aus Glas, Stahl und Beton besteht und in Gänze so aussieht, als wäre er erst letzte Woche hier hingestellt worden. Wer urige kleine Tofuläden, schrumpelige Schreine aus längst vergangenen Kaiserregimen oder meditative Zengärten sucht, ist hier fehl am Platz. Und doch hat Ōsaki seine ganz eigene Poesie. Etwa die kleinteilige Dekorationsbeleuchtung, die es nachts immer so aussehen lässt, als sei gerade Weihnachten (zu Weihnachten wird zum Glück noch einer draufgesetzt). Oder der gut gepflegte, eingenetzte Fußballplatz inmitten der blitzblanken Bürobauten und Kaufläden, auf dem die Tore bei Nichtbenutzung umgekippt liegen, was meistens der Fall ist und eine beruhigende Wirkung auf mich hat. Das weihnachtlich beleuchtete Grün kann man ideal von einer Sportbar aus betrachten, die die Biere der führenden Fußballnationen führt. Ob diese Konstellation geplant war oder zufällig entstanden ist, weiß ich nicht. Vielleicht sagte sich jemand: *»Hier ist ein Fußballplatz? Toll, hier mache ich meine Fußballkneipe auf!«* Vielleicht war er auch bereits zu beschäftigt mit dem Kneipeaufmachen, um seiner Umgebung allzu viel Beachtung zu schenken, und merkte erst zum Schluss: *»Bei der Hand Gottes, da ist ja ein Fußballplatz vor meiner Tür! Was für ein ulkiger Zufall!«* Oder die Kneipe war bereits da, und ein findiger Fußballplatzbauherr sagte: *»Da ist ja noch Platz vor der Bar, den müssen wir nutzen. Und was könnte da besser passen als einer meiner urbanen Fußballplätze?«* Oder …

Auch sonst hat die Bierkultur hier einiges zu bieten: Ein *Izakaya*, das sich in einem der vielen Einkaufszentren versteckt hat, wirbt noch im 21. Jahrhundert damit, dass es dort Bier in »Männergröße« gäbe. Das finde ich natürlich nicht richtig. Schmeckt aber trotzdem.

Manche bekommen bestimmt Beklemmungen beim Anblick der endlosen Wohn- und Arbeitsanlagen, die in den Himmel über Ōsaki ragen und architektonisch wenig Abwechslung bieten. Ich hingegen sehe hinter jedem Fenster hier mindestens eine Geschichte. Nicht jede hat mit Mord und Totschlag und urbaner Entfremdung zu tun. Oder Fußball.

Shinagawa verschafft Erleichterung

Shinagawa hatte ich als Reisender stets als etwas unpersönliche Hotelsiedlung inklusive mäßig interessanter Einkaufszentren und einigermaßen praktischem Bahnhof wahrgenommen. Inzwischen bin ich so etwas wie ein Shinagawaer ehrenhalber, denn mein Heimatabschnitt von Meguro grenzt so unmittelbar an Shinagawa, dass selbst die Bewohner beider Viertel manchmal nicht ganz sicher sind, wo sie sich gerade aufhalten. Ein kleines Häppchen Insiderwissen für den nächsten Business-Lunch-Small-Talk: Der Bahnhof Meguro liegt postalisch in Shinagawa. Und als ob das nicht schon verwirrend genug wäre: Zwischen dem Bahnhof Meguro und dem Bahnhof Shinagawa liegen noch zwei weitere. Durch jahrelanges Leben in Meguro oder Shinagawa weiß ich inzwischen, dass es auch schöne Ecken in Shinagawa gibt. Wenn der Name jedoch fällt, denke ich noch immer zuerst an die vielen Hotelbetten und erröte leicht.

Während meiner Reisejahre war es mir in einem der dortigen Hotels zum ersten Mal (und außerdem zum einzigen Mal) passiert, dass mich in der Lobby eine gut gekleidete, geschmackvoll geschminkte, nichtsdestotrotz auch von Natur aus attraktive relativ junge Dame diskret ansprach, ob mir der Sinn nach einer »sexy Massage« stünde. Beim Hotel handelte es sich wohlgemerkt nicht um ein heruntergekommenes Stundenhotel mit knisternder, unvollständig leuchtender Neonreklame in Pink, sondern um eine der ersten Adressen vor Ort (wo ich allerdings in einem Zimmer der untersten Preisklasse hauste). Vielleicht war gerade eine IT- oder Einzelhandelsmesse in der Stadt. Deren Besucher scheinen ja oft etwas verspannt zu sein, nach allem, was man so hört, wenn man dem Klatsch und Tratsch aus dem Hotelgewerbe lauscht.

Ich war jedenfalls schwer schockiert. Ich konnte ja kaum älter als Mitte dreißig gewesen sein! War gerade erst mit meinem Bündel über der Schulter und einem Strohhalm zwischen den Lippen in die große Stadt gekommen.

Gut, ganz so schlimm war es nicht. Selbstverständlich wusste ich, dass dieser Industriezweig auch in Tokio Fuß gefasst hatte. Aus touristischer Sorgfaltspflicht und mit mäßigem Interesse war ich selbst bereits durch einschlägige Gegenden in Shinjuku, Ikebukuro und Roppongi flaniert. Von Lustwandeln konnte dabei nicht die Rede gewesen sein. In die spießbürgerliche Verherrlichung dieses Milieus, in dem nun wirklich niemand aus purer Begeisterung für die Sache arbeitet (egal, was sich Anbieter wie Abnehmer in die Tasche lügen), mochte ich in Tokio ebenso wenig einstimmen wie in Hamburg, Amsterdam oder Bangkok, um nur mit einigen der Prostitutionsmetropolen zu prahlen, die ich bereits besuchen durfte.

In Schanghai kann man ab einer bestimmten Uhrzeit auch an einigen eigentlich harmlos wirkenden Straßenkreuzungen kaum auf die grüne Ampel warten, ohne von mehreren Sexarbeiterinnen gleichzeitig hautnah die Angebotspalette heruntergeleiert zu bekommen. In Tokio hingegen war ich davon ausgegangen, dass diese Welt schön in ihren klar ausgewiesenen Schmuddelecken und nie ungebeten in mein harmloses, unschuldiges kunterbuntes Popuniversum hineinschwappen würde.

Jedenfalls assoziiere ich mit Shinagawa nun vor allem jene »sexy Massage«, die ich damals stammelnd und dankend abgelehnt hatte. Am Tag des Yamathons hätte ich das Angebot vielleicht nicht ausgeschlagen. Wenn auch nur wegen der Gelegenheit, mich kurz hinlegen zu dürfen.

Wir fanden eine andere Art, uns in Shinagawa untenrum Erleichterung zu verschaffen: Wir benutzten die schicken Toiletten eines der schicken Hotels für eine schicke Toilettenpause. Für schicke Toilettenpausen sind auch die unpersönlicheren Ecken Shinagawas immer wieder gut.

Meine Problemzonen

Welcher Streckenabschnitt der schlimmste am Yamathon ist? Ich habe zwei Arten von Problemzonen ausgemacht. Zunächst sind da die Zonen, die ohnehin schlimm sind. Die, die gewohnheitsmäßig völlig überlaufen sind, insbesondere am Wochenende, von Vergnügungssüchtigen wie Einkaufswütigen. Auf Shibuyas legendärer Straßenkreuzung mit ihrem Wimmeln und Flimmern stellt man sich schon mal die großen Sinnfragen: Braucht dieser Ort wirklich eine weitere Gruppe von Idioten, die vor dem Bahnhof mit dem Selfie-Stick fuchteln? Muss man wirklich ein Teil dieses speziellen Problems sein?

Die zweite Art von Problemzone ist alles jenseits von Ōsaki. Auf diesem Abschnitt kurz vor Schluss ist der Abstand zwischen den Bahnhöfen größer; Erfolgserlebnisse lassen also länger auf sich warten. Zwischen Ōsaki und dem noch weit entfernten Shinagawa sagte eine der Damen in unserem Team guter Dinge: »Läuft doch großartig! Letztes Jahr haben wir an diesem Punkt aufgehört, miteinander zu reden.«

Kurz darauf hörten wir auf, miteinander zu reden.

Wir passierten den neuen, damals noch nicht eröffneten Bahnhof Tamagawa Gateway, über den sich die Tokioter gemeinhin scheckig lachten: liegt im Nirgendwo und klingt allzu angestrengt international. Ich fand auf unserem Weg, dieser Bahnhof konnte gar nicht früh genug eröffnet werden. Da waren eindeutig nicht genügend Bahnhöfe auf dieser Strecke. (Nach der tatsächlichen Eröffnung im Frühjahr 2020 besuchte ich ihn, und ich war einer der ganz wenigen, die dort in der morgendlichen Rushhour ausstiegen. Die anderen wenigen hatten ebenfalls nichts in der Gegend zu suchen, sondern waren wie ich nur neugierig auf die neue Station. Tamagawa Gateway wurde in erster Linie für die Olympischen Spiele konzipiert, aber … Sie wissen schon. Später sollen weitere Dinge in dieser trostlosen Gegend angesiedelt werden, die einen Besuch lohnen könnten, doch die befinden sich derzeit noch im Bau. Ich dachte: »Gut, wenn es nichts zu sehen gibt, gehe ich in eins der Bahnhofscafés und arbeite dort, dann war die Zeit nicht ganz vertan.« Die Cafés hatten allerdings schon wieder dichtgemacht, weil einfach keiner kam. Irgendwann war der Einzige außer mir vor Ort ein Informationsroboter, der hinter seinem Pult ziemlich ratlos aus der Blechwäsche schaute.)

***

Wir kamen am Tokyo Tower vorbei, einem Nachbau des Eiffelturms, nur größer und in freundlichen Farben bemalt, wegen der Flugsicherheit. Nachts erstrahlt er in noch freundlicheren Farben.

Niemand von uns schoss ein Foto. Wenn niemand ein Foto vom Tokyo Tower schießt, dann ist die Lage ernst.

Vorgetäuschter Endspurt

Kurz vor Yurakucho, der letzten Station, steigerte sich die Laune wieder ein wenig. Wir sahen uns sogar fähig, beim Einlauf ins Ziel beschwingte Laufschritte vorzutäuschen.

Ich musste eingestehen, dass mich der Yamathon im gleichen Maße zermürbt hatte wie meine beiden echten Marathonläufe. Mildernd für meine miserable Kondition konnte allenfalls geltend gemacht werden, dass ich mich auf die Läufe monatelang ernsthaft vorbereitet hatte, während meine einzige Vorbereitung auf den Spaziergang gewesen war, am Abend vorher ein klein wenig früher zu Bett zu gehen (ja, Junko hatte meinem Antrag stattgegeben).

Letztendlich haben wir, anders als geplant, deutlich weniger als eine Stunde Mittag gegessen und das Sightseeing auf ein Mindestmaß reduziert. So haben wir es in sehr respektablen elf Stunden und siebzehn Minuten ins Ziel geschafft. Dort wurde uns versichert, dass wir rocken, und mitgeteilt, dass der Gratis-(unsexy-) Massage-Service bereits eingestellt worden war; dafür waren wir dann doch zu langsam gewesen. Als Preis bekamen wir eine Probierdose eines Energydrinks, den ich ein paar Monate später wegkippte, weil ich im Kühlschrank Platz für Bier brauchte.

Apropos Bier: Jetzt konnte die Party endlich starten! Das Schönste an ernsthafter sportlicher Betätigung ist bekanntermaßen das Bier danach. In Tokio gibt sogar es eine Joggingtruppe namens »Drinkers with a Running Problem«, also in etwa: »Alkoholiker mit einem Laufproblem«. Denen wäre ich fast mal beigetreten, aber meine Abneigung gegen Sport in Gesellschaft war einfach stärker.

Der schwitzende Gregor hatte eine gute Ausrede, dem Gruppenbesäufnis fernzubleiben: »Ich brauche dringend eine Dusche.« Die Sportlerin wollte sofort nach Hause, um ihre Leistung zu analysieren. Unsere Kapitänin war doch geschaffter, als sie erwartet hatte, und entschuldigte sich ebenfalls. Mit dem Börsianer mit-Herz allein wollte ich kein Bier trinken und umgekehrt genauso wenig. Es hätte ja sonst was passieren können. Wir hätten unverhofft Gemeinsamkeiten entdecken und beste Freunde werden können. Da täuschten wir lieber schnell Migräne vor und gingen getrennt unserer Wege. Ich sehr langsam.

Apropos langsam: Meinen Heimweg trat ich – oh, grausame Ironie des Schicksals – mit der Yamanote-Linie an. Nie schien sie mir länger zu brauchen als in jener Nacht. *»Da bin ich zu Fuß ja schneller!«*, wollte ich schon motzen. Aber das wäre gelogen gewesen.

Hat mich der Yamathon nun, wie erhofft, meine Stadt wieder spüren lassen? Ein wenig ja. Auf der Spürskala des Tages kam die Stadt ungefähr an dritter Stelle. In erster Linie hat mich der Yamathon jedoch meine Füße und Beine wieder spüren lassen. Für noch sehr lange Zeit.

Nach dem Gehen ist vor dem Laufen

Junko fragt: »Und? Wirst du nächstes Jahr wieder mitmachen?«

»Wahrscheinlich nicht. Nachdem ich nach dem Yamathon genauso geschafft war wie nach einem richtigen Marathon, sehe ich das nicht so ganz ein. Dann trainiere ich lieber wieder vernünftig und laufe noch mal einen richtigen.«

»Wann fängst du mit dem Training an?«

»Bald.«

Baby-Klassik statt Baby-Metal

WIE ICH MEINEN EIGENEN MUSIKGESCHMACK VERLOR UND EINFACH DEN MEINER TOCHTER ÜBERNAHM

Besucher erschrecken gelegentlich, wenn sie in unserem Wohnzimmer nahe der Musikanlage CDs mit Titeln wie *Baby Klassik* oder *Musik für 9 Monate* finden. Nach Überwinden des Schocks fragen sie, wann es denn so weit sei und ob wir schon wüssten, was es wird. Ich sehe dann auf meinen Bauch herunter und versichere, dass da weder etwas kommt noch etwas geplant ist. Wir sind nur noch nicht dazu gekommen, die Baby-Klassik-CDs wegzuräumen.

»Aber Hana ist jetzt sechs Jahre alt«, mag der Besuch einwerfen. »Und ihr seid seit ihrer Geburt zweimal umgezogen.«

Gut, wir müssen es wohl zugeben: Wir hören halt Baby-Klassik. Junko und ich. Hana natürlich nicht mehr. Die hört dieselbe Mischung aus Techno, Pop, Country, Funk und Hardrock wie jeder andere Hardcore-Fan der *Trolls*-Filme auch.

The Sound of Silence

Etwas ist mir beim Vaterwerden abhandengekommen. Nicht die Freiheit, mir jeden Abend auf der Piste die Lichter auszuschießen. Darauf kann ich verzichten. Es stellte sich heraus, dass die Welt mit nüchternen Augen und im frühen Morgenlicht betrachtet gar nicht allzu uninteressant ist. Aber dass die alte Begeisterung für den Soundtrack dazu auf der Strecke geblieben ist, bedauere ich manchmal. Mir steht nur noch selten der Sinn nach den heißen Rhythmen der Populärmusik. Sie stören mich nicht, aber ihre Abwesenheit stört mich noch weniger. Wenn mal Stille im Haus ist, habe ich nicht das Bedürfnis, diese durch irgendetwas zu ersetzen. Außer vielleicht durch Baby-Klassik in wohltemperierter Lautstärke (also eine, für die schon das Wort »Lautstärke« mit seinen beiden polternden Bestandteilen zu aggressiv klingt). Erwischt mich jemand mit meiner Baby-Klassik, dann verteidige ich mich damit, dass man über das Marketingkonzept dieser CDs getrost hinwegsehen dürfe; das sei einfach gute klassische Musik, eingespielt von echten Musikern, nach Originalkompositionen, ohne einen Gedanken an Kinder im Kopf während des Einspielens. »Baby« hat erst hinterher einer draufgeschrieben. Ich hatte zumindest mal gehört, dass dem so sei.

Wahrscheinlich bin ich nicht der einzige Elternteil eines Ex-Babys, der irgendwie bei der Baby-Klassik hängengeblieben ist und händeringend nach Rechtfertigungen sucht. Die Wahrheit ist: Ich habe keine Ahnung, ob das gute klassische Musik ist oder nicht. Ich kenne mich nicht aus mit der Klassik und all ihren verschiedenen Spielarten, und ich werde mich nie auskennen. Shoegaze, Mathcore, Futurepop und Retroprog auseinanderzuklamüsern ist eine Beschäftigung für junge Jahre. Gut, das war nun kein Klassikbeispiel, was mein Argument allerdings nur bestärkt. Über Klassik weiß ich nicht einmal genug, um meine Unwissenheit mit einem griffigen Beispiel zu illustrieren. Klassik kann man im Alter noch schätzen lernen, aber nicht mehr verstehen.

Wer Musik verstehen möchte, muss früh anfangen. So wie Hana. Dank ihr gewann ich doch noch eine gewisse Kompetenz in einem Musikgenre, mit dem ich mich vorher überhaupt nicht beschäftigt hatte: moderne japanische Kindermusik. Insbesondere die, die frühmorgens im japanischen Kinderfernsehen von manisch begeisterten Moderatoren und kunterbunten Fantasiegeschöpfen dargeboten wird. Die, die man den lieben langen Tag nicht mehr aus dem Kopf bekommt. Die, die einem somit zum Soundtrack seines neuen Lebens wird.

Willkommen im Wau-Wau-Wunderland

Theoretisch war ich stets dagegen, den Fernseher als Babysitter einzusetzen. Diese Theorie habe ich, ungefähr eineinhalb Tage nachdem ich hauptberuflicher Hausmann und Vater geworden war, über Bord geworfen. Man möge mich nicht verurteilen; ich habe schließlich nicht nur das Fernsehprogramm benutzt, um das Kind bei Laune zu halten. Ich habe auch DVDs, Computerspiele und Videostreaming benutzt.

Selbstverständlich war ich immer dabei, wenn die sehr junge Hana vor dem Fernseher saß. Fast immer. Meistens. Ziemlich oft zumindest. Und so wurden wir zunächst beide große Fans der täglichen Kleinkinderfernsehschau *Inai inai – baa* (in etwa: »Weg, weg – da«, die japanische Variante des Kuckuckspiels), in der ein Mann in einem grün-weißen Hundekostüm (Wan-Wan, zu Deutsch: wau-wau), ein junges Menschenmädchen, eine definitionsfluide Handpuppe namens Utan und mehrere Nebenfiguren, darunter eine singende Toilette, Kinderquatsch mit Musik machen. Einmal im Monat gastiert irgendwo im Land das dazugehörige Bühnenspektakel *Wan-Wan-Wonderland*. Die fröhlichen Lieder der Sendung werden oft von Veteranen des J-Pop- und J-Rock-Geschäfts geschrieben und handeln von zielgruppengerechten Themen wie

Nudelsuppe und Aufräumen. Meine Begeisterung dafür ging so weit, dass ich für eine der Wunderland-Karten, die immer sofort vergriffen waren, wahrscheinlich einen Mord begangen hätte. Wäre es mir möglich gewesen, zwei Karten abzustauben, hätte ich sogar Hana mitgenommen. Aber so blieb mir nichts anderes übrig, als zu Hause vor dem Fernseher zu sitzen und mit hässlichem Neid die Aufnahmen des Saalpublikums zu sondieren. Wie hatten die es angestellt, da reinzukommen? Wer gab ihnen das Recht? »*Guck mal, das Kind in der zweiten Reihe ganz links – das macht gar nicht richtig mit! Und das daneben schläft! Es schläft!*«

Ich habe gewisse Verbindungen zur japanischen TV-Branche. Sagen wir mal: Ich kenne Leute, die Leute kennen. Meine Leute signalisierten mir, dass es nicht ganz so unmöglich wäre, Karten für *Wan-Wan-Wonderland* zu bekommen, wie ich vielleicht glaubte. Aber es klang alles sehr mysteriös und gefährlich. Gefälligkeiten müssten ausgetauscht werden, eine Hand die andere waschen. Ich wollte dann doch lieber niemanden umbringen müssen. Stattdessen fantasierte ich weiter über diese Leute im Fernsehen. Was hatten sie für ihre Karten getan – oder was würden sie eines Tages dafür tun müssen? Vielleicht nicht heute, vielleicht nicht morgen. Vielleicht erst in zehn Jahren, vielleicht auch nie. Ein Leben in Ungewissheit. Ein Leben mit dem ständigen Blick über die Schulter. War es das wert? Ich glaube ja. Aber jetzt ist es zu spät.

Was hat Jason mit Eric und Kiko gemacht?

Als Hana fast drei war, fand sie, dass *Inai, inai – baa* und *Wan-Wan-Wonderland* für Babys seien und schaute lieber *Eigo de Asobo*

(»Spielen auf Englisch«). Zuerst mochte ich die männliche Hälfte des Moderatoren-Duos Eric & Kiko nicht. Kiko mochte ich sofort; vielleicht ist das wieder dieser männliche Blick. Eric kam mir vor wie ein zynischer, abgehalfterter Straßenmusiker mit Rockstar-Ambitionen, der im Kinderfernsehen seine große Chance bekommen hatte, aber meinte, zu noch Höherem bestimmt zu sein. Vielleicht jedoch war das nur der missgünstige Blick eines Ausländers auf einen anderen Ausländer, der im japanischen Showbiz seine Nische gefunden hatte. Je länger ich zuschaute, desto mehr wuchs mir auch Eric mit seiner Gitarre und seinen albernen Liedern ans Herz. Immer wenn er und Kiko ihren »Hurry up«-Song spielten, wussten Hana und ich, dass wir uns wirklich ein bisschen ranhalten mussten, wollten wir pünktlich im Kindergarten ankommen. Als spielten sie es nur für uns.

Und dann spielten sie eines Tages plötzlich gar nichts mehr! Eric und Kiko waren weg! Ersetzt durch ein neues Konzept und ein neues Gesicht, bloß der Name der Sendung war geblieben. So ganz und gar neu war das neue Gesicht noch nicht mal: Es war Jason. Ein gruseliger Kerl. Besser bekannt war er als der »*Why, Japanese people?!*«-Typ, denn das war der Erkennungssatz, der ihm im japanischen Fernsehen einen gewissen Bekanntheitsgrad als Komiker eingebracht hatte. Wie jeder andere auch hatte ich den Satz in meine alltägliche Konversation übernommen, in einer ironischen »Das ist so unlustig, dass es fast schon wieder ein ganz kleines bisschen lustig ist«-Attitüde. Irgendwann war, wie immer in solchen Fällen, die Ironie gegangen, aber der Satz geblieben. Ich verachtete Jason also in erster Linie wegen meines eigenen Mangels an Originalität.

Von Kiko hörten wir noch einmal, als sie eine Rolle in einem Kindermusical spielen sollte, für das wir Karten bekommen hatten (ganz ohne dafür finstere Verpflichtungen eingegangen zu sein). Leider verknackste sie sich vorher den Fuß und musste ersetzt werden (zum Glück nicht durch Jason). Eric steht vermutlich wieder an irgendeiner Straßenecke und wird hoffentlich bald von einem versierten Rock-Promoter entdeckt. Er hat es verdient.

Inzwischen ist Hana auch für *Eigo de Asobo* zu alt. Jason kennt sie nach wie vor, Eric und Kiko hat sie vergessen. Doch ich denke noch manchmal an die beiden, und selbstverständlich habe ich sie ab und an gegoogelt. Sie machen, was man halt so macht in der Unterhaltungsbranche: Projekte. Mal für Kinder, mal für Erwachsene. Jeder für sich. In meinem Herzen jedoch werden sie ewiglich gemeinsam auf Englisch spielen.

Babys in concert

Wir haben mit Hana bereits früh Konzerte besucht. Ein ganz besonderes war für uns das erste, bei dem die Musiker nicht als Tiere verkleidet waren und niemand einen aufforderte mitzusingen oder mitzuklatschen. Es war ein richtiges Klassikkonzert in einem richtigen, gediegenen Konzertsaal, nämlich der Harajuku Hall in Shibuya. Nur eben ab null Jahre. Tatsächlich schienen einige der Mütter direkt aus dem Kreißsaal in den Konzertsaal gerollt worden zu sein. Etliche Kinder waren so jung, dass sie den schrumpeligen Kopf noch gar nicht freihatten für Musik. Sie waren noch damit beschäftigt, lautstark der Welt ihre Ankunft in ebenjener mitzuteilen, ebenso wie ihre Irritation über diesen neuen Lebensabschnitt.

Das war herrlich. Nirgends konnte ich mich besser entspannen als inmitten des Geschreis fremder Kinder. Da dachte ich: »Nicht meine Kinder, nicht meine Schuld.« Und sollte Hana doch mal loslegen, konnte ich ganz erwachsen mit dem Finger auf Babys zeigen und sagen: »Aber die haben angefangen.«

Unser Ziel war es natürlich, Hana schon frühzeitig für ein bisschen Hochkultur zu begeistern, damit sie nicht rein popkulturell geprägt aufwüchse. Wie beispielsweise ihr Vater, der sich inzwischen – da der frühe Herbst des Lebens sich mit ersten frischen Brisen ankündigt – ein wenig albern vorkommt, weil er sich immer noch mehr über Comichefte und Fernsehserien ereifern kann als über die russischen Klassiker oder den Frühbarock. Manchmal (meistens aber nicht) wünschte ich mir, meine Eltern wäre strenger gewesen, zumindest im musikalischen Bereich. Ich wollte die verdammte Blockflöte nicht spielen, also musste ich die verdammte Blockflöte nicht spielen. Sogar mein Musiklehrer flehte mich vor einer Schulaufführung an, nur so zu tun, als ob ich Xylophon spielte. Das war mir damals nur recht, doch heute vermute ich, dass aus mir kein völliger musikalischer Analphabet geworden wäre, wenn mich jemand nur mal ein bisschen gezwungen hätte.

Bislang haben wir Hana zu keinem Musikunterricht angemeldet. Vielleicht weil ich bei Musiklehrern immer an steinalte Sadisten mit harten Gesichtern und härteren Herzen denke, die die Kinder so lange auf die Klaviertasten eindreschen lassen, bis ihnen die Fingerchen bluten. Aber vielleicht schaue ich nur die falschen Fernsehserien oder lese die falschen Comichefte. Ballett, woran Hana einmal Interesse bekundet hatte, ist noch schlimmer. Da ist mein Bild komplett vom klassischen europäischen Horrorkino geprägt. Ich kann einfach meine Vorstellungen von bösen Lehrerinnen, gemeinen Mitschülerinnen und der jahrhundertealten blutdurstigen Hexe, die auf dem Dachboden der Ballettschule schlummert, nicht abschütteln.

Doch vielleicht liegen Hanas Interessen mittlerweile sowieso ganz woanders. Nach dem Konzert fragten wir sie, ob es ihr gefallen habe. Sie sagte: »Ja, die hatten schöne Kleider an.«

»Und was hat dir am Konzert am besten gefallen?«

»Das grüne Kleid.«

Sie interessiert sich also für Mode. Das sollten wir unterstützen. Die Modebranche scheint mir völlig unbedenklich.

Flucht aus dem Techno-Gefängnis

Eine unserer dunkelsten musikalischen Stunden verbrachten Hana und ich bei einem Kunst-Happening des teamLab-Kollektivs, rasend beliebt wegen seiner extravaganten Lichtinstallationen. Das Ereignis war angekündigt als ein Spaß für die ganze Familie, stellte sich aber eher als ein unlösbarer Escape Room heraus. Zuerst mussten wir gefühlte Ewigkeiten in einem stockfinsteren Raum stillsitzen, hin und wieder angepflaumt von Wächtern in unheimlichen Tiermasken, wenn man versehentlich mal seine Beine bewegte. Als sei man in einem dieser modernen nihilistischen Home-Invasion-Thriller gelandet, in denen gefühlskalte maskierte junge Leute grundlos unbescholtene Eigenheimbesitzer drangsalieren. Danach folgte eine unbarmherzige Licht- und Klangattacke, die einfach nicht enden wollte und letztendlich nichts anderes war als eine Techno-Party, bloß ohne Drogen und Liebe. Niemand durfte die Party verlassen, bevor sie offiziell vorbei war; die Tiermenschen standen weiterhin Wache. Hana, damals drei, konnte mit Techno noch nicht so viel anfangen und hielt sich mit unverblümter Kritik nicht zurück, obwohl sie gegen die Lautstärke um uns herum kaum ankam. Ich gab es bald auf, sie überzeugen zu wollen, dass sie in Wirklichkeit ganz, ganz viel Spaß hatte. Ich stimmte zwar nicht in ihr bitterliches Weinen mit ein, aber ich versicherte ihr, dass ich von diesem Unsinn genauso gelangweilt und genervt war wie sie. Es war eine Erfahrung, die uns als Vater und Tochter näherbrachte.

Nachdem wir unsere Folterkammer endlich verlassen durften, ging es in einen Bereich, in dem man frei auf allerlei Glitzerobjekten spielen durfte. Das hätte Hana bestimmt gefallen. Inzwischen hatte sie sich allerdings in einen tiefen Schlaf geweint.

U! S! A!
(und weite-
rer aus-
ländischer
Bjäller-
klang)

POMMES AUS PAPIER, ECHTE
COUNTRY-MUSIK VON FALSCHEN
BÄREN UND SCHWEDISCHE GEWALT-
COMICS FÜR JAPANISCHE VORSCHUL-
KINDER: WILLKOMMEN IM WILDEN
WESTEN DES FERNEN OSTENS

Japans möglicherweise größter, auf jeden Fall aber kulturell bedeutendster Charthit im Jahr 2018 war eine japanische Coverversion eines alten Italo-Disco-Krachers über die Großartigkeit Amerikas, eingesungen und nachgetanzt von einer ehemaligen Boyband namens Da Pump, die seit Jahren keinen Hit mehr gehabt hatte und trotzdem zu stur gewesen war, um sich einfach aufzulösen. Schon lange lachte das Volk hinter ihrem Rücken über sie. Doch das Blatt wandte sich über Nacht, und alle lachten nun miteinander. Plötzlich sang das ganze Land fröhlich mit den Boys um die vierzig die eingängigsten Zeilen des Refrains: »U! S! A!« Und: »C'mon, baby, A-me-ri-ca!«

In unserem Haushalt war das nicht anders. Gut, bei uns sang nur eine, die Jüngste, aber die mindestens für drei. Selbstverständlich sorgte ich mich, dass sie von diesem Lied bleibende ideologische Schäden davontragen könnte. Sie konnte schließlich die Popularität des Songs gar nicht richtig einordnen. Es war ein Ironie-Ding. Das Publikum fand: Das ist ja so peinlich, dass es schon wieder liebenswert ist. Da machten Da Pump, allen voran Frontboy Issa Hentona, den Hasselhoff und sagten sich: Besser ironischer Erfolg als gar keiner.

Inzwischen läuft »U! S! A!« nicht mehr in Dauerrotation. Dennoch werden wir Amerika so schnell nicht los. *C'mon, baby.*

Big Mac vor dem Frühstück

Hana war von ganz klein auf Frühaufsteherin. Gebessert hat sich an dieser Situation lediglich, dass sie nicht mehr darauf besteht, dass mindestens eine erziehungsberechtigte Person mit ihr aufsteht, wenn sie mit den allerersten Sonnenstrahlen vom Futon hüpft. Sie kann sich eine Zeitlang alleine beschäftigen, zum Beispiel mit Origami, der traditionellen japanischen Papierfaltkunst. Nur sind ihre Werke meist eher kontemporär als traditionell.

»Guten Morgen, Papa, ich habe Origami-Pommes gemacht!«, jubelte sie eines Morgens, als ich blinzelnd ins Wohnzimmer stolperte. Sie waren wirklich gut geworden, gelbe Pommes in einer authentischen grünen Papiertüte. Zwei Portionen. »Eine für dich, eine für Mama.«

»Toll, Hana. In deinem Buch steht, wie man Origami-Pommes macht?« Wundern tät's mich nicht, in dem Wälzer gibt es unter anderem auch Faltanleitungen für Kameras und Mobiltelefone. Selbst traditionelle Künste dürfen nicht stehenbleiben, wollen sie weiterleben.

»Nein, aus dem Buch habe ich nur die Tüte. Die Pommes habe ich mir selbst ausgedacht.«

»Und was faltest du als Nächstes?«

»Big Mac für dich und Teriyaki Chicken Burger für Mama. Wie immer.«

Wir sind wie alle Eltern: Erst haben wir versucht, Hana vor McDonald's zu beschützen, dann haben wir die eine oder andere Ausnahme zugelassen. Inzwischen ist es die eine oder andere Ausnahme mehr geworden. Es ist aber auch ein perfides Unternehmen. Irgendwie kriegen die dich. Die kriegen dich sogar zurück, wenn du denkst, du hättest es hinter dir. Bis vor kurzem konnte ich mich noch damit brüsten, seit den frühen Neunzigern nicht mehr bei McDonald's gegessen zu haben (habe ich auch getan, das Brüsten; habe es jedem erzählt, der es nicht hören wollte). Dann kam das japanische Finanzamt. Ich hatte einen wichtigen, zukunftsentscheidenden Antrag gestellt. Während des Entscheidungsprozesses sollte ich mich nicht allzu weit von der Amtsstube entfernen, trug der diensthabende Beamte mir auf. Es könne schnell gehen, derweil möglicherweise nicht allzu schnell. Man würde mich jedenfalls anrufen, dann habe ich zurückzueilen.

Ich hatte Hunger, war jedoch zu nervös für etwas Anständiges. Ich wollte etwas, das schnell ging, und was könnte schneller gehen als Fast Food? So aß ich auf nervösen Magen meinen ersten Big Mac seit Jahrzehnten.

Ich hatte lange Zeit nichts derart Köstliches mehr im Mund gehabt. Der Anruf kam, als ich ihn kaum halb aufgegessen hatte, doch ich nahm mir ausreichend Genusszeit, um mein Mahl in Würde zu beenden.

Wenn ich heute, keine zwei Jahre später, in einen Big Mac beiße, kann ich dieses Hochgefühl nicht mehr reproduzieren. Jetzt schmeckt er wieder wie eine Masse ohne Eigenschaften, die man in sich hineinstopft, weil sie billig und schnell weg ist. Ich könnte jederzeit damit aufhören, aber sie wissen ja, das Kind. Es ist wegen des Kindes.

Wenn ich mich und den Big Mac selbst einmal psychoanalysieren darf: Ich glaube, beim ersten Bissen seit Jahrzehnten transportierte der Big Mac nicht nur seine eigenen Geschmacksstoffe, sondern auch meine, nämlich die der Erinnerung. Bewusst dachte ich zwar an nichts anderes als meinen Antrag und den Burger, doch assoziativ kam sie wohl wieder hoch, die gar nicht mal so schlechte alte Zeit. Die Big Macs nach dem Kino, die Big Macs nach der Kneipentour, die Big Macs nach anderen jugendspezifischen Genüssen, nur noch schemenhaft auszumachen in den Dunstschwaden des bewussten Erinnerns. Irgendwo in den Tiefen meines Inneren war das alles plötzlich wieder da und überzeugte mich, dass das ein wirklich guter

Burger war. Dieses Assoziationsschlemmen klappt allerdings nicht jedes Mal. Das klappt nur alle paar Jahrzehnte.

Der zukunftsentscheidende Antrag wurde übrigens bewilligt.

Derweil sind Big Mac und Happy Meal nicht die einzigen Wege, auf denen der Wilde Westen Einzug in unser deutsch-japanisches Leben gehalten hat.

Wie ich meiner Tochter einmal das Singen verbieten musste

Wenn Hana und ich um die Häuser ziehen und ihr nach Singen zumute ist, was eigentlich immer der Fall ist, fragt sie mich seit kurzem: »Papa, darf ich singen?«

Es bricht mir jedes Mal das Herz. Bin ich etwa ein Vater, der seiner Tochter jemals das Singen verbieten würde? Nein, das bin ich nicht. Aus Prinzip nicht.

Aber manchmal muss man mit seinen Prinzipien brechen. Einmal – es war auf einer der Brücken über den Fluss Meguro in unserer Nachbarschaft – nahm ich sie mitten im Lied sanft beiseite und bat: »Hana, kannst du *das* bitte nicht hier draußen singen?«

Es handelte sich nicht etwa um das fürchterlich rührende »U! S! A!« von Da Pump, sondern sozusagen um den *Real Deal* – ein ultrapatriotisches amerikanisches Heimatlied, das sie im Landeskundeunterricht des Kindergartens gelernt hatte.

»Warum nicht?«, wollte Hana natürlich wissen.

»Weil ... das irgendwie komisch klingt. Bist du Amerikanerin?«

»Nein! Ich bin Japanerin und Deutsche!«, lachte sie stolz über ihre doppelte Staatsbürgerschaft. »Aber ich singe doch auch die Schweden-Lieder, die Tschechien-Lieder, die Fidji-Lieder ...«

»Das ist richtig, aber Englisch können hier vielleicht ein paar wenige Leute verstehen, und die könnten traurig sein, wenn du durch die Gegend schmetterst, dass Amerika das großartigste Land der Welt ist. Du kannst das gerne im Kindergarten machen oder zu Hause, falls du üben möchtest. Aber bitte nicht, wo es andere hören und falsch verstehen könnten.«

Sie hatte natürlich recht, dass sie auch die Lieder aus all den anderen Ländern sang, die ihr im Kindergarten beigebracht wurden. In denen ging es selbstverständlich ebenfalls um die süße, süße Heimat. Womöglich wurde sogar hier und dort behauptet, dass man nie irgendwo anders leben möchte als auf den grünen Wiesen oder an den rauen Küsten seines rein zufälligen Geburtsortes. Doch die dreiste Behauptung, das eigene Land sei selbst objektiv betrachtet besser als jedes andere auf der Welt, das ist wirklich eine Spezialität amerikanischer Volksliedermacher. Nicht mal Diktatoren geben solche Lieder in Auftrag.

Man verstehe mich nicht falsch: Ich weiß Amerika zu schätzen. Die Literatur, die Musik, vereinzelte Menschen, sogar der eine oder andere gelungene Kinofilm wird dort produziert. Kulturell werde ich wahrscheinlich immer stärker amerikanisch als japanisch geprägt und orientiert sein. Ich habe längst meinen Frieden damit gemacht. Sogar mit Walt Disney und seinem Konzern. In meiner Jugend war mir die Firma mit der Maus ein rotes Tuch. Heute begrüße ich es sehr, dass Disney alles aufkauft, was dem Unternehmen in die weiß behandschuhten Finger kommt. Meistens hilft's schließlich. Die Marken Marvel und Star Wars zum Beispiel waren in bedauernswerten Zuständen, bevor Disney kam. Ich hoffe, die kaufen noch mehr. Ich habe keine Probleme damit, mir mit Hana mehrmals im Monat *Die Eiskönigin* in drei verschiedenen Sprachen anzuschauen. Ich würde es wahrscheinlich auch ohne sie tun (obgleich vielleicht nur in ein oder zwei Sprachen). Es ist halt ein guter Film, der jeden Pfennig, den er eingespielt hat, redlich verdient hat. Gerne habe ich Hana zu *Disney on Ice* in Yokohama im Elsa-Kostüm begleitet (Hana im Kostüm; meine Größe hatten sie glücklicherweise nicht). Ich war heilfroh, als ich hinterher feststellte, dass ich die richtige der vielen kleinen Elsas wieder mit nach Hause genommen hatte. Micky Maus mag ich zugegebenermaßen nach wie vor nicht. *Donald or die.*

Es schien also unvermeidbar, dass wir eines Tages Disneyland besuchen würden.

Micky ist (NICHT!) überall

Ich weiß nicht, ob es wirklich eine App für alles gibt, wie immer behauptet wird. Auf jeden Fall aber gibt es eine, mit der man jederzeit überprüfen kann, wie lange man gerade vor Mickys Haus warten muss, bevor man der Maus die Hand schütteln darf. Junko zwang mich, sie zu installieren, bevor wir Hana zum ersten Mal mitnahmen ins *Magische Königreich*. Das nennt sich zwar »Tokyo Disneyland«, liegt aber in der Nachbarpräfektur Chiba, weshalb wir uns für einen Ausflug mit Übernachtung entschieden. Junko selbst hatte die App bereits installiert, doch sicher war sicher. Die Software verriet einem nicht nur die Wartezeit vor dem Maushaus und anderen Attraktionen, sondern ließ einen außerdem Premium-Tickets abstauben, die dazu privilegierten, sich vor beliebten Attraktionen einfach an den Schlangen derer vorbeizudrängeln, die meinten, sie könnten ganz ohne offizielle App, einfach so mir nichts, dir nichts, durch Tokyo Disneyland schlendern, als wäre es ein Vergnügungspark.

Die japanische App fürs japanische Disneyland ist auf Japanisch, weshalb sie in etlichen Online-Rezensionen von aufgebrachten Touristen als »rassistisch« kritisiert wird. Ich finde durchaus auch, dass es ein bisschen zum An-den-Kopf-Fassen ist, dass in einem

Disneyland, was schließlich kaum etwas anderes ist als eine amerikanische Botschaft für die ganze Familie, so gut wie kein Englisch angeboten wird, während in den Fenstern mancher urjapanischer Oma-und-Opa-Kneipen bereits gut gemeinte »Engrish OK!«-Schilder hängen. Dennoch fühlte ich mich von der App nicht sonderlich diskriminiert, allenfalls herausgefordert. Manchmal auch überfordert. Ich kann Japanisch einigermaßen lesen. Wenn man mir Zeit lässt. Am besten recht viel Zeit. An einem stillen Ort. Ohne dass mir ständig jemand ungeduldig über die Schulter guckt oder ein Kind im Vorschulalter quengelt. Das sind leider Voraussetzungen, die bei einem Familienausflug nach Disneyland nicht gegeben sind. Also reduzierte meine Frau meine App-Pflichten auf eine einzige Aufgabe: Das ständige Überwachen der Wartezeiten vor Mickys Haus. Wir würden Disneyland nicht verlassen, ohne die berühmten vier Finger zu schütteln, da war sich Junko sicher.

(Achtung, Spoiler: Wir haben Micky nicht die Hand geschüttelt und hatten trotzdem unseren Spaß. Die Schlangen blieben zu lang, und Vordrängel-Tickets gab es nicht. Vor Micky sind alle gleich. Jedoch war gerade chinesische Neujahrsreisezeit, und man hörte etwas beunruhigende Nachrichten aus China über irgendein mysteriöses Virus. Wir wollten zwar, anders als offenbar die japanische Micky-App, niemanden diskriminieren. Gleichwohl wollten wir in engen, langen Schlangen mit einem hohen Anteil auswärtiger Touristen keine unnötigen Risiken eingehen.)

Für Junko und mich war es nicht der erste Besuch im Lande Disney. In der Phase meines Werbens hatte Junko mich bereits einmal hingeschleppt. Wir hatten viel fragwürdigen Spaß in Fahrgeschäften gehabt, die uns beiden Angst machten. Von einem erwarben wir sogar das überteuerte Beweisfoto, das bei jeder Fahrt geknipst wird. Das Fahrgeschäft hieß *Tower of Terror*, und der Name war keine Untertreibung. Auf dem Foto sind jede Menge junge Leute zu sehen, die aus Spaß schreien. Und zwei ältere, die vor schierer, unmaskierter Furcht schreien. Das sind wir. Eine schöne Erinnerung.

Wegen dieser Vorbelastung bekamen wir dieses Mal nicht die Plakette, die uns als Erstbesucher auszeichnete. Hana schon. Fortan würden Menschen in plüschigen Tierkostümen sie besonders herzlich begrüßen und im Klub willkommen heißen. Sie genoss die Aufmerksamkeit. Nur Micky war halt nicht dabei, denn Micky kann schließlich auch nicht überall sein. Nörgler, die vermutlich noch nie in einem Disneyland waren, verurteilen das dortige Treiben oft dahingehend, dass überall albern winkende Mickys herumlaufen würden. Mitnichten: Micky ist einzigartig. Die anderen Figuren gibt es in mehrfachen Ausführungen. Aber nicht den Chef.

Mir war bewusst, dass es Micky in jedem Disneyland nur einmal gab. Möglicherweise allerdings ist die Regelung sogar noch strenger: Zumindest erzählte mir ein Journalistenkollege im Vorfeld unseres Ausflugs, Micky dürfe immer nur an einem Ort auf der ganzen Welt sein. Wenn die Maus also in Tokio Hände schüttelt, dann kann sie das in Paris oder Florida nicht gleichzeitig tun. Als ich versuchte nachzuvollziehen, ob das zeitzonenmäßig überhaupt aufging, schwirrte mir bald der Kopf. Micky-Köpfe kreisten in meinem um den Erdball herum, alles drehte sich schneller und immer schneller, bis das Erdenrund große schwarze Ohren und ein fröhliches Mäusegesicht bekam und ich aufgab. Soll das mal die NASA mit ihren Supercomputern ausrechnen, wofür gibt es die denn?

She'll Be Coming 'Round Splash Mountain ...

Zu unserer großen Überraschung war eine von Hanas Lieblingsattraktionen im Disneyland das Country Bear Theater, das heute vor allem dafür bekannt ist, veraltet und unbeliebt zu sein – außer bei erschöpften Vergnügungsparkbesuchern, die sich einfach mal ein bisschen hinsetzen möchten und eine Wartezeit von weniger als fünfzehn Minuten zu schätzen wissen (danke, App). Die animatronischen Bären singen klassische Country-Lieder für die ganze Familie über klassische Country-Themen wie Saufen-bis-zum-Umfallen oder »Blut auf dem Sattel, Blut überall«.

Doch der in mehrerlei Hinsicht feuchtfröhliche Inhalt der Lieder war es nicht, der Hana in einen wohlig-gruseligen Bann zog. »Die waren so echt«, hauchte sie hinterher über die Bären. Seither fragt sie bei jedem Realfilm, in dem eine Kuh oder eine ähnlich unglaubliche Kreatur vorkommt: »Echt oder Trick?«

* * *

Vom Country Bear Theater begaben wir uns direkt in das Restaurant Diamond Horseshoe, um unsere Reservierung für das Mittagessenspektakel »Horseshoe Roundup« wahrzunehmen. Der starke Wildwest-Fokus unseres Besuchs war nicht geplant, aber alle Mittagessenspektakel mit Prinzessinnen oder Nagetieren waren bereits ausgebucht gewesen. Wahrscheinlich von Leuten, die ihre Apps schon deutlich früher installiert hatten als wir.

Wie viele europäische Männer meiner Generation hatte ich in mitteljungen Jahren eine Phase, in der sich meine Einstellung zur amerikanischen Country-Musik von einem dreckigen Lachen in eine warme Umarmung wandelte. Zumindest umarmte ich die Art von Country-Musik, die ich mit eingebildetem Expertentum und im Brustton der Überzeugung als »authentische Country-Musik« bezeichnete; also die von stoischen, schwermütigen Männern an Akustikgitarren. (Über die andere Art von Country-Musik, nämlich die von fröhlichen Männern und Frauen in Glitzerkostümen vor vollelektronischer Begleitband, lachte ich weiterhin dreckig.) Irgendwann allerdings begann alles, wieder gleich zu klingen. Was mir einmal ursprünglich und wahrhaftig vorgekommen war, klang irgendwann doch wieder bloß hinterwäldlerisch und einfältig. Aus der warmen Umarmung wurde eine kalte Schulter.

Bis ich ins Tokyo Disneyland kam. Dieses als einen Wallfahrtsort für die Freundinnen und Freunde authentischer Country-Musik zu bezeichnen würde die Bedeutung der Country Bears und der singenden, tanzenden und mit Platzpatronen schießenden Laiendarsteller im Lunch-Saloon sicherlich überhöhen. Aber Tatsache ist, dass Hana, die bisher (und in dieser Reihenfolge) eine Rock-, Techno- und Pop-Phase gehabt hatte, im Nullkommanichts auf diese Musik abging und ich gestehen muss, dass ich sie dort auch wieder genoss wie schon lange nicht mehr.

* * *

Ebenso hatten wir beide Spaß am Splash Mountain, was eine noch größere Überraschung war. Ich war der festen Überzeugung und voller Hoffnung gewesen, dieser Kelch würde an uns vorübergehen. Hana würde die schreienden Menschen sehen und hören, die in einem Baumstamm sitzend ins tiefe Nass fielen, und selbst schreiend davonrennen. Stattdessen sagte sie: »Das sieht lustig aus. Lass uns das machen.«

Dieser Tage bin ich kein großer Freund allzu wilder Fahrgeschäfte. Selbst das kindgerechte Dumbo-Karussell war mittlerweile eine Herausforderung für meine Höhenangst. Auf seltsame Art furchterregend und langweilig zugleich. (Später sollte Michel Houellebecq so ziemlich dasselbe über das Coronavirus sagen und dafür ob seines poetischen Scharfsinns sehr gelobt werden. Ich möchte hier betonen, dass ich es zuerst gesagt habe: über das Dumbo-Karussell im Tokyo Disneyland.) Als Hana mir hinterher erzählte, ich hätte meinen Dumbo mit dem Knopf im Cockpit noch höher fliegen lassen können, war ich heilfroh, dass ich das nicht gewusst hatte. Ich wäre dann zwar erst recht nicht auf die Idee gekommen, den Knopf zu drücken, hätte aber eine Heidenangst gehabt, aus Versehen dagegen zukommen.

Splash Mountain wollte ich mir wirklich nicht antun. Aber meine verräterische Ehefrau rang der verdammten App drei Eil-Tickets ab. Vielleicht war es Rache für die übergroße, dafür anatomisch korrekte Nachbildung einer Kellerassel, die ich Hana in den Adventskalender gesteckt hatte – auf ihren ausdrücklichen Wunsch und gegen den umso ausdrücklicheren Wunsch ihrer Mutter. (Kinder lieben halt Kellerasseln, und ich liebe mein Kind. Ich konnte mir nicht helfen.)

Es gab einen Hoffnungsschimmer, als es so aussah, als würde der für japanische Körperumfänge optimierte Sicherheitsbügel nicht über meinen Körper passen und meine Beine nicht in die für japanische Beinlängen abgemessene Fahrkapsel. Ich hatte die Sicherheitsbestimmungen, die an den Wänden des langen Gangs zu diesem furchtbaren Gefährt hingen, genau gelesen: Wer nicht passt, darf nicht fahren. Ich würde mich ohne große Empörungsszenen fügen und mich vom Personal durch den Notausgang diskret hinausbegleiten lassen. Kann man halt nichts machen. Viel Spaß, ihr beiden!

Leider konnte man doch was machen. Weitere Splash-Mountain-Mitarbeiter wurden herbeigerufen und schafften es schließlich mit vereinten Kräften, mich passend zu machen. Sie quetschten mich unter großer Anstrengung in den Baumstamm hinein und den Bügel über mich drüber.

Viel kann ich über die Fahrt nicht berichten, weil ich für die gesamte Dauer die Augen fest verschlossen hielt und kontemplierte, was ich bis zu diesem Zeitpunkt in meinem Leben alles erreicht hatte und ob es das wert gewesen war. Dann kam der große Fall.

Er war gar nicht so schlimm. Ich schrie wie alle anderen. Diesmal allerdings wirklich wie alle anderen: aus Spaß und aus Erleichterung, weil alles nicht so schrecklich war wie befürchtet und meine Chancen, mit dem Leben davonzukommen, plötzlich wieder erstaunlich gut standen. Die Spannung in meinen geballten Fäusten und zugekniffenen Augenlidern fiel von mir ab. Ich wurde sehr nass. Nasser als andere, was wohl daran lag, dass mehr von mir aus dem Baumstamm herausschaute. Es war wie eine Taufe. Ich war am Fuß von Splash Mountain neu geboren worden.

Draußen verkauften sie überteuertes Eis am Stiel in Micky- und Minnie-Form. Ich wollte dieses Eis am Stiel. Ich wollte es, wie ich noch nie etwas gewollt hatte. Ich wollte es mit allen meinen neu erwachten Sinnen schmecken, es erleben, wie ich noch nie ein Speiseeis erlebt hatte. Howdy und Halleluja. Yippie Ya Yeah, Mausebacke.

Disneyland im Dunkeln

Bevor wir uns zum Disney-Shuttlebus begaben, der uns zum Abendessen ins Disney-Hotel bringen würde, wonach wir möglicherweise für ein bisschen Abendstimmung ins Disneyland zurückshutteln würden, sagte Junko: »Ich werde mal jemanden aus dem *Cast* fragen, von wo man das Feuerwerk am besten sehen kann.«

»Aus dem was?«

»Aus dem *Cast*. Der Besetzung. So nennt man hier das Personal. *Cast* statt *Staff*.« Junko fragte also das Cast-Mitglied und kam glücklich zurück zur Familie: »Von überall, hat er gesagt.«

Ich war ebenfalls glücklich: »Also auch von unserem Hotelzimmer aus.«

Sie sah mich an, als hätte sie vorgeschlagen, ein sterneprämiertes Fischrestaurant aufzusuchen, und ich hätte ihr stattdessen Sushi aus dem Convenience Store mitgebracht. Einer der größten kulturellen Unterschiede zwischen Japan und Deutschland ist, dass Japaner Feuerwerk ganz, ganz, ganz doll lieben, während Feuerwerk für Deutsche lediglich etwas ist, was sie an Silvester über sich ergehen lassen. Für die Gescheiten zumindest. Ich versuchte, meine unsensible Bemerkung nachträglich als Witz hinzustellen, hatte dabei aber genauso wenig Erfolg wie jeder andere Ehemann, der jemals versucht hat, mit diesem verzweifelten Manöver durchzukommen.

***

Nichtsdestotrotz gab sich Junko schließlich geschlagen. Wir saßen in Schlafanzügen auf unseren Hotelbetten und hatten der Erschöpfung den Sieg ohne Missgunst zugestanden, als Junko einen Blick auf ihr Mobiltelefon warf. »Noch immer über eine Stunde Wartezeit«, sagte sie.

Ich antwortete: »Gib es auf. Wir werden Micky nicht mehr treffen. Nicht dieses Mal. Es ist vorbei. Lösch die App. Ich habe es gerade getan. Wir sind frei. Nach dem Frühstück morgen kaufen wir noch ein paar Andenken mit Ohren, dann kehren wir zurück in die echte Welt.«

Junko sagte, sie würde die App sofort löschen. Aber ich bezweifle, dass sie es jemals getan hat.

Als sie ihr Telefon weglegte, erhellte sich der Nachthimmel hinter unserem Hotelzimmerfenster. Wir rissen die Vorhänge beiseite, um hinauszusehen.

Wir hatten den perfekten Platz gewählt, um das Feuerwerk anzuschauen. Oder hatte er uns gewählt? Wer mochte das schon so genau sagen an solch einem magischen Ort.

Pandemie, Selbstzensur und andere Menschheitsübel

Natürlich bereist niemand Disneyland nur, um seiner Familie eine Freude zu bereiten, sich seinen Urängsten zu stellen und die Country-Musik neu für sich zu entdecken. Man besucht es auch, um hinterher einen launigen Artikel darüber zu schreiben und zumindest einen Bruchteil der nicht unbeträchtlichen Reise- und Unterhaltungskosten wieder reinzubekommen. (Kürzlich las ich einen Artikel über Vergnügungsparks von jemandem, der in der Verfasserzeile ernsthaft als »Vergnügungsparkjournalist« identifiziert wurde. Da staunte ich mal wieder, was es alles für Berufe gibt. Soll mir keiner erzählen, der Journalismus stecke in einer Krise.)

Mein Disney-Artikel sollte im Rahmen der Kolumne *Tokyo Daddy Issues* erscheinen, die ich unregelmäßig für die Online-Ausgabe des Stadtmagazins *Tokyo Weekender* befülle. Jedoch gerade als mein Manuskript in der Redaktion eintrudelte, erkannte die Welt inklusive Japan und Disneyland, dass dieses Corona-Ding wohl doch etwas mehr ist als eine interessante Story aus den Auslandsnachrichten. Japan und Disneyland machten flugs die Schotten dicht, und mein Redakteur meinte, man wolle den Artikel aufschieben, bis wieder alles in Ordnung sei, in ein paar Wochen vermutlich. Ich wollte zunächst argumentieren, dass der Text ja nicht als nutzwertige Reiseanleitung verfasst sei, sondern zur allgemeinen

Belustigung gedacht, und wann könne man allgemeine Belustigung besser gebrauchen als genau jetzt? Aber ich ließ es. Das Geld war schon auf dem Weg, und eigentlich passte mir eine spätere Veröffentlichung nicht schlecht in den Kram. Da hatte ich was in der Hand, wenn die Ideen mal weniger quirlig sprudelten. Die Kolumne hatte bereits vor einiger Zeit von einem zwar inoffiziellen, jedoch lange von mir eisern eingehaltenen monatlichen Erscheinungsrhythmus zu »*immer, wenn mir etwas einfällt*«, gewechselt, und das wurde immer seltener. Je vernünftiger die Kinder werden, desto weniger haben die Väter darüber zu schreiben. Vielleicht erhöhe ich die Kolumnenfrequenz wieder, wenn Hanas Pubertät eintritt.

Im Juli, ganze vier Monate später, öffnete Disneyland die Schotten wieder, doch der Artikel blieb unveröffentlicht. Inzwischen hatte sich nämlich im Zuge der leider bitter notwendigen Black-Lives-Matter-Bewegung eine Kontroverse um die Attraktion Splash Mountain entsponnen. Offenbar basiert der nasse Spaß auf dem Film *Onkel Remus' Wunderland* von 1946, der schon lange als so rassistisch gilt, dass Disney ihn seit rund vierzig Jahren nicht mal mehr mit Warnhinweis zeigen mag. Ein Umstand, der mir ebenso wenig bekannt war wie der Film selbst. Wieder erwog ich, dennoch für eine Veröffentlichung meines Artikels zu plädieren, vielleicht mit einer Vorbemerkung: »*Dieser Text wurde vor dem Ausbruch der Coronakrise geschrieben und bevor der Autor wusste, dass Splash Mountain rassistisch ist.*« Derlei Flapsigkeit hätte der Sache jedoch den verdienten Ernst genommen und nahegelegt, dass ich selbst die Sache nicht ganz ernst nähme, was in keiner Weise den Tatsachen entspricht. Eine ernstere Vorbemerkung hätte derweil nicht zum unernsten Text gepasst, und ganz ohne Kommentar war er einfach nicht mehr zeitgemäß. Die Zeit verstreicht halt in einigen Zeiten schneller als in anderen. Darüber zu motzen macht bloß alt und hässlich.

Von Selbstzensur möchte ich in diesem Zusammenhang allerdings nicht sprechen. Selbstzensur hatte ich nämlich anlässlich eines anderen Textes meiner Kolumne ebenfalls schon einmal praktiziert, und der Fall hatte gänzlich anders gelegen. Ich hatte mich freundlich über einen Besuch der Kindergartenklasse meiner Tochter in der schwedischen Botschaft in Tokio lustig gemacht, den ich als freiwilliger Aufseher begleitet hatte (als Kolumnist hat man ja sonst nicht viel zu tun). Die Kinder zwischen drei und sechs waren dabei einer Ausstellung äußerst blutrünstiger Horrorcomics ausgesetzt gewesen (und wenn ich die als Genre-Connaisseur extrem finde, dann heißt das schon etwas), die zufällig gerade im Botschaftsfoyer reüssierte. Als wäre das nicht genug, wurden die Kleinen danach mit ewig langen Powerpoint-Präsentationen über schwedische Adelsgeschlechter und Hausmannskost gegängelt und bekamen hinterher auch noch plane Einwegkugelschreiber geschenkt. Da hatte sich also jemand mal richtig Gedanken über die Zielgruppe gemacht. Außerdem verwirrte es die Kinder, dass die ganze Veranstaltung auf Japanisch abgehalten wurde, obwohl sie als Eleven eines internationalen Kindergartens Englisch oder Schwedisch erwartet hatten. Ich hörte, wie ein kleiner Bub argwöhnisch bis ängstlich seinem Sitznachbarn zuflüsterte: »Japanisch? Ist das okay?«

Wer sich derweil exzellent auf den Botschaftsbesuch vorbereitet hatte, waren die Kinder. Sie hatten »Jingle Bells« auf Schwedisch einstudiert (»*Bjällerklang, bjällerklang, hör dess dingle-dång*«), ebenso die traditionelle schwedische Weise »Mamma Mia« (»*Mamma mia, here I go again, my my, how can I resist you?*«). Dieser Vorfall ist nun zwei Jahre her, doch haben sich die beiden Lieder bis heute fest in meinem Gehörgang eingenistet.

Keines der Vergehen der schwedischen Botschaft hatte ich in meiner Kolumne so sarkastisch geschildert wie hier, sondern in dem liebevollen, harmlosen Augenzwinker-Sound, den ich mir angewöhnt hatte, seit ich begriffen hatte, dass der Sarkasmus ein schwarzes Federkleid ist, das nur die Jugend elegant tragen kann. Im Alter ist der Sarkasmus von starrsinniger Nörgelei kaum zu unterscheiden und sollte nur zur Notwehr mobilisiert werden. Ich hatte sogar erwähnt – und damit war es mir ernst –, dass ich in Erwägung zöge, ohne minderjährige Begleitung der Botschaft einen weiteren Besuch abzustatten, um mir die Horrorcomic-Ausstellung ganz in Ruhe anzusehen. Dazu ist es nur nicht mehr gekommen, weil der Tag unseres Besuches auch der letzte Tag der Ausstellung gewesen war. Als hätten sie nur noch eben auf die Kleinen gewartet.

Als ich am Morgen, nachdem meine Kolumne erschienen war, Hana im Kindergarten abgeliefert hatte, wurde ich ins Büro des Rektors zitiert.

Ich konnte mir bereits denken, worum es ging, und lud mich auf dem kurzen Weg schon mal mit selbstgerechtem Zorn auf. Selbstverständlich hatte er meine harmlose, freundliche Schmunzelkolumne missverstanden, weil Leute wie er immer alles missverstehen. Er würde von mir verlangen, sie aus dem Netz zu nehmen, und ich würde ihm was husten. Ich würde was husten von Pressefreiheit, Meinungsfreiheit, dem Recht auf freie Rede, Grundrechten, Menschenrechten und allerlei anderen Freiheiten und Rechten. Dazu würde orchestrale Musikuntermalung zuerst leise einsetzen, dann langsam anschwellen und schließlich durch das ganze Büro donnern. Später würde Steven Spielberg einen Film über meinen Kampf drehen (einen besseren Titel als *Mein Kampf* würden wir finden müssen), falls er dann noch lebte. Ansonsten Clint Eastwood.

Das Büro des Rektors war eigentlich keins, sondern der Aufenthaltsraum der kleinsten Kindergartenkinder, die gerade draußen wehrlose Kellerasseln mit ihrer Liebe überschütteten. Der Direktor war halt nur selten selbst in der Schule. Als Trendsetter erledigte er bereits das meiste aus dem Homeoffice, bevor alle das taten.

Wir nahmen einander gegenüber auf klitzekleinen Stühlen Platz. Ich nannte ihn Kewpie Freshface, allerdings nur in Gedanken. Kewpie ist ein japanisches Lebensmittelunternehmen, das vor allem für sein süßes Babymaskottchen und seine wohlschmeckende dünnflüssige Mayonnaise bekannt ist, für die der Firmenname oft synonym verwendet wird. Kewpie sponsert außerdem eine Dauer-werbesendung im Fernsehen namens *Kewpie Fresh Faces*, in der Jung-unternehmer mit innovativen Ideen vorgestellt werden (auf Unter-nehmerseite nicht komplett kostenfrei, könnte ich mir vorstellen, aber ich möchte hier keine Gerüchte über das ehrwürdige Format *Kewpie Fresh Faces* in die Welt setzen). Einmal war auch der Direk-tor von Hanas Kindergarten unter ihnen. Voilà: Kewpie Freshface, ein griffiger Spitzname, war geboren. Seine innovative Idee war ein Kindergarten, in dem Kinder etwas lernen, obwohl sie Spaß haben. Im japanischen Bildungswesen eine Provokation. Dennoch: Der Plan hat funktioniert. Trotzdem mochte ich ihn nicht allzu sehr. Er strahlte diese gelackte internationale Unverbindlichkeit ehemaliger Eliteschüler aus, auf die Niemals-Eliteschüler wie ich stets mit Neid, Missgunst und sehr erwachsenen Spitznamenkreationen reagieren.

Er sagte in seiner gelackten Art: »Mich hat Ihr Artikel überhaupt nicht gestört.« Nicht das überschwänglichste Lob, das ich jemals erhalten habe, aber ich nehme, was ich kriegen kann. »Und ich ver-stehe, dass jeder das Recht auf seine eigene Meinung hat. Darüber hinaus glaube ich, dass die Pressefreiheit ein ungemein wichtiges Gut ist.« Okay, damit nahm er mir ein wenig den Wind aus den Segeln. Selbst wenn ich das Aber bereits heraushören konnte. »Uns hilft so ein Artikel zu lernen, was wir bei weiteren Ausflügen besser machen können.« Ach, da war sie wieder, diese emotional erpresserische japanische Entschuldigung für die Vergehen anderer, gemischt mit einem der schmierigsten internationalen Rhetoriktricks: »*Ich möchte es nur verstehen, damit ich zukünftig klarer kommunizieren kann*« ist das neue »*Was sollte denn der Scheiß?!*«.

Da musste ich gleich widersprechen: »Mooo-ment. Ich habe über-haupt nicht die Organisation des Ausflugs von schulischer Seite kritisiert. Gut, vielleicht hätte Teacher Ayumi in der Pause nicht fröhlich rufen sollen: ›Jetzt könnt ihr auf Toilette gehen oder euch die Comics angucken, Kinder!‹ Aber ansonsten war es wie immer tipptopp. Die Kinder hatten die meiste Zeit Spaß, keinem ist was passiert, sie waren allesamt pünktlich wieder zu Hause, und bei dieser Powerpoint-Geschichte konnten sie wenigstens mal ein bisschen Schlaf nachholen.«

»Nun, ich wurde heute Morgen jedoch von der schwedischen Botschaft angerufen. Sie sind sehr aufgebracht.«

»Das kann ich mir nicht vorstellen. Schweden haben Humor.« Keine Ahnung, warum ich das gesagt habe. Jeder halbwegs lustige Schwede, der mir spontan einfiel – und das waren zugegebenermaßen nicht viele –, stellte sich bei genauerer Überlegung als Finne heraus. Vielleicht meinte ich Finnen. Vielleicht haben Schweden doch keinen Humor.

»Diese wohl nicht. Sie verlangen, dass der Artikel sofort gelöscht wird.«

Ich versuchte, ihn zu beruhigen: »Glauben Sie nicht all die Sprüche, die Sie übers Internet gehört haben. Es gibt kaum ein vergänglicheres Medium. Bald schon wird neuer sogenannter Content meinen von der Startseite verdrängen. Wahrscheinlich einer dieser Artikel, die jedes Jahr mindestens einmal kommen: Wie der Kimono mit frechen Farben, dynamischen Schnitten und innovativen Mustern jetzt aber wirklich ein Comeback feiert; wie der Internet-Kühlschrank für alle jetzt aber wirklich bald kommt; wie in Japan kaum noch jemand Sake trinkt, das Ausland derweil gar nicht genug davon bekommen kann. Übermorgen ist meine Kolumne jedenfalls von vorgestern, und man findet sie nur noch, wenn man gezielt danach sucht. Dazu müsste man erst mal wissen, dass es sie gibt. Das jedoch weiß dann schon lange keiner mehr.«

»Das habe ich denen auch gesagt«, meinte Kewpie Freshface. Schönen Dank auch. »Aber das reicht ihnen nicht. Die fordern eine komplette Löschung.«

Leise Musik setzte ein. »Die Freiheit des Menschen …«

»Ich weiß, ich weiß«, unterbrach er die Anfänge meines wohl-überlegten Monologs. »Sehe ich genauso. Aber wir müssen an die Kinder denken.«

»Wieso an die Kinder?« Ich denke kaum jemals an etwas anderes.

»Diese Botschafter«, er rollte mit den Augen, was ihn ein biss-chen sympathischer machte, »die tratschen wie die Waschweiber. Ich meine nicht nur in ihrer Botschaft, sondern auch in anderen Botschaften, mit Botschaftern aus anderen Ländern. Wir sind für unseren Landeskundeunterricht auf die Kooperation mit den Bot-schaften angewiesen. Wenn jetzt die anderen von den Schweden hören, dass es da irgendwelche negativen Rückmeldungen gege-ben hat, könnte es sein, dass wir nie wieder etwas von irgendeiner Botschaft bekommen. Es betrifft nicht nur Schweden, es betrifft potenziell ebenso England, Deutschland, Malaysia, die Solomoni-schen Inseln, Kenia …«

Ich hatte eine internationale Krise ausgelöst. »Okay, okay, ich verstehe. Gut, wenn die Zensur zum Wohle der Kinder ist …«

Ich rief also den zuständigen Redakteur an, Vater eines Soh-nes in Hanas Alter, schilderte ihm die Lage, und er antwortete: »Na gut, wenn es zum Wohle der Kinder ist.« Und: »Ab morgen wäre das Ding ja sowieso von der Startseite runter und damit quasi für immer weg.«

Im Lauf des Nachmittags, als ich bereits Vollzug gemeldet hatte, erreichten mich etliche panische Nachrichten von Kewpie Freshface: Die Schweden hätten es überprüft, würden den Artikel aber immer noch finden. Ich hatte die Diplomaten vor Augen, wie sie in ihren Büros nichts anderes zu tun hatten, als unentwegt die Aktualisieren-Schaltfläche in ihren Browsern zu betätigen, um zu sehen, ob er immer noch da war. Und jedes Mal riefen sie Kewpie Freshface an: »*Ist immer noch da!*«

Ich sagte, sie sollten versuchen, ihren Cache zu leeren, den Computer aus- und wieder anzuschalten, ihn vielleicht mal gegen die Wand zu werfen oder einander an die Köpfe.

Irgendetwas wird geholfen haben. Irgendwann sahen auch die Schweden meine Skandalkolumne nicht mehr. Es war, als hätte sie nie existiert.

***

Eines möchte ich noch über Kewpie Freshface sagen: Ich vermisse ihn. Ob mir seine Art und seine Visage nun passt oder nicht, ist völlig unerheblich. Die Einrichtung, die er ins Leben gerufen hat, ist ein wundervoller Ort der entspannten Bildung und des ausgelassenen Kinderlachens. Auch ohne seinen schrecklichen Werbeversprechen zu glauben, erkennt man, dass dort mit Fingerfarben und mehrsprachigem Ententanz die Entscheider, Mover und Shaker der Zukunft gedrillt werden. Es sei denn, »Jingle Bells« auf Schwedisch wird in diesen Kreisen zukünftig zum Aufnahmekriterium. Wir haben Hana nach gründlichem Reinschnuppern nicht dorthin geschickt, um ihr schon mal Bandagen für den harten Kampf in der freien Marktwirtschaft anzulegen, sondern weil wir einen Kindergarten mit Lehrern wollten, mit denen sich der Vater ohne sprachliches Handicap unterhalten konnte. Selbstverständlich sprach auch Kewpie Freshface tadelloses Englisch, wie es sich für den Leiter einer Bildungseinrichtung gehört, in der Englisch für Personal und Kinder Pflicht ist.

Leider wurde Kewpie Freshface' Indie-Kindergarten inzwischen von einer McKindergarten-Kette geschluckt. Es gab Anzeichen, dass die Übernahme nicht ganz freundlich verlief. Kewpie Freshface ist seitdem verschwunden. (Das klingt vielleicht dramatischer, als es ist. Ich persönlich weiß halt nicht, was aus ihm geworden ist. Seine Familie und seine bestimmt vielen guten Freunde sicherlich schon.) Von der neuen Einrichtungsleitung spricht niemand Eng-

lisch. Damit hat sie, meiner Meinung nach, ein Glaubwürdigkeits-
problem. Aber diese Meinung werde ich erst öffentlich äußern,
wenn Hana den Kindergarten verlassen hat.

**

Damals hatte das Drama um diese Kolumne mein Blut schon arg
in Wallung gebracht. Hätte ich mich unmittelbar an die schwedische Botschaft gewandt, hätte ich mich möglicherweise im Ton
vergriffen. Heute sehe ich die Episode viel entspannter. Vielleicht
schreibe ich den Botschaftern mal einen freundlichen Brief mit un-
verbindlicher konstruktiver Kritik, damit sie solche Fälle in Zukunft besser handhaben können. Das klänge dann ungefähr so:

Sehr geehrte alte Schweden,

was ich mal fragen wollte: Hallo? Geht's noch? Was ist denn bei
euch schiefgelaufen? Anstatt wissbegierigen Vorschulkindern
mit der Einstellung aller diplomatischen Beziehungen zu dro-
hen, lasst euch doch lieber mal ein paar Eier wachsen. Wenn
dann wieder so ein dahergelaufener Schreiberling etwas schreibt,
was ihr nicht ganz so toll findet, nehmt ihr es einfach mit ihm
selbst auf, anstatt es an Kindergartenkindern auszulassen. Ihr
Nasenlöcher. Und ich sage nur Nasen, weil mir andere Körper-
teile mit Öffnungen gerade partout nicht einfallen wollen.

Hochachtungs-Skål
Schreiberling

(Bläst Rauch von der Mündung seines Revolvers.)
Aber Schwamm drüber. Bald hatten wir sowieso ganz andere
Probleme.

Aus die Maus

**ALS DISNEYLAND SEINE
PFORTEN SCHLOSS,
SCHWANTE DER
WELT, DASS DIE LAGE
ERNST SEIN MUSSTE**

Wenn viele Menschen sterben, noch mehr Menschen körperlich oder seelisch leiden, etlichen Menschen das wirtschaftliche Fundament wegbricht, dann ist es kaum angebracht, durch die gespenstisch leeren Straßen zu hüpfen und zu flöten: »*Och, mir geht's eigentlich ganz gut.*« Trotzdem kann ich nicht verhehlen, dass ich der Pandemie anfangs mit einem arroganten Schulterzucken gegenüberstand. Ich gehörte keineswegs zu den Wirrdenkern, die meinten: »*Das ist doch nur so ein neumodischer Schnupfen, der sich ohnehin nicht durchsetzen wird!*« Gleichwohl fand ich still und stumm: »Das bisschen Zuhausebleiben werdet ihr ja wohl noch hinkriegen, ihr Heulsusen.«

Ein paar Wochen später verstand ich die Heulsusen. Nicht weil mir selbst das Zuhausebleiben nicht mehr gelingen wollte, sondern weil ich endlich verstand, im zarten Alter von fünfzig Jahren, dass Menschen wirklich unterschiedlich sind, wirklich unterschiedlich mit Situationen umgehen und wirklich unterschiedliche Dinge können oder nicht können. Ich kann zum Beispiel nicht: ungezwungen mit mehr als fünf mir unbekannten Leuten feiern, einen »draufmachen«, Small-Talk in jeglicher Form. Ich kann gut: mich alleine beschäftigen, zu Hause bleiben, einfach mal die Klappe halten. Ich hielt mich für nichts Besonderes, also dachte ich: Wenn ich das kann, kann das jeder.

Das kann aber nicht jeder. Manche können es genau umgekehrt. Wäre ja schlimm, wenn jemand alles könnte, quasi ein extrovertierter Introvertierter wäre oder umgekehrt. Der hätte es nicht leicht, von beiden Seiten neidisch angefeindet.

Ich lernte also zu verstehen, dass diejenigen in meinem (nun distanziertem) sozialen Umfeld, die auf dem Zahnfleisch die Wände hochgingen, weil sie nicht mehr allabendlich ihre Popos zwischen anderen Popos im Stroboskoplicht schütteln konnten, keine Heulsusen waren, die sich einfach nur mal ein bisschen zusammenreißen mussten. Die litten genauso echt, wie ich leiden würde, zwänge mich jede Nacht eine geheimnisvolle Infektion dazu, meinen Popo zu schütteln und mit anderen Poposchüttlern zu schäkern.

Die wichtigste Lehre, die ich aus der Pandemie gezogen habe, lautet also: Extrovertierte sind auch Menschen. Menschen mit Bedürfnissen. Deren Bedürfnisse mögen sich von meinen unterscheiden, doch das macht sie kaum trivialer. Vielleicht feiern wir mal zusammen, wenn das wieder geht. Sollte ich dann früher abhauen und mich nicht von jedem persönlich verabschieden, ist das nicht persönlich gemeint.

Die letzten Partys vor dem Ende

Zu den Privilegien des fortgeschrittenen Erwachsenenlebens gehörte es für mich, dass ich außer Familienfeiern, denen ich durchaus etwas abgewinnen kann, keine Partys mehr feiern musste. Ab einem gewissen Alter wurden sie eh seltener, und irgendwann musste man sich aktiv um sie bemühen, wenn sie einem wichtig waren, und das waren sie mir nicht. Ab diesem gewissen Alter wurde man nicht mehr allzu schief angeschaut, wenn man sich zu seinem häuslichen Naturell bekannte. Das kam mir sehr zupass.

In meinen Jahren in Tokio hatte ich trotzdem wieder ange-fangen, die eine oder andere Party wahrzunehmen. Erstens fühlte ich mich ob der Einladungen gebauchpinselt, zweitens versprach ich mir davon berufliche Vorteile. Beziehungsweise: Ich hatte die Befürchtung, berufliche Nachteile zu erfahren, wenn ich gewisse Einladungen ausschlüge. Beides ist Quatsch mit Soße. Partys hel-fen nur Partylöwen beruflich weiter. Für alle anderen gilt: Lieber fernbleiben und lieber keinen Eindruck machen als einen unvor-teilhaften. Das war mir vor der pandemiebedingten Zwangspause und Zwangsrückbesinnung auf die Häuslichkeit peinlichst bewusst geworden.

***

Meine vorletzte präpandemische Party wurde ausgerichtet von einem Magazin, für das ich gerne schreiben wollte. Es gab des Magazins Redesign, Relaunch und bestimmt noch andere Dinge mit Re- zu feiern. Ich war mit einem der niederen Redakteure befreundet, der mich an jenem Abend der Chefredakteurin vor-stellen wollte.

Veranstaltungsort war das Hotel Trunk in Shibuya, eine tren-dige Hipsterabsteige, die ich bisher nur vom Hörensagen kannte. Ich war überrascht, dass es von Shibuyas berühmtem Bahnhof mit der noch berühmteren Straßenkreuzung mit ihrem Neonlichter-glanz und Fußgängerverkehrsaufkommen doch noch ein ziemli-cher Marsch quer durch die Rabatte abseits des großen Trubels war.

Auf dem Weg passierte mir etwas, wovon ich dachte, dass es eigentlich nur Frauen passierte, und auch denen eigentlch nur in Film und Fernsehen, entweder als komische Nummer in Lustspie-len oder zur Spannungssteigerung bei Verfolgungsjagden durch den Wald: Mir brach ein Absatz ab.

Nein, ich trug an diesem Abend keineswegs meine Stilettos, sondern halbwegs elegante schwarze Herrenschuhe, die der Schimmel in unserem rettungslos moderigen Schuhschrank über die Jahre wohl stärker zerfressen hatte als erhofft (mehr zum desolaten Zustand unserer damaligen Wohnung später). Es handelte sich auch nicht um ein klassisches Abbrechen, eher um ein allmähliches Zerbröseln. Und es bröselte mit jedem Schritt weiter. Ich ließ eine Spur schwarzer Brösel hinter mir.

In Shibuyas unerwartet dunklen Nebenstraßen war das nicht weiter schlimm, aber auf dem Boden einer hell erleuchteten Hotelbar fiel es auf. Ich war entschlossen, mich so wenig wie möglich zu bewegen. Ich fand die Gäste grüppchenweise in Sitzecken vor, und es schien unpassend, sich bei einer wie selbstverständlich dazuzusetzen. Also setzte ich mich an die Bar. Ganz vorsichtig. Inzwischen ging ich rechts quasi auf Socke.

Der Platz an der Theke war strategisch doppelt günstig: Erstens in unmittelbarer Nähe der Getränke, zweitens hatte ich von dort die Garderobe gut im Blick. Sollte jemand kommen, den ich kannte, könnte ich ihn leicht abfangen und für mich beanspruchen.

Ich war etwas konsterniert, als die Barkeeperin von mir Geld fürs Bier verlangte, war ich doch davon ausgegangen, dass auf derlei Partys die geladenen Gäste sich gratis einen hinter die Binde kippen könnten. Aber ich sagte nichts. Ich mag Bier, und ich finde es nicht verkehrt, für Dinge, die man mag, zu bezahlen.

Neben mir bemerkte ich zwei deutsche Herren, angeregt plauschend. Da war es wieder, das alte Problem der deutschen Verklemmtheit. Sollte ich mich meinen Landsleuten als einer der Ihren zu erkennen geben? So wie es die Bewohner jedes anderen Landes in entsprechender Situation ganz selbstverständlich getan hätten? Oder sollte ich dabei bleiben, dass das albern wäre, denn was sagt diese zufällige und grobe Übereinstimmung von Geburtsorten (na gut: und Sprache und Kultur) schon über charakterliche Übereinstimmungen aus? (Jede Menge, wie ich inzwischen gelernt habe. Man kann den Deutschen aus Deutschland entfernen, allerdings nicht Deutschland aus dem Deutschen. Entsprechendes gilt natürlich für Österreicher, Äthiopier und Madagassen.)

Ich hatte Wichtigeres zu tun, als deutsche Konversation um der deutschen Konversation willen zu betreiben, beschloss ich. Ich bestellte noch ein Bier und beobachtete weiterhin mucksmäuschenstill die Garderobe.

Seltsam. Immer wieder sah ich Menschen dort verschwinden, die mir vage bekannt vorkamen. Aber sie kamen nie zurück. Vielleicht gingen sie sich noch die Nasen pudern, und ich bemerkte ihre Rückkehr nicht.

Möglicherweise bestellte ich noch ein drittes Bier, doch das kann ich heute nicht mehr genau rekonstruieren.

Wann würde eigentlich der Programmteil der Party beginnen? Irgendein Blattmacher würde doch bestimmt eine Rede halten, ein paar Leitsatzvorträge zum Besten geben und eine irre Videomontage über den irren neuen Look-and-Feel des Blattes abspielen?

Es tat sich nichts. Man konnte allmählich fast den Eindruck gewinnen, hier fände gar keine Party statt, sondern nur normaler Hotelbarbetrieb.

Allerdings sah ich bald jemanden kommen, den ich definitiv kannte und der ganz bestimmt wegen genau dieser Party hier war. Leider nicht jemand, dem ich allzu wohlgesonnen war. Ein Journalist, mit dem zusammen ich einmal eine Story für ein Lifestyle-Magazin für reiche und schöne Veganer machen sollte. Wir hatten allerdings gemein, dass wir beide nicht gerne zusammen mit anderen Storys machten – und noch dazu waren wir beide nur durchschnittlich attraktive, prekäre Flexitarier –, und so war das Projekt im Sande verlaufen.

Ich muss an dieser Stelle dennoch kurz eine Lanze für das englischsprachige Journalistenmilieu in Tokio brechen: ein einziger Kuschelverein. Da werden sich eher Aufträge zugespielt als weggeschnappt, obwohl die Auftragslage in dieser Nische nicht gerade schlaraffenländlich ist. Ich habe bisher fast jeden Kollegen, den ich kennengelernt habe, als sympathisch, hilfsbereit und großzügig empfunden. Nur den nicht, der da gerade vorbeigerauscht war. Der war mir von Anfang an wie ein wichtigtuerischer, neidzerfressener, missgünstiger kleiner Zwerg vorgekommen. Vielleicht dachte er dasselbe von mir, abgesehen von »kleiner« und »Zwerg«. Vielleicht hatten wir uns aber auch einfach auf dem falschen Fuß kennengelernt. Ich war bereit, einen Neuanfang zu machen. Heute Abend. Auch wenn ich speziell heute Abend wegen meines Hackenmalheurs ein wenig die Füße stillhalten musste. Ich nahm meinen Blick nicht von der Garderobe, hinter der der Zwerg verschwunden war.

Er blieb wie vom Erdboden verschluckt. Dabei war er so klein nun auch wieder nicht.

Ich beschloss, jetzt einmal selbst einen Blick hinter die Garderobe zu werfen, und humpelte los, eine Spur schwarzer Krümel hinter mir lassend.

Gleich um die Ecke befand sich ein Fahrstuhl! Und ein Schild! Auf dem stand, dass meine Party in einem der oberen Stockwerke stattfand. Keiner der mutmaßlichen Gäste, die ich vermutlich alle korrekt dem Ereignis zugeordnet hatte, hatten die Absicht gehabt, Mantel oder Stola zur Aufbewahrung abzugeben. Die sind nicht zur Garderobe gegangen, die sind zum Fahrstuhl gegangen!

Ich nahm den jetzt ebenfalls.

Ein kleines Geheimnis sei an dieser Stelle verraten: Es bedarf rauer Mengen von Alkohol, bis ich unberechenbar werde. Allerdings: Ein wenig beschwipst bin ich im Grunde schon nach dem ersten Schluck. Ist vielleicht was Pyso… Hyso… Psychologisches. Inzwischen war ich lange über den ersten Schluck hinaus. Zur Unberechenbarkeit war es noch ein weiter Weg, doch die Fassade des nüchternen Professionellen würde ich nur noch unter großer Kraftanstrengung aufrechterhalten können. »Hauptsache, ich trinke nicht noch mehr, bevor ich die wichtigen Leute treffe, also vor allem die Chefredakteurin«, dachte ich mir. Es war ja nun nicht mehr weit. Was sollte schon schiefgehen.

Den Fahrstuhl teilte ich mit einem rundlichen, geckenhaft bunt gekleideten Charmebolzen, der mich begrüßte, als hätten wir uns lange nicht mehr gesehen. Dabei waren wir uns noch nie persönlich begegnet, daran würde ich mich erinnern. Trotzdem erkannte ich sofort, wer er war. Mit aufrichtiger Begeisterung band ich ihm auf die Nase: »Alles, was ich über Sumo weiß, weiß ich von Ihnen! Ich lese immer Ihre Kolumne in der Zeitung.«

Er bedankte sich freundlich und fragte mich nach meinem liebsten Sumoringer.

»Gut, so viel weiß ich nun auch nicht über Sumo, dass ich mir die Namen merken könnte. Ich lese die Kolumne in erster Linie … wegen der Atmosphäre …«

Als wir aus dem Fahrstuhl in die tatsächliche Garderobe der Party traten, verloren wir uns irgendwie ganz schnell aus den Augen. Das war zugegebenermaßen nicht so richtig gut gelaufen. Aber was soll's – es konnte nur besser werden. Meine Füße krümelten auch nicht mehr ganz so stark, hatte ich den Eindruck, und der Teppich hier war schön flauschig unter meinem von der Schuhruine getarnten Socken.

Falls Sie nun denken, bei so einer Party gäbe es beeindruckende Videoprojektionen; indirekte Beleuchtung; klitzekleine Edelschnittchen; kein Getränk ohne »Craft« im Namen; unaufdringliche Bass-Töne aus dem gerade angesagtesten Untergenre eines Untergenres der Dub-Familie; Gäste, angetan mit diamantenem Lächeln sowie der exzentrischsten Garderobe der angesagtesten Avantgardedesigner der Stadt …

… dann haben Sie genau die richtige Vorstellung. Nur zwei Gäste wirkten darin ein wenig fehl am Platze: mein Redakteursfreund und ich. Wir waren beide erleichtert, uns zu sehen und jemanden zum Quatschen zu haben, anstatt allein und kontaktscheu im Raum herumzustehen, als würde man auf jemanden warten, was man im Grunde ja auch tat.

Wir beschlossen, erst mal etwas zu trinken. Erst den Craft-Rotwein, den mein Freund schon für uns besorgt hatte, dann ein Craft-Bier, auf das er bestand, weil es als »*German Style*« ausgeschildert war und er meine ehrliche Meinung darüber wissen wollte. Zu diesem Zeitpunkt schmeckte es mir genauso gut wie der Drink davor oder der danach. Bei dem danach handelte es sich um Craft-Prosecco, weil wir selbstverständlich auch noch auf den freudigen Anlass anstoßen mussten, aus dem wir heute zusammengekommen waren, welcher immer das gewesen sein mochte. Ach ja.

Dann war es endlich Zeit, die Chefredakteurin kennenzulernen. Frauen mit Feen oder Elfen zu vergleichen ist seit dem großen Björk-Boom der neunziger Jahre eigentlich verboten. Aber wenn einem eine zierliche Blonde mit Bubikopf in einem silbernen Glitzerkleid derart entgegenschwebt, wie diese Chefredakteurin es in diesem Moment tat, wie sollte man da anders können?

Mein Freund stellte uns vor. Ich nahm ihre zierlichen weißen Fingerchen in meine große rote Hand, und es blubberte aus mir heraus: »Ich will was für euch schreiben! Ich habe sogar schon … Dings … Ideen!«

Trotz meines Zustands und ihres tadellosen Benehmens konnte ich die Irritation hinter ihrem Lächeln erkennen. »Na denn. Ideen sind wichtig …«

»Nicht dass die mir jetzt gerade einfallen würden … Aber jetzt und hier ist vielleicht sowieso nicht der Ort und die Zeit …«

»Wahrscheinlich nicht …« Andere Gäste mit diamantenem Lächeln und zusammenhängenden Sätzen zerrten bereits wieder an ihr. Dennoch schenkte sie mir ein weiteres Sekündchen ihrer Elfenzeit und hauchte: »Ich habe schon einige Sachen von dir gelesen, die haben mir wirklich gut gefallen.« Sie sagte das so, als

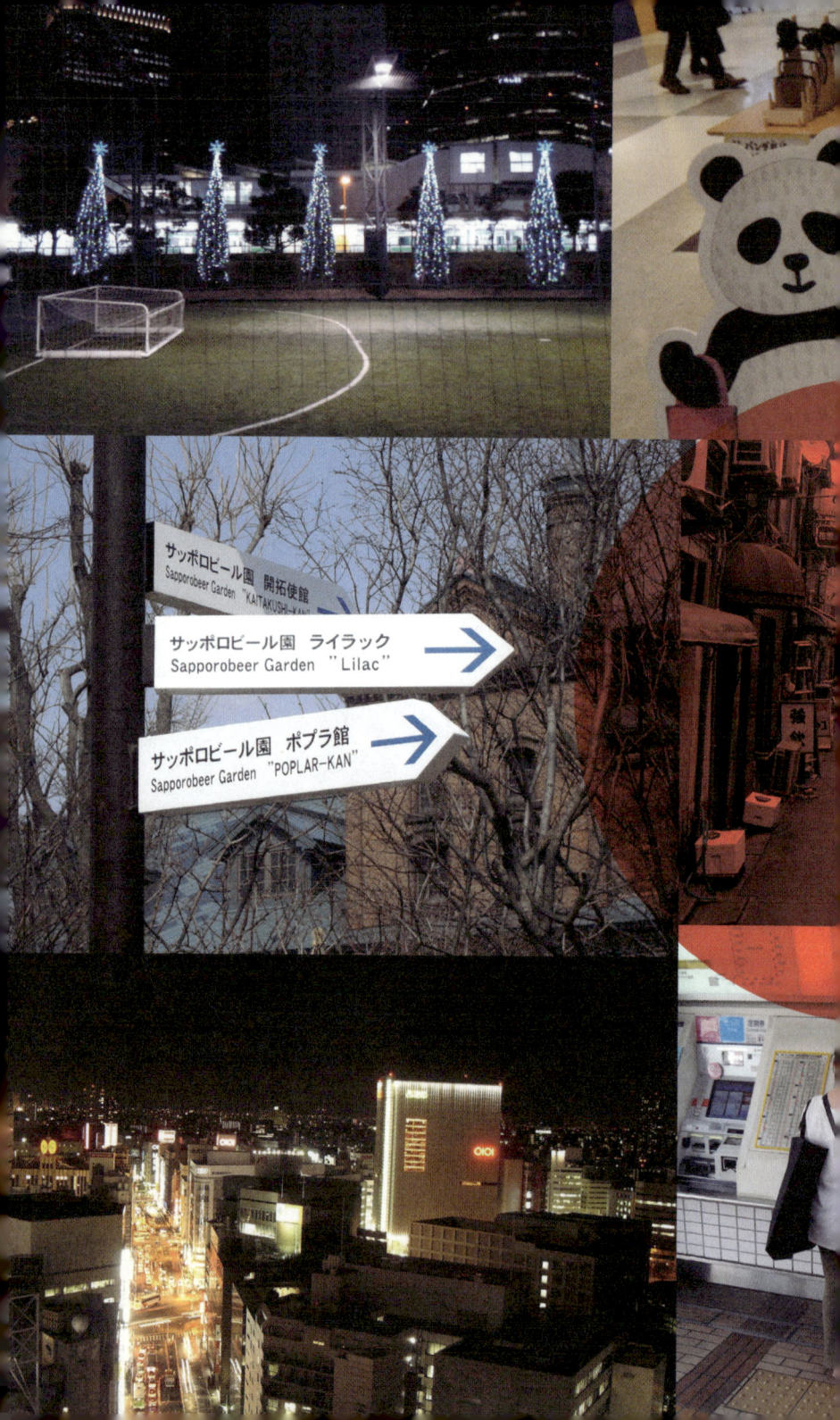

サッポロビール園　開拓使館
Sapporobeer Garden "KAITAKUSHI-KAN"

サッポロビール園　ライラック
Sapporobeer Garden "Lilac" →

サッポロビール園　ポプラ館
Sapporobeer Garden "POPLAR-KAN" →

ck!

your flight.

meinte sie es ehrlich. Sie sagte es außerdem so, als wollte sie des Weiteren sagen: »*... und ich frage mich gerade, wie ich diesen brabbelnden, besoffenen, humpelnden Idioten, der eine seltsame schwarze Dreckspur hinter sich herzieht, mit dem Verfasser dieser filigran gearbeiteten Zeilen, die mich so bewegt haben, übereinbringen soll.*«

Dann war sie weg, meinen Freund hatte sie mitgenommen.

Ich hatte aber noch etwas im Glas, und jetzt zu gehen wäre ja ein Eingeständnis der Niederlage. Dazu war ich nicht bereit. Ich würde einfach noch ein bisschen herumstehen und trinken. Jetzt konnte es schließlich wirklich nur noch besser und nicht mehr schlimmer werden.

Ich sah den kleinen Giftzwerg, mit dem ich mich versöhnen wollte. Er kam direkt auf mich zu, flankiert von zwei Frauen, die ich für Models halten musste und die ihn um einiges überragten. Freundlich hob ich die Hand, öffnete den Mund zum Gruße ...

... und der Zwerg stolzierte mit seiner Mini-Entourage einfach an mir vorbei. Ich stand da, gefroren in einer albernen Winkegeste mit offenem Mund. Erniedrigt wie ein Jugendlicher, dem der High five verweigert worden war.

Also keine Versöhnung. Und über ambivalente Animositäten waren wir nun ebenfalls hinaus. Die Karten waren auf dem Tisch, die Würfel gefallen. Das bedeutete Krieg.

Aber nicht mehr heute. Erst mal brauchte ich bessere Schuhe. Oder überhaupt Schuhe. Ich humpelte zurück zum Bahnhof, das kalte, harte Pflaster unter meinem rechten Socken deutlich weniger angenehm als der flauschige Partyteppich.

* * *

Eine gute und noch eine gute Nachricht. Die eine: Meine allerletzte Party vor dem Beginn der Coronaära verlief nicht ganz so desaströs wie diese vorletzte. Die andere gute Nachricht: Sie verlief immerhin desaströs genug, um mich endgültig zu überzeugen, dass die meisten Partys mich weder beruflich weiterbringen noch mir persönliches Vergnügen bereiten.

Es handelte sich um das traditionelle Jahresendbesäufnis (japanisch: *Bōnenkai*) eines Unternehmens, dem ich gelegentlich mit schriftlichen Wortbeiträgen aushalf. Das Ganze fand in einem irischen Pub im ausländerfreundlichen Amüsierviertel Roppongi statt. Gleich zwei rote Tücher für mich, aber was tut man nicht alles für die Karriere.

Irish Pubs. Ich habe diesen Einrichtungen nie getraut. Ich war wohlgemerkt nie in Irland und habe keinen Zweifel, dass die irischen Pubs dort ganz wunderbar sind. Vielleicht reise ich irgendwann mal hin, wenn es wieder problemlos geht, und werde Irland-Fan. Bis dahin müsste ich mich mit den irischen Pubs in Japan zufriedengeben, und das tue ich nicht. Sie sind mir so suspekt, wie es stets auch die in Deutschland waren. Sie scheinen überall auf der Welt (außer in Irland, vielleicht) das gleiche austauschbare Grölpublikum anzuziehen und machen auch ansonsten einen generischen, unauthentischen Eindruck auf mich. Starbucks für Bier. Wer an diesem Bild nichts schrecklich findet, der hat wahrscheinlich größere Probleme als ich, und das tut mir von ganzem Herzen leid. Darauf ein Kilkenny. Aber wirklich nur eins, nämlich ohne mich.

Nur an jenem Abend eben doch mit mir. Oft habe ich den Eindruck, einander unbekannte Erwachsene können kaum über etwas anderes sprechen als über *Game of Thrones* und darüber, was sie beruflich machen. Da sich mir der Reiz des Ersteren bisher nicht erschließen mochte, war ich zunächst den üblichen Schriftstellerfragen ausgesetzt. Dass dabei die Frage nach der Herkunft der Ideen an erster Stelle stünde, ist ein hartnäckiges Gerücht, das ich so nicht bestätigen kann. Ich wurde bisher bestenfalls ein- oder zweimal gefragt, woher ich bloß um Gottes willen all meine brillanten Einfälle nähme. Vielleicht weil meine Ideenlosigkeit so offensichtlich ist. Eine Frage, die ich entschieden häufiger höre, soll gleichzeitig ein gewiefter Ratschlag sein: »*Warum schreiben Sie nicht mal so einen Bestseller wie diesen* Harry Potter?« Eine andere, zeitgenössischere Variante taucht ebenfalls oftmals auf: »*Warum schreiben Sie nicht mal so eine Netflix-Serie?*«

Darauf murmele ich als Antwort meistens etwas über mein fortgeschrittenes Alter, mit dem ich keine Chance hätte, bei so einem jungen und verrückten Medium wie dem Fernsehen quereinzusteigen. Dabei stimmt das gar nicht. Wir leben in einer Platin-Blase des Fernsehens. Noch nehmen sie alles und alle. Das mag freilich nicht mehr lange anhalten, irgendwann müssen schließlich auch Netflix & Co. mal Ausgaben gegen Einnahmen verrechnen. Dann bekommt vielleicht nicht mehr jeder Schulabbrecher und Frührentner seine eigene Serie. Meine Arbeit fürs Fernsehen verläuft größtenteils heimlich, deshalb würde meine ehrliche Antwort auf die Frage nach dem Verfassen so einer Netflix-Serie lauten: »*Das habe ich schon, aber wenn ich davon erzähle, werde ich auf drei Kontinenten verklagt. In Sprachen, von denen ich nur eine ausreichend verstehe.*« Aber stattdessen murmele ich halt etwas über das Alter und den Jugendwahn, was niemand so interessant findet, wie es die Wahrheit womöglich wäre.

Immerhin hatte ich auf der besagten Party einen anderen Schriftsteller aufgegabelt. Im Hauptberuf war er Historiker, sein bislang einziges Buch handelte von der schwierigen Beziehung zwischen Japan und Korea. Dennoch versprach ich mir von ihm eine gehaltvollere Konversation und angemessenere Fragen.

Stattdessen fragte er: »Wie lange dauert es eigentlich, so ein Buch zu schreiben?«

Sollte er nicht eine ungefähre Vorstellung haben, wenn er es selbst bereits einmal getan hatte? Kann sich nicht ohnehin jeder denken, der schon mal in eine Buchhandlung oder Bibliothek gegangen ist und dort all die Bücher unterschiedlichen Umfangs wie unterschiedlichen Anspruchs gesehen hat, dass es darauf keine pauschale Antwort geben kann? Trotzdem versuchte ich es: »Also, das kommt natürlich drauf an. Wenn man sich alles einfach so ausdenken kann, wie zum Beispiel bei einem Roman oder einer Autobiografie, geht es schneller, als wenn man aufpassen muss, dass man keinen Quatsch schreibt, wie zum Beispiel bei einem Sachbuch. Und dann ist der angestrebte Umfang des Buches auch nicht ganz unwesentlich. Bei meinen Büchern – das waren Sachbücher und Romane zwischen etwas über 200 und etwas unter 400 Seiten – haben die reinen Schreibarbeiten so zwischen drei und sechs Monate gedauert. Danach kommt natürlich noch das Lektorat, und vor dem Schreiben geht ein bisschen Zeit für gründliches Fingergelenkeknacken vor dem leeren Bildschirm drauf.«

Er plusterte sich auf und tönte: »Also, an meinem habe ich ZWÖLF JAHRE gearbeitet!« Als ob es das besser machte. Als ob mich das als Schmierenschreiber enttarnte.

Außerdem: Selbstverständlich hatte er nicht zwölf Jahre an seinem Buch gearbeitet. Es wurmt mich schon in der Buch-PR stets, wenn Verlage behaupten (und die Berichterstatter es unkritisch nachplappern), Soundso habe soundso viele Jahre (selten weniger als zweistellig) an seinem oder ihrem neuesten Meisterwerk gearbeitet. Als wäre Langsamkeit ein Verdienst. Niemand arbeitet zwölf Jahre von anderer Arbeit unbelästigt an einem einzigen Buch. Kein Verlag zahlt derartige Vorschüsse. Schon gar nicht für ein Buch über ein so interessantes, aber leider kaum die Massen bewegendes Thema wie das Verhältnis zwischen Japan und Korea. Was dieser Autor tatsächlich zwölf Jahre lang gemacht hatte, war, tagein, tagaus in seinem Brotberuf zu arbeiten und nur gelegentlich an seinem Manuskript. Wie eben die meisten anderen Schriftsteller auch. Das kann dann dauern. Ich habe selbst seit den Neunzigern ein unfertiges, inzwischen technisch und gesellschaftlich hoffnungslos veraltetes Science-Fiction-Epos auf meiner Festplatte versteckt, das ich einfach nicht aufgeben möchte. Hin und wieder bastle ich ein bisschen daran herum, aber immer mit mehreren Jahren Pause dazwischen. Ganz tief in meinem Innern weiß ich, dass ich es niemals zu Ende bringen werde (andere innere Stimme: Nein, das ist eine dreckige Lüge!). Und noch etwas weiß ich: Sollte ich es doch jemals vollenden und sollte ein Verlag es verlegen wollen, sagen wir mal: über den Daumen gepeilt in zehn Jahren, dann werde ich ihm verbieten zu behaupten, dass ich »*über dreißig Jahre*« daran gearbeitet hätte. Weil es eben nur so relativ wahr wäre, dass es eigentlich komplett gelogen ist.

Aber das sagte ich zu meinem Gesprächspartner nicht, sondern stattdessen so etwas wie: »Wirklich? Zwölf Jahre? Wow!« Ich bin ja höflich.

Danach wurde die Konversation schleppend, und ich merkte, wie der langsame Historiker sich im Raum nach attraktiveren Gesprächspartnern umsah. Ich hatte allerdings schon mit allen anderen über *Harry Potter* und Netflix gesprochen, deshalb wollte ich diesen behalten, zumindest, bis ich ausgetrunken hatte und mich davonschleichen konnte.

Ich verwickelte ihn in ein Gespräch über Australien, seine Heimat. Australien ist für mich wie Irland: Nie dort gewesen, aber bestimmt hat es seine Reize, wenn man sich erst mal aufraffen kann. Das Einzige, was ich zum Thema beisteuern konnte, war: »Wir haben Freunde in Australien. Vielleicht besuchen wir die bald, wenn nichts passiert.«

»Was soll denn schon passieren?«

»Keine Ahnung.«

»Weißt du, was du mal schreiben solltest?«

»Nein …?«

»Eine von diesen Netflix-Serien.«

Glücklicherweise war mein Glas jetzt leer. Ich verabschiedete mich zum Gehen.

»Willst du nicht noch eins bestellen?«

»Ich hatte schon reichlich, und ich muss noch arbeiten.« Es war mein erstes Glas.

»Woran arbeitest du denn gerade?«

»An einem Bestseller.«

Und wenn ich nicht gestorben bin, dann arbeite ich noch in zwölf Jahren daran.

Die erste Party nach dem Ende aller Partys

Wenn ich meinte, durch die Pandemie in Sachen Party endlich meine Ruhe zu bekommen, dann war ich jedoch schief gewickelt. Familienfeiern nicht eingerechnet, nahm ich bislang im Jahresdurchschnitt ungefähr zwei Partys wahr (die beiden von 2019: s. o.). Im Frühjahr 2020, als die Welt das Haus nicht verlassen durfte und ich eigentlich geschworen hatte, mich auf diesen Unsinn nicht mehr einzulassen, waren es plötzlich drei in einem Monat. Und eine von denen hatte ich sogar selbst organisiert.

Es handelte sich um sogenannte *On-nomi*, zusammengesetzt aus *Online* und *Nomikai* (japanisch: Trinktreffen), den traditionellen japanischen Zusammenkünften mit Getränken. Sie waren ein willkommener Störfaktor in der Pandemieroutine. Man hatte wieder einen Grund, sich zu rasieren, das Hemd zu bügeln, überhaupt ein Hemd anzuziehen. Duschen blieb weiterhin optional.

Hygienisch sehe ich mich nicht als Problemfall, aber tägliches Rasieren sehe ich nicht ein, und während der japanischen Very-Light-Version eines Lockdowns ließ ich es noch ein wenig wilder wuchern als in unbeschwerteren Zeiten. Meine Frau und meine Tochter behaupten, ihnen gefiele der Wuchs. Mir eigentlich nicht, aber ich bin faul. Bevor ich allerdings auf den Bildschirmen Fremder zu Gast sein würde, legte ich die Klinge an.

Als bei der ersten dieser Zusammenkünfte, zu der ich von einer Social-Media-Bekanntschaft eingeladen worden war, alle vor ihren Kameras versammelt waren, wurden weitere Vorteile solcher Zusammenkünfte deutlich: Niemand musste zum Rauchen auf den Balkon gehen, und niemand machte sich Sorgen, ob er die letzte Bahn noch bekommen würde (andererseits konnte diese nicht mehr als Ausrede für einen frühzeitigen Aufbruch herhalten). Auch wurden Orte und Zeitzonen plötzlich beinahe irrelevant. Wenn die einen noch beim ersten Kaffee und die anderen schon beim zweiten Bier sind, mag das zwar nicht ideal sein, ist aber allemal besser, als gar nicht zu feiern (wenn man denn so drauf ist).

Selbstverständlich gab es auch Nachteile. Wenn man die Möglichkeit hat, in seinem eigenen kleinen Bildschirmfenster ständig sein Äußeres zu überprüfen, dann tut man das auch. Man wird sich all seiner Ticks allzu bewusst. *Berühre ich wirklich ständig meinen Mund? Ist das nicht genau das, was man dieser Tage* nicht *tun sollte?* Bei meinem ersten *On-nomi* nutzten wir die plötzlich populäre Zoom-Plattform, die bessere Bildqualität versprach, als man es von etablierten Lösungen kannte. Aber wer will das denn? Zwanzigjährige professionelle Models? Ich wurde ob meines Aussehens unsicherer, als ich es jemals auf echten Partys gewesen war. War mein Gesicht wirklich so rot? Am liebsten hätte ich ein Schild in die Kamera gehalten: »*Es ist nicht meine Haut, es muss das Licht sein!*«

Im Vorfeld hatte ich mich gefragt: Was sind das überhaupt für Leute, die an Online-Partys teilnehmen? Nach meinem ersten Selbstversuch stellte ich fest: so ziemlich dieselben, die auch an richtigen Partys teilnehmen. Die meisten Jungs und Mädchen wollten nur Spaß. Manche suchten nach Investoren für ihre Startups, andere einen, der amouröse Gefühle und ernsthafte Heiratsabsichten in sie investierte. Letztere trugen ihre Anliegen genauso unzweideutig vor wie die Geschäftemacher; im Online-Raum ist kein Platz für Subtilitäten (daher auch die Erfindung der Emojis).

Diese meine erste Online-Party hatte die Einladungen recht großzügig gestreut. Meine zweite fand in deutlich kleinerem Kreis statt und war deutlich japanischer. Deshalb wurde weder Zoom noch Skype verwendet, sondern etwas, was im Rest der Welt kein Schwein kennt. Wegen Galapagos.

Saufen auf Galapagos

Die Galapagosinseln begeistern Auswärtige mit Spielarten von Flora und Fauna, die nur dort existieren und nur dort existieren können. Darum wurde auch das in meiner Wahlheimat stark verbreitete Galapagos-Syndrom nach ihnen benannt. Jenes nervt Auswärtige in Japan mit technologischen Standards, die mit denen im Rest der Welt nicht kompatibel sind. Geboren werden solche Lösungen oft aus dem japanischen Exzeptionalismus heraus, also der Japanerinnen und Japaner Glauben, sie und ihr Land wären irgendwie anders als der Rest der Welt (wie die Galapagosinseln halt). Dieses Beharren auf Einzigartigkeit kann bisweilen amüsant sein, oft geht es auf die Nerven, und meistens liegt es irgendwo dazwischen. Besonders bei konstanter Konfrontation damit nutzt sich der Charme ein wenig ab. Ich habe höflich gestaunt, als mir erklärt wurde, Japan habe vier unterschiedliche Jahreszeiten: Frühling, Sommer, Herbst und Winter. Ich habe indigniert geschmunzelt, als man mir anvertraute, Japaner seien leider so gebaut, dass ihnen der Rücken schmerze, wenn sie zu lange krumm sitzen. Ich bin fast aus der Haut gefahren, als mir dann jemand mitteilte, japanische Secondhandschallplatten könne man deshalb so bedenkenlos kaufen, weil Japaner ihre Platten beim Reinigen nur am Rand anfassen würden. Ich wollte schreien: »*Überall! Überall auf der Welt werden Schallplatten nur am Rand angefasst! Das ist internationaler gesunder Menschenverstand, keine uralte japanische Kulturtechnik! Und vier Jahreszeiten gibt es so gut wie in jedem Land, das nicht gerade direkt auf dem Äquator liegt! Und überall, wo die Menschen im Sitzen arbeiten, tut ihnen der Rücken weh!*«

Es sollte also nicht wundern, dass japanische *On-nomi*-Enthusiasten eine Software-Lösung brauchten (oder zumindest ungefragt bekamen), die es nur in Japan gibt und die speziell auf die exotischen japanischen Bedürfnisse (Hobbys: trinken und quatschen) zugeschnitten ist: Tacnom. Abgeleitet von *taku nomi* heißt das: trinken zu Hause. Nun ist es ja keineswegs so, dass andere Videochat-Lösungen in irgendeiner Art und Weise Vorbehalte hätten, wie man sie nutzt. Wir alle haben schließlich die AGB von Skype und Zoom bis aufs letzte Komma gelesen, bevor wir »Einverstanden« geklickt haben. Somit wissen wir, dass da nirgends etwas davon steht, dass man beim Schnacken höchstens Getreidetee zu sich nehmen dürfe. Selbst die nüchternsten Programme dieser Art haben inzwischen Witzhintergründe und Ulkeffekte eingebaut, die bestimmt niemand, der älter als zehn Jahre ist, nüchtern benutzt (bitte lassen Sie mich in dem Glauben). Dennoch dachte sich jemand in Japan: »Wir brauchen eine Videokonferenzlösung speziell für *Nomikai*. Eine, die auch im Suff leicht zu bedienen ist.« Und das ist dann vielleicht der einzige Minivorteil der neuen Lösung gegenüber den alten. Wie bei Zoom muss man lediglich auf einen Link klicken und den Anweisungen auf dem Bildschirm folgen; nur dass die Anweisungen vielleicht noch ein klein wenig leichter zu befolgen sind. (Gleichwohl ist mir noch niemand zwischen fünf und achtzig begegnet, der geklagt hätte: »*Ach, Skype und Zoom sind so schwierig zu bedienen. Besonders wenn ich mal wieder einen im Kahn habe. Ich wünschte, es gäbe etwas Einfacheres!*«)

Mein zweites *On-nomi* fand also über Tacnom statt. Glücklicherweise musste ich nur der Höflichkeit halber kurz vorbeischauen, durfte mich nach dem ersten *Kanpai* ausklinken und alleine weitertrinken. Es handelte sich um eine Zusammenkunft der ehemaligen Highschool-Clique meiner Frau. Von mir wird nicht erwartet, dass ich bei solchen Treffen viel zum Thema »Unsere gute alte Zeit« beizutragen hätte, besonders nicht auf Japanisch. Dennoch – so verbesserungswürdig mein aktives Japanisch sein mag, so ist mein passives als gut genug bekannt, um bei unbeschwerten Freundinnengesprächen einen Hemmfaktor darzustellen.

Als die Damen fertig waren, sagte Junko stolz: »Wir haben die ganzen zwei Stunden genutzt!«

»Ihr musstet eurem freundschaftlichen Beisammensein eine zeitliche Beschränkung verpassen?«

»Nein. Aber ist doch besser, oder? Sonst traut sich keiner, als Erster zu gehen.«

Ein berechtigter Punkt. Die große Frage bei diesen Partys ist derweil aber nicht nur, wann sie endlich aufhören, sondern auch, wie man sie in Gang bekommt.

Die große On-nomi-Ermüdung

Ich kann nicht mehr rekonstruieren, welcher Teufel mich geritten hat, mein drittes und letztes *On-nomi* selbst zu veranstalten. Es war von allen das zäheste, was an der Zusammenstellung der Gäste gelegen haben mag. Die Gäste der ersten Online-Party, an der ich teilgenommen hatte, kannten einander abgesehen von ein paar oberflächlichen Facebook-Interaktionen gar nicht. Da gab der Gastgeber den Moderator und bat jeden einzeln um Wortbeiträge. Das war vielleicht nicht das, was jeder unter einem rauschenden

Fest versteht. Doch in Zeiten großer Veränderung wird halt auch anders gefeiert. Die zweite Party fand zwischen guten Freundinnen statt (plus Gastauftritt von mir); da geht das Schnattern von alleine los. Bei der dritten nun kamen Leute zusammen, die einander einigermaßen kannten und sich gewogen waren; von Intimfreundschaft konnte derweil kaum die Rede sein. Im Wesentlichen waren es die deutsch-japanischen Eltern und Kinder, mit denen wir zu jener Zeit normalerweise im Park auf Ostereiersuche gegangen wären. Eine Online-Eiersuche ohne Eier war einfach nicht dasselbe. Kein Wunder, dass nach einigen unfreiwilligen Schweigeminuten jemand verzweifelt vorschlug: »Wollen wir nicht eine Scharade machen?«

Ein weiterer Grund, warum dieses *On-nomi* sich so schleppend angelassen hatte, mag ein Phänomen gewesen sein, das jener Tage bereits durch die Presse ging: die einsetzende *On-nomi*-Müdigkeit. Tatsächlich hatten einige Eingeladene abgesagt, weil sie einfach genug von *On-nomi* hatten. Eine Entwicklung, die man inmitten einer Pandemie nicht unbedingt erwartet hatte – dass die Menschen irgendwann sagen: »*Ach, bitte nicht immer Party, Party, Party. Heute wollen wir mal … äh … einen ruhigen Abend zu Hause machen.*«

Und nachdem mein drittes Online-Fest dank klassischer Partyspiele doch noch ein versöhnliches Ende genommen hatte (Klassiker sind ja nicht grundlos ebensolche), war auch ich hinterher froh, erst mal eine Weile nicht mehr vor die Bildschirmkamera treten zu müssen.

Der fünfjährige Skype-Superuser und der fünfzigjährige Verfasser imaginärer Fernsehspiele

Natürlich waren wir Erwachsenen nicht die Einzigen, die den Großteil ihres sozialen Lebens ins Internet verlegten. Die staatlichen Schulen und Kindergärten in Japan schlossen im Frühjahr. Den privaten konnte man nichts anordnen und nichts verbieten, doch die meisten schlossen ebenfalls, freiwillig.

Hanas Kindergarten gehörte nicht zu den meisten. Die Leitung verkündete lediglich, sie würde die Situation täglich evaluieren und entsprechend entscheiden. Jeden Tag zitterten wir. Würden sie die Tore schließen und wir auf unser eigenes Kind selbst aufpassen müssen? Wie ging das noch mal?

Die Tage und Wochen verstrichen, Kalenderblätter wurden vom Wind verweht, immer beunruhigendere Zeitungsschlagzeilen wirbelten ins Bild, doch im Kindergarten ging alles weiter wie gehabt. Nun schwang die Stimmung bei einigen Eltern um: Wann würde der Kindergarten endlich die Gefahr erkennen und dichtmachen? Wir gehörten zu diesen besorgten Eltern. Es fühlte sich an wie eine kompetitive Mutprobe zwischen uns und dem Kindergarten. Wer als Erstes nachgab, verlor.

Die Eltern von Hanas bester Freundin, Mika, blinzelten zuerst und nahmen ihre Tochter freiwillig aus dem Unterricht. Kurz darauf knickten wir ebenfalls ein. Aber was sollten wir nun mit diesen Kindern anfangen? Im Vorfeld, als wir den Virus bereits ernst, aber noch nicht allzu ernst genommen hatten, hatten wir mit Mikas Eltern ein amüsantes Krisenzusammenkommen abgehalten, um zu besprechen, was wir tun würden, falls der nun eingetretene Fall ein-

träte. Wir hatten einen elaborierten Plan mit einem entscheidenden Denkfehler ausgearbeitet. Der Plan war, grob gesprochen, dass
wir unsere Familien körperlich zusammenrotten würden, quasi ein
Großraumbüro der Heimarbeiter gründen, in dem abwechselnd
immer einer zur Kinderbetreuung abgestellt sein würde. »*Sharing a
printer*« sagt man zu solchen Konstellationen in Japan auf Englisch,
einen Drucker teilen. Möglich, dass man das in tatsächlich englischsprachigen Ländern ebenfalls so ausdrückt, allerdings würde
ich nicht darauf wetten. Der japanische Zugang zum Englischen ist
kreativ, und wenn ich die Redewendung google, bekomme ich nur
Anleitungen zum Ändern meiner Netzwerkeinstellungen.

Nicht bedacht hatten wir dabei, dass körperliche Zusammen-
rottungen ja gerade vermieden werden sollten, und so verabschiede-
ten wir uns schweren Herzens wieder von unserem vermeintlichen
Masterplan. (Ganz vergebens war die Planungssitzung trotzdem
nicht gewesen, denn wir hatten in dem Vom-Ökobauernhof-
direkt-auf-den-Teller-Restaurant, in dem wir uns getroffen hatten,
ein sehr interessantes Grünkohlbier kennengelernt. Das nächste
Mal trinken wir bestimmt trotzdem ein anderes.)

Weil die japanische Arbeitswelt ohne andauerndes Abstempeln
umfangreicher Papierstapel zusammenbrechen würde, hatten die
meisten Firmen Probleme mit dem unverbindlichen Regierungs-
ratschlag, Mitarbeiterinnen und Mitarbeiter von zu Hause arbeiten zu lassen. In Junkos Firma allerdings lief alles so glatt, dass die
Regelung über die Krise hinaus ein Dauerzustand werden könnte.
Ein Segen für mich, denn wenn Junko zu Hause ist, bekomme
ich viel mehr erledigt. Ich fühle mich von ihr ständig beobachtet
und beurteilt, auch durch zwei Wände hindurch. Sie muss es gar
nicht laut aussprechen, ich höre ihre Stimme als meine innere:
»*Was machst du gerade?*« Da will ich nicht jedes Mal Antworten
geben müssen wie: »Ich gucke nur kurz *Orphan Black* zu Ende,
dann arbeite ich wieder!«, oder: »Ich recherchiere, was aus Hayzee

Fantayzee geworden ist.« Meine Freizeit litt zwar unter dem freiwilligen Lockdown, aber ich war produktiv wie nie.

In Wirklichkeit prüft Junko keineswegs, ob ich wirklich arbeite. Es ist lediglich mein schlechtes Gewissen, das es mir einredet. Nach zwanzig Jahren in den Mühlen der bürgerlichen Arbeitswelt werde ich immer noch misstrauisch, wenn Arbeit mir zu viel Spaß macht. Dann glaube ich, ich mache etwas falsch. Das bessert sich allmählich, allerdings ist es ein sehr langwieriger Prozess mit vielen Rückschlägen.

Junko oder ich waren ohnehin nicht das größte Problem im Haus, sondern eben Hana. Einer musste sich opfern. Ich werde jedem den Fehdehandschuh ins Gesicht werfen, der behauptet, freiberufliche Arbeit sei keine echte Arbeit. Gleichwohl ist es natürlich so, dass wir Freiberufler unsere Zeit etwas liberaler einteilen können als Festangestellte – warum sollte man sich sonst auf diesen gemeingefährlichen, existenzbedrohenden Quatsch einlassen? Also war es meistens an mir, unsere Tochter zu unterhalten und weiterzubilden, während ihre Mutter Telefonkonferenzen abhielt. Konnte ich Hana mal zu einem ihrer sehr selten gewordenen Mittagsschläfchen überreden, hatte mich das meist so sehr geschafft, dass ich mich gleich zu ihr legte und erst zum Abendessen wieder aufwachte. Ich fing wieder an, nachts bei Schummerlicht und Weinglas zu schreiben, so wie es in der süßen Jugend üblich gewesen war, als man noch meinte, nur unter genau diesen Umständen könne große Literatur entstehen. Dieser Nostalgietrip gefiel mir gut. Zumindest so lange, bis wenige Stunden später die Sonne aufging und das Kind wieder Luftsprünge auf dem Futon machte.

Groß war die Freude, als Hanas Kindergarten verkündete, sie würden Online-Unterricht für die freiwillig Daheimgebliebenen einführen. Verzweifelt war das Gelächter, als wir erfuhren, dass nur zehn bis fünfzehn Minuten pro Tag geplant waren. Dafür lohnte es sich nicht mal, den Computer anzuschalten und das Mikro zu prüfen.

Wir wollten uns selbst eine Online-Betreuung suchen, die etwas mehr Zeit mitbrächte. Am besten eine englischsprachige, damit Hana jenseits des internationalen Kindergartens ihre dritte Sprache nicht verlor. Wir wandten uns dafür an eine Babysitter-Vermittlung, bei der wir schon einmal nach einer deutschsprachigen Vor-Ort-Betreuerin gesucht hatten. Damals vergeblich. Alle Kandidatinnen waren in letzter Sekunde mit fadenscheinigen Anfängerausreden abgesprungen (Fuß verknackst / kurzfristiger Besuch / beste Freundin Fuß verknackst). Leicht durchschaubar für mich als Profi in Sachen fadenscheiniger Ausreden. Die Einzige, die überhaupt zu einem Schnuppergespräch gekommen war, sahen wir ungefähr eine Stunde nach unserem Kennenlernen erneut, als wir die Wohnung aufgrund einer anderen Verpflichtung verließen und sie noch immer vor unserem Hauseingang saß. Auf dem Boden, in die Luft starrend, ohne uns zu bemerken. Wir wohnten wohlgemerkt nicht in einem Park, der zum Verweilen und Tagträumen einlud, sondern an einer gänzlich ungemütlichen Hauptverkehrsstraße. Nichts am Verhalten des Mädchens war unmoralisch oder illegal, aber doch so hochgradig verwunderlich, dass wir lieber so taten, als hätten wir uns für eine imaginäre andere Kandidatin entschieden.

Wir versprachen uns mehr Glück bei der Suche nach einer englischsprachigen Spielkameradin, schließlich war da die Auswahl größer.

Nur eine von zehn oder zwölf, die ich kontaktierte, meldete sich überhaupt zurück. Nachdem wir uns ein bisschen über Skype unterhalten hatten, wusste ich, dass Hana in ihren Händen Butter sein würde. Abschließend hätte ich beinahe charmiert: »*Hat das eigentlich wehgetan?*« Und sie hätte zurückgefragt: »*Was denn?*« Und ich hätte gesagt: »*Als du vom Himmel gefallen bist?*« Und sie dann: »*Tihihihi – wann kann ich anfangen?*«

Wie erwartet fand Hana die amerikanisch-japanische Jamie ebenfalls himmlisch. Eine Stunde pro Tag fesselte die junge Frau unsere

Tochter und Mika per Videokonferenz an ihre Bildschirme, doch das war nicht mal das Segenreichste an dieser Konstellation. Nachdem Jamie sich verabschiedet hatte, um den Einhorn- und Regenbogen-Content für den nächsten Tag vorzubereiten, blieben die Kinder in der Leitung, um miteinander zu spielen. Jede für sich und doch gemeinsam. Sie aßen sogar zusammen und warteten geduldig die Toilettenpausen der anderen ab. Eingreifen musste man nur bei technischen Problemen. Der Online-Rekord der beiden lag bei sieben Stunden und vier Minuten ohne Unterbrechung. Alles unter vier Stunden musste als Enttäuschung gewertet werden. Ich konnte wieder arbeiten, sogar tagsüber. Das musste ich auch, denn die gute Jamie wusste, was sie wert war, und sie ließ nicht mit sich feilschen.

Meine Auftragslage als Autor schoss dank Corona zunächst in die Höhe, plumpste dann in den Keller und erholte sich schließlich wieder leicht. Als noch niemand viel über Corona wusste, konnte man so herrlich viel darüber schreiben, und es wurde einem aus den Händen gerissen. Dann kam die Zeit des großen Pandemieparadoxons. Bot man Coronaartikel an, hieß es, die Leute wollen davon nichts mehr hören. Kam man mit etwas völlig anderem, hieß es, die Menschen seien gerade nicht empfänglich für irgendwelche anderen Themen.

In der alten Heimat klagten die Autoren, sie würden nicht mehr zu Lesungen eingeladen. Nicht dass es mir Genugtuung bereitete, aber darüber klagte ich schon, seit ich nach Japan gezogen war. Ein größeres Malheur war für mich der plötzliche Stillstand der Fernsehindustrie. Ich musste feststellen, dass mir meine Schreibarbeiten für jene in den letzten beiden Jahren ein allzu komfortables Zweitstandbein geworden waren. Als allerdings nichts mehr gedreht wurde, wurde auch kaum noch etwas entwickelt, und die Entwicklung neuer Serienkonzepte machte einen Großteil meines Arbeitsvolumens aus. Schätzungsweise neunzig Prozent aller entwickelten Fernsehserien werden nie produziert, und wenn doch, kommt es schon mal vor, dass irgendwo auf dem Weg aus einem knüppelharten Rache-Thriller ein sentimentales Drama über Herztransplantationen wird, weil der namhafte Schauspieler, von dessen Mitwirkung das Projekt abhängt, plötzlich lieber einen guten Doktor als einen bösen Terroristen spielen möchte. All das ist mir normalerweise egal, ich genieße den Prozess als solchen und bemühe mich, keine allzu starke emotionale Bindung zu den Stoffen zu entwickeln.

Bei einem Stoff war mir das nicht so recht gelungen. Es handelte sich um einen Krimi-Mehrteiler nach einer wahren Begebenheit, der inzwischen durch mindestens drei Sendeanstalten gewandert und dabei – wie durch ein Wunder – immer besser geworden war. Wenn ich artig wäre, so wurde mir versichert, könnte sogar mein Name als Autor im Vorspann auftauchen und nicht wie üblich nur als Hilfskraft auf den Gehaltschecks, was mir im Zweifelsfall stets wichtiger war. Nun sollten tatsächlich bald die Klappen klappen und Kameras rattern. Doch dann informierte mich die Produzentin: »Die amerikanischen Schauspieler wollen nicht mehr nach Japan kommen!«

»Warum nicht?«, fragte ich.

»Wegen Corona.«

»Die wären doch in Japan viel sicherer als zu Hause ...«

»Für die ist Japan und China dasselbe.«

»Selbst in China wären sie jetzt sicherer ...«

»Das sind halt Amerikaner!«

Ich konzentrierte mich also wieder auf Arbeiten, die weniger von den Egos, Ängsten und Marotten anderer abhingen.

Schlange stehen ohne Grund

Zu meiner eigenen körperlichen Ertüchtigung überwand ich mich zu gelegentlichen Dauerläufen und häufigeren Spaziergängen. Bei Letzteren entwickelte ich ein neues Hobby. Für mich war es jedenfalls neu, Japanerinnen und Japaner kennen es schon länger: Schlange stehen vor Geschäften. In unspektakuläreren Zeiten ging es meist um besonders hippen Käsekuchen in limitierter Auflage oder Ähnliches, dieser Tage oftmals um Profaneres. Immer wenn ich jetzt eine Schlange sah, stellte ich mich ebenfalls an, ohne zu wissen, welches das von den geduldigen Menschen begehrte Produkt sein würde.

Meistens war ich enttäuscht: schon wieder nur Klopapier oder Papierservietten. Ich verstand diese plötzlichen Hamsterkäufe nicht. Nicht in Japan. Ist nicht das Erste, was einem von Bekannten, Verwandten und dem Ordnungsamt eingebläut wird, wenn man hierherzieht, dass man immer auf eine Katastrophe vorbereitet sein muss? Auf unserem Balkon stehen seit jeher zwei riesige Kisten, randvoll mit Hygieneartikeln, Gaskochern, Trinkwasserflaschen, ungeschärftem Curry, Instantnudelsuppen, Dosenbrot und Bergsteigerausrüstung, falls die Zombies mal den Eingang blockieren und man sich vom Balkon abseilen muss. Ich dachte, jeder hier sei derart vorbereitet. Jetzt fühlte ich mich ein wenig wie ein Streber. Vielleicht sogar wie einer dieser durchgeknallten Prepper, denen der rechtsradikale Verschwörungswahn einflüstert, man könne gar nicht genügend Dosenerbsen und Sturmgewehrmunition im Bunker haben.

Zugegeben, wenn man in Japan an Katastrophen denkt, dann denkt man an Erdbeben, nicht an Science-Fiction-Viren aus dem Weltall. Was wir darum zunächst durchaus nicht zur Genüge vorrätig hatten, waren Masken. Aber gerade als ich verzweifelt genug war, ein »Tausche Klopapier gegen Mund-Nasen-Schutz«-Transparent vors Haus zu hängen, schickte ein singapurischer Geschäftspartner ein fettes Masken-Carepaket. Grippemasken nach Japan zu schicken hat zwar was von Eulen nach Athen. Aber komische Zeiten erfordern komische Gesten.

Träumen von Nintendo

Sie wissen es wahrscheinlich bereits aus den Abendnachrichten oder aus Ihrem eigenen Freizeitverhalten: Nach dem Ausbruch der Seuche spielte die ganze Welt *Animal Crossing*, eine putzige Inselbewohnungssimulation, deren Mangel an spielerischer Herausforderung und nennenswerten Konflikten genau die richtige Fluchtmöglichkeit in diesen Zeiten bot.

Die ganze Welt außer uns. Die dafür notwendige Spielekonsole Nintendo Switch befand sich nicht in unserem Haushalt, und wer jetzt keine hatte, der würde keine mehr bekommen. Die Firma Nintendo war eine Krisengewinnlerin, und zwar so sehr, dass sie mit dem Gewinnen gar nicht mehr hinterherkam. Wegen Corona wollten alle Nintendo spielen, und wegen Corona konnte der Hersteller nicht genügend Menschen in seinen Fabriken zusammenpferchen, um der Nachfrage gerecht zu werden.

In unserem Haus gab es allein aufgrund des Wissens um dieses potenzielle Suchtmittel schlimme Entzugserscheinungen. Hana bastelte sich eine Switch nach der anderen – aus Papier, aus Lego, aus Küchenabfällen. Es half alles nichts. Auf keiner konnte man *Animal Crossing* zum Laufen bekommen.

Eines Tages verkündete Nintendo, ein paar wenige Konsolen würden demnächst reinkommen, und man wolle ihre zukünftigen glücklichen Besitzer per Los auswählen. Der, dessen Los gezogen würde, bekäme selbstredend nicht einfach so eine Switch geschenkt, sondern lediglich das Recht, sie zum normalen Ladenpreis zu kaufen. Das war immer noch besser, als jetzt sofort die Halsabschneider-Preise der privaten Wiederverkäufer zu zahlen, die aus unserer Verzweiflung Kapital schlagen wollten. Wahrscheinlich waren diese Switch-Schwarzmarkthändler derselbe menschliche Abschaum, der vor kurzem noch erfolgreich Schutzmasken zum zehnfachen Preis verkauft hatte, bevor das verboten worden war.

Junko recherchierte Details zur Verlosung und informierte mich: »Ich habe zweimal daran teilgenommen, wie es zulässig ist. Mach du das bitte auch.«

Ich sagte: »Ja, ja. Mach ich, sobald ich Zeit habe«, und konzentrierte mich dann wieder auf meine Arbeit an *Candy Crush*. Ich wusste ja, dass der Teilnahmeschluss noch ein paar Tage entfernt war.

»Mach es aber bitte nicht erst am letzten Tag. Du musst ein Nintendo-Konto eröffnen. Das ist ein bisschen kompliziert.« Sie meinte: »*Das ist ein bisschen kompliziert, wenn man, wie du, mit der japanischen Sprache auf Kriegsfuß steht.*« Vielleicht meinte sie auch: »*Das ist ein bisschen kompliziert, wenn man, wie ich, fremd in dieser Gaming-Welt ist.*« So oder so würde ich ihr zeigen, wozu ich imstande war.

Am letzten Tag der Verlosung, um 9 Uhr 56, setzte ich mich an den Computer, ließ die Finger knacken und begab mich auf die Website des japanischen Nintendo-Shops. Dort stand es schwarz auf weiß:

Teilnahmeschluss heute, 10:00 Uhr.

Dann musste ich mich wohl doch ein bisschen ranhalten.

Mann, war das kompliziert! Ich zeterte und fluchte.

Junko rief aus ihrem Homeoffice in mein Homeoffice: »Ist irgendwas?«

»Nein, Schatz, nur ein Krampf!« Gar nicht mal komplett gelogen.

»Da fällt mir ein: Heute ist der Teilnahmeschluss für die Switch-Verlosung. Bald werden wir wissen, ob wir kaufen dürfen. Du hast doch schon teilgenommen, oder?«

»Hab ich doch gesagt!«

Die Uhr meines Computers stand auf 09:59, als ich das Teilnahmeformular abschickte. Sie sprang um auf 10:00, als die Eingangsbestätigung angezeigt wurde. Für eine zweite Teilnahme war keine Zeit mehr.

Wie gern würde ich berichten, dass es meine Teilnahme in der buchstäblich letzten Sekunde war, der wir zu verdanken haben, dass nun eine waschechte Nintendo Switch auf unserer Fernsehkommode steht. Aber es war einer von Junkos Versuchen, der zum Erfolg geführt hatte. Da hätte ich mir den Stress eigentlich auch sparen können.

Es gibt nicht nur einen virtuellen Nintendo-Shop in Japan, sondern auch einen echten in Tokio. Erstaunlicherweise erst seit kurzem, und zwar im Traditionskaufhaus Parco in Shibuya, das unlängst neu eröffnet wurde, unter der Prämisse, nun so etwas wie ein Popkultur-Kaufhaus zu sein. Das war es eigentlich auch vor dem Umbau schon gewesen, doch in den alten Räumlichkeiten war es wohl durch einen schleichenden organischen Prozess dazu gekommen. Eines Tages stand man zwischen Manga-Figuren und Sammelkartenspielen und stellte fest: »*Huch, wir haben jede Menge nerdigen Nippes im Angebot.*« Diese zufällig entdeckte Kernkompetenz wurde bei der Neueröffnung ausgeschlachtet. So gibt es jetzt ein Pop-Art-Museum, einen Schallplattenladen und vor allem ein dezidiertes Stockwerk, in dem E-Sport-Cafés, Manga-Merchandising-Geschäfte sowie eben der Nintendo Shop die Jugend locken. Mich auch, um meiner Tochter endlich *Animal Crossing* zu kaufen.

Der Laden ist ein klinisch steriler Albtraum in den Firmenfarben Rot und Weiß (mir ist bewusst, dass Weiß keine Farbe ist, sondern die Abwesenheit von Farbe, aber der Volksmund nimmt darauf keine Rücksicht). Man muss sich bei Betreten nicht mal die Hände selbst desinfizieren, man muss sie nur hinhalten. Den Rest macht freundliches rot-weißes Personal. Am Eingang zum Kaufhaus selbst erwartete die Kunden bereits ein vergleichbares Szenario, wodurch sämtliche Hände mindestens genauso steril wurden wie das millimetergenau aufgereihte Warenangebot. Ich habe vollstes Verständnis für die hygienischen Anforderungen der Ära Covid. Trotzdem habe ich manchmal Angst, meine schon ganz porös gesprühten Handflächen zerfielen irgendwann zu Staub. Hoffentlich kann ich wenigstens dieses Buch noch zu Ende tippen.

Im hell erleuchteten Nintendo-Shop kann man erstklassig Briefpapier und Proviantdosen mit Abbildungen seiner Lieblings-Nintendo-Figuren kaufen. Nur das Angebot an Nintendo-Spielen ist ein bisschen mau. Der Gedanke dahinter ist wahrscheinlich der, dass man sich die Software heutzutage einfach runterladen kann, *Super-Mario*-Regenponchos und *Legend-of-Zelda*-Federmappen hingegen nicht. (Für die vereinzelten switchlosen Leserinnen und Leser: Ein physisches Switch-Spiel kommt als eine klitzekleine Speicherkarte in einer übergroßen Plastikhülle daher. Ein haptisches Wohlfühlerlebnis ist weder der Erwerb noch das Einführen in den Konsolenschacht, also gibt es selbst für notorische Datenträgernostalgiker kaum gute Argumente gegen den bequemen Download.) *Animal Crossing* war selbstverständlich erhältlich. Ein Nintendo-Shop ohne *Animal Crossing* wäre wie ein Disney Store ohne Micky-Maus-Ohrenattrappe.

***

Mein Plan war es, Hana mit meinem eigenen *Animal-Crossing*-Charakter immer eine Nase voraus zu sein, damit ich ihr alles erklären konnte. Obwohl ich selbst kein großer Fan von Nintendos kindlicher Markenidentität bin, war ich von diesem Spiel recht angetan. Ich liebte es, im Schneckentempo die Insel Vegesack zu erkunden (man kann den Namen selbst bestimmen), hier und da einen Baum zu schütteln und keine Fische zu fangen (es brauchte eine Weile, bis ich den Trick raushatte). Ich glaubte allerdings, Hana wäre das alles zu unspektakulär.

Da hatte ich mir umsonst Sorgen gemacht. Hana wurde eine begeisterte Vegesack-Siedlerin, eine unverzichtbare Stütze der Gemeinde. Viel erklären musste ich ihr allerdings nicht mehr. Sie hatte ja YouTube. Und Teacher Lucy.

Raus aus dem Zelt

Teacher Lucy ist Hanas Lieblingslehrerin im Kindergarten, ein gut sichtbar tätowierter Twen aus England mit feuerrotem Haar. Sie einzustellen war wohl die letzte gute Tat des eigentlich gar nicht so verkehrten Kewpie Freshface gewesen. Die neue konservative Führung des Kindergartens hätte sich bestimmt nicht für so eine entschieden. Tätowierungen bleiben in Japan in erster Linie mit dem organisierten Verbrechen assoziiert, deshalb dürfen Tätowierte in der Regel auch nur bei sich zu Hause baden. Tätowierte Kindergärtnerinnen sind eine marginalisierte Minderheit. Teacher Lucy trägt zu Veranstaltungen mit Elternbeteiligung lange Ärmel und Rollkragen (ich weiß nicht, ob aus kulturell sensibler Eigeninitiative oder auf Kommando), doch an normalen Tagen zeigt sie, was sie auf der Haut hat (größtenteils Rosen und Karpfen). Sie ist die Nachfolgerin von Teacher Oxana, einer wunderschönen, niemals lächelnden, sehr strengen Russin, die anscheinend angetreten war, alle Klischees über ihre Landsleute zu bestätigen (allein wie viel Wodka sie pro Tag trank, weiß ich nicht). Alle Kinder hatten Angst vor ihr, sogar die sonst vorlautesten. Selbst Hana, eine Kindergartenpatriotin vor dem Herrn, hatte unter Teacher Oxana eine Phase gehabt, in der man ihr jeden Morgen vor Verlassen des Hauses gut zureden musste. Eines schönen Tages brach Teacher Oxana jedoch plötzlich ihre Zelte in Japan ab und nach Spanien auf, wahrscheinlich um zur Abwechslung mal europäische Kinder das Fürchten zu lehren. Und der liebe Gott schickte einen seiner fähigsten Engel: diese bunt bemalte Fee aus dem Vereinigten Königreich. Man hat selten ein stolzeres und glücklicheres Mädchen gesehen als Hana, wenn sie Teacher Lucy den Starbucks-Thermosbecher hinterhertragen darf. Nun schreibt und zeichnet Hana ihr jeden Morgen einen Brief in Comicform.

Hana nimmt die ganze Welt unter Teacher-Lucy-Gesichtspunkten wahr: »Teacher Lucy mag auch Starbucks«, sagt sie, wenn wir an einem entsprechenden Geschäft vorbeikommen.

»Niemand ist perfekt«, murmle ich.

»Teacher Lucy spielt auch *Animal Crossing*«, wenn wir abends davorsitzen. Tatsächlich teilt Hana der Lehrerin täglich ihre neuesten Spielerlebnisse mit oder zeichnet sie als Bildergeschichte. Leider spricht sie mit Teacher Lucy in gleicher Weise über mich: »Mein Papa mag auch *Star Wars*. Mein Papa mag auch *Hello Kitty*. Mein Papa mag auch *Sailor Moon*.«

Es ist ein wenig, als wollte sie uns verkuppeln. Dass Hana die gemeinsamen Vorlieben von mir und einer jungen Frau herausarbeitet, die noch nicht geboren war, als ich in ihrem Alter war, gibt mir schon zu denken. Welches Bild sie wohl von mir bekommt? Am liebsten trüge ich Hana auf: »*Bitte sag Teacher Lucy, dass Papa* Sailor Moon *in erster Linie wegen des verhältnismäßig fortschrittlichen Frauenbildes und der affirmativen Inklusion queerer Themen schätzt, allerdings nicht unbedingt seine eigenen Regale mit DVD-Komplettboxen gefüllt hat. Und sag ihr, dass Papas kulturelle Begeisterung nicht bei* Star Wars *anfängt und endet, sondern dass Papa auch die postmoderne Prosa von Don DeLillo, die Klavierkonzerte* von Beethoven und andere Baby-Klassik sowie das Autorenkino von *Apichatpong Weerasethakul schätzt. Sprich mir nach: A-pichat-...«*

Hanas Gespräche mit ihr über mich sind keine Einbahnstraße. »Ich soll dich von Teacher Lucy fragen, ob du schon mal eine kleine Ziege gegessen hast«, behauptete Hana einmal. Wie sich das für einen vernünftigen jungen Menschen gehört, ist Teacher Lucy Vegetarierin. Als im Kindergarten ausgestorbene Tierarten durchgenommen wurden, hätte Teacher Lucy von einer kleinen Ziegenart erzählt, die in Deutschland gejagt und gegessen worden wäre, und jetzt gäbe es sie nicht mehr.

Diese Hana-sagt-Teacher-Lucy-sagt-mir-Leitung hat freilich etwas von Stille Post. Ich weiß nicht, ob Teacher Lucy wirklich nach meinem Fressverhalten bezüglich kleiner, vom Aussterben bedrohter Ziegen gefragt hat. »Sag Teacher Lucy, die kleine Ziege war schon ausgestorben, bevor ich feste Nahrung zu mir nehmen konnte. Diese Kollektivschuld möchte ich nicht auch noch auf mich laden.«

Keine Ahnung, ob Hana meine Antwort weitergeleitet hat, und wenn ja, in welchem Wortlaut. Keine Ahnung, ob Teacher Lucy mich und mein Volk wegen dieser kleinen Ziege verachtet. Ich verstehe ihren Standpunkt in Sachen Fleischverzehr, doch dieser Umstand wird mich in ihren Augen nur zu einem noch jämmerlicheren Untermenschen machen. Ich bin einer von denen, die sich bei jeder einigermaßen passenden Gelegenheit damit brüsten, »nur ganz wenig Fleisch« zu essen. Wenn die Revolution kommt, werden die von den Vegetariern und Veganern als Erste gefressen, und zwar zu Recht.

Nun, liebe Lucy, uns bleibt immer *Sailor Moon*. Und *Animal Crossing*. Den Plan, Hana im Spiel stets eine Nasenlänge voraus zu sein, habe ich mittlerweile aufgeben müssen. Inzwischen ist sie mir meilenweit davongeprescht. Motivator war selbstverständlich Teacher Lucy. Einmal erzählte Hana ihr in meinem Beisein: »Ich habe in *Animal Crossing* einen Pilzkranz gemacht, und dann wollte ich ihn aufhängen, aber in Zelten kann man nichts aufhängen.«

Da entgegnete Teacher Lucy mit einer ungewohnten, fast Teacher-Oxana-artigen Kälte: »Ach, ihr wohnt noch in Zelten?«

Geben sich *Animal Crossing*-Spieler, die in Häusern wohnen, etwa nicht mit *Animal Crossing*-Spielern ab, die noch in Zelten leben? Das konnte Hana nicht auf sich sitzen lassen. Sofort machte sie sich ans Werk, selbst Bewohnerin eines anständigen Hauses zu werden, der auf ordinäre Zeltbewohner herabsieht.

Inzwischen wohnen Hana und ich beide in Häusern. Teacher Lucy spricht wieder mit uns wie mit ebenbürtigen, normalen Menschen. Hana wohnt allerdings in einem weit größeren Haus als ich. Bei mir wird es noch eine ganze Weile dauern, bis ich den Kredit für mein kleines Domizil auf der Insel Vegesack abbezahlt habe. Zuerst kam Hana mich darin noch öfters besuchen, weil ich einen Spiegel hatte, mit dem die Spielfiguren ihr Aussehen verändern können, und Hana musste schließlich ständig die neuen Frisuren ausprobieren, die Teacher Lucy ihr empfohlen hatte. Inzwischen allerdings hat Hana ihren eigenen Spiegel, und sie lässt sich immer seltener bei ihrem alten Herrn blicken.

Zurück zum Frisör

WASCHEN, MASSIEREN, MANGAS LESEN. UND WAS MAN SONST SO TUT, UM MAL EIN STÜNDCHEN SEINE RUHE ZU HABEN

Viele wissen es nicht, aber ich war mal Model. Bartmodel. Die meisten können es sich heute nicht mehr vorstellen, aber als ich jung war, trugen nur wenige junge Männer Vollbart. In Bremen-Vegesack war ich möglicherweise der einzige. Das hatte keinerlei ideologische oder modische Gründe. Hippies gab es nicht mehr und Hipster noch nicht. Ich war einfach zu faul, mich regelmäßig zu rasieren. Vielleicht war ich auch ein bisschen stolz auf meinen starken Bartwuchs; in der Jugend ist man ja auf die komischsten Sachen stolz. Damit unser Familienfrisör jedenfalls das Bartschneiden nicht verlernte, falls es mal wieder in Mode käme oder ein Einsiedler vom Berg herabsteigen sollte, diente ich als Bartmodel. Ich musste fürs Stutzen und Pflegen nichts bezahlen, nahm dafür alle ästhetischen und gesundheitlichen Risiken auf meine Kappe.

Meine Bartphase hielt allerdings nur ein paar Jahre an. Danach kam er ab, und ich betrat über zwanzig Jahre lang keinen Frisörsalon mehr. Bis ich nach Japan kam.

Statt Gurken auf den Augen

Ich bezeichne mich oft scherzhaft als japanische Mutter ehrenhalber, weil ich so viel Zeit in der Gesellschaft echter japanischer Mütter verbringe, wenn ich Hana ausführe. Wie jede Mutter, ob japanisch oder nicht, sehne ich mich dann und wann nach einer kurzen Auszeit; nach etwas, das nur für mich ist. Ein duftendes Blubberbad, Nail-Art mit den zehn beliebtesten Cartoon-Figuren des Landes oder irgendetwas mit Gurken auf den Augen.

Und endlich habe ich den perfekten Ausgleich für mich gefunden: Nach Jahrzehnten, in denen ich mein eigener Frisör war, habe ich mich wieder in professionelle Hände begeben. Klar, ich hätte auch eine Kneipe als Refugium wählen können. Von einem Kneipenbesuch allerdings hat man höchstens bis zum nächsten Mittag etwas und nicht immer das, was man haben möchte. Von einem Frisörbesuch hat man bis zu zwei Wochen etwas.

Ich bin zwar der letzte Mann auf Erden, der für die Pflege seiner »Frisur« eine Fachkraft bräuchte, aber das ist nicht der Punkt. Hier eine (passenderweise) kurze Geschichte meiner Haare: Mit zwanzig ließ ich sie in alle Richtungen wild und frei wuchern, bis ich feststellte, dass obendrauf immer weniger wucherte (wir befinden uns immer noch in meinen Zwanzigern). Freunde und sogenannte Freunde hatten mich schon lange darauf hingewiesen – mal diskret, mal weniger –, doch ich habe es ihnen zunächst nicht abgenommen. Kahl werden war einfach etwas, das mir nicht passieren konnte. Zumindest nicht, bevor ich steinalt wäre, also so ungefähr vierzig. Frühzeitiger Haarausfall passierte immer nur den anderen, war ich überzeugt. Wie unheilbare Krankheiten oder heiße Verabredungen.

Also tat ich das, was jeder kahle Mann meiner und nachfolgender Generationen tat: Ich rasierte rundherum alles ab und versuchte, den Look als »coole, freiwillige Glatze« zu verkaufen. Ich besorgte sogar die passende Hornbrille und die schwarzen Klamotten dazu und hätte es mir fast selbst geglaubt. Um ein Haar, sozusagen.

Ich brauche also keinen Frisör, um meine Behaarung loszuwerden, aber ich genieße die Pflege in dem kleinen, sehr feinen Herrensalon nicht weit von unserer Wohnung in Shimomeguro. Ich wähle immer das Komplettpaket: schneiden, rasieren, Haare waschen, Massage und Entfernung jedes kleinen Härchens in der ungefähren Umgebung meines Gesichts, von dessen Existenz ich nie etwas geahnt hatte. Was ich in fünf Minuten zu Hause schaffe, dauert dort ungefähr eine Stunde, und so soll es ja auch sein. Das ist eine Stunde, in der ich in verschiedenen Positionen, von denen die meisten bequem sind, einfach nur daliegen kann und sich jemand zur Abwechslung mal um mich kümmert. Entweder ein schnieker junger Mann mit Ziegenbart oder seine freundliche Lebensgefährtin, mit der er den Salon gemeinsam betreibt.

Manche Teile des Pakets lohnen mehr als andere. Die Massage, zum Beispiel, ist viel zu schwach. Kaum als solche zu erkennen. Es fühlt sich eher an, als würde mir jemand schüchtern, aber geduldig auf die Schulter tippen. Eine ordentliche Massage muss wehtun. Ich verlange, dass es mir danach schlechter geht als vorher. Jedoch traue ich mich nicht, meinem Frisör zu sagen, ich würde lieber auf seine verzichten. Das könnte wiederum ihm wehtun.

Auf das Waschen würde ich nie verzichten, obwohl ich zugeben muss, dass es der Teil des Pakets ist, der in meinem speziellen Fall am allersinnlosesten ist. Ich könnte schwören, dass mein Frisör beim ersten Waschen leise hinter meinem Kopf gelacht hat, nachdem er vorher mehrmals nachgefragt hatte, ob das wirklich mein Ernst sei. Es gibt nicht viel zu waschen. Er massiert eher das Shampoo in meine Kopfhaut. Das macht er viel kraftvoller als die eigentliche Massage.

An seinem Comicgeschmack sollst du ihn erkennen

In Japan keinen Frisör zu finden ist unmöglich. Die Frage ist nur, welchen von den unzähligen man auswählt. Ich habe den genommen, bei dem mir das Regal mit den Mangas am sympathischsten war. Bevor ich damals mit Junko ausgehen durfte, musste ich ihr versichern, dass ich nicht »so ein Manga-Freak« sei. Bevor der Hahn krähte, hatte ich also meine Verbündeten aus der Bruderschaft der Manga-Freaks schleunigst verleugnet. Gänzlich gelogen war es derweil nicht, denn mein Manga-Wissen war zu lückenhaft und meine Manga-Lesegewohnheiten zu lax, um als Freak unter Freaks zu bestehen. Doch je mehr Zeit ich in Japan verbrachte, desto freakiger wurde ich. Ich lese nach wie vor nicht viele Mangas, aber ich schätze die Meisterwerke, insbesondere die von Naoki Urusawa, etwa den epischen Euro-Thriller *Monster* oder *20th Century Boys*, eine Art japanische Science-Fiction-Variation von Stephen Kings großem amerikanischen Roman *Es*. Und genau diese beiden Serien waren es, die ich im Regal meines Frisörs komplett aufgereiht gesehen hatte, als ich eines Tages am Fenster vorbeischlenderte. Dazu noch ein paar Klassiker von Osamu Tezuka, und die Entscheidung war gefallen.

Ich bin zwar kein Freund von Small-Talk, aber ich respektiere die Tradition der zwanglosen Plauderei beim Haareschneiden. Leider reicht es bei mir sprachlich nicht, um von Freak zu Freak über die Werke Urusawas und Tezukas zu sprechen. Um nicht allzu sehr in Verlegenheit zu geraten, lege ich meine Frisörbesuche darum nach Möglichkeit auf Termine, an denen sich besonders dankbare Themen anbieten, etwa ungewöhnliche Klimabedingungen (*»Mann, was für ein Wetter, oder?«*) oder Verkettungen nationaler Feiertage (*»Und,* *was für den Urlaub geplant?«)*. Ein paar ausgetauschte Banalitäten reichen, dann belässt man mich in himmlischer Ruhe.

Zumindest war das die längste Zeit so gewesen.

Die letzte Bastion fällt

Neulich fragte Junko: »Wenn du zum Frisör gehst, kannst du Hana mitnehmen?«

Ich erschrak. »Warum?«

»Weil sie einen Haarschnitt braucht.«

»Aber wieso zu meinem?«

»Wegen Corona.«

»Sie hat doch schon einen Frisör. Einen, der ungefähr ein Drittel von dem verlangt, was mein Halsabschneider mir abknüpft.« Zu einem Frisör sollte man vielleicht nicht Halsabschneider sagen.

»Na ja … ihr Laden ist auch nur ungefähr ein Drittel so sauber und dafür dreimal so voll wie deiner. In der jetzigen Situation …«

»Aber meiner ist ein ausdrücklicher Herrenfrisör. Wir finden bestimmt einen teuren sauberen Damensalon für sie.«

»Ich habe schon angerufen. Die machen eine Ausnahme für die Tochter ihres Stammkunden.«

Und nun saßen wir da halt zu zweit im Scherengeklapper. Das war auch schön. Aber es war nicht mehr ganz dasselbe. Dann vielleicht doch die Kneipe. Bevor Hana in das Alter kommt.

Südlich des Schlosses

VORHANG AUF (ABER NICHT ZU GENAU AUF DEN VORHANG ACHTEN) FÜR EINE GESCHICHTE ÜBER DAS SUCHEN UND FINDEN EINES NEUEN ZUHAUSES

Auf unserer Küchenablage liegt seit neuestem ein kleiner Sack Reis (nach deutschen Maßstäben ein großer), daneben steht eine Flasche recht teuren Schaumweins (in Deutschland wahrscheinlich etwas preiswerter). Beides sind Dankesgaben von Unternehmen, deren Dienste wir in den letzten Monaten in Anspruch genommen haben. Das Erfreulichste an diesem Bild ist allerdings weder das Grundnahrungsmittel noch der Reis, sondern der Umstand, dass wir zum ersten Mal seit rund fünf Jahren eine Küchenablage haben, die groß genug ist, um tatsächlich etwas darauf abzulegen. Und das kam so:

Träumen von schönen Häusern ohne Löcher in den Wänden

Wochen nach unserer letzten Deutschlandreise brach es völlig unerwartet aus Hana heraus. Etwas, was sich wohl lange angestaut hatte. Sie begann, auf offener Straße bitterlich zu weinen, zu zittern, schließlich zu schluchzen: »Ich möchte wieder in Omas und Opas *schönes* Haus!«

Ich nahm sie in den Arm und redete ihr gut zu. »Du vermisst Oma und Opa, stimmt's? Ich auch …«

»Ja. Und ihr *Haus*.«

Da wussten Junko und ich, dass es langsam an der Zeit war, die Umzugspläne, von denen wir uns seit Jahren gegenseitig versicherten, dass wir uns mit ihnen trügen, in die Tat umzusetzen.

Unsere Wohnung in Meguro war der geschenkte Gaul, dem man nicht allzu genau ins Maul schaut. Buchstäblich geschenkt war sie zwar nicht, aber sie war ja buchstäblich auch kein Pferd. Sie gehörte einer Bekannten, die davon nach dem Scheitern ihrer Ehe außer laufenden Kosten nichts mehr hatte. Es schien eine klassische Win-win-Situation: Wir konnten unserer Bekannten etwas Gutes tun, indem wir ihr Miete zahlten, und sie tat uns einen Gefallen, indem wir nicht ganz so viel Miete zahlen mussten, wie es ansonsten im Zentrum Tokios üblich ist. Aber natürlich gibt es so etwas wie echte Win-win-Situationen im echten Leben nicht. Die Wohnung war klein und schäbig, daran gab es nichts zu beschönigen. In meinem Buch *Happy Tokio* mag ich das etwas rosiger geschildert haben, aber unter Schock verdrängt man manches. Dem Schimmel konnte man dauerhaft weder mit Omas Hausmitteln noch mit chemischer Kriegsführung beikommen. Irgendwann half nur noch, die Vorhänge permanent geschlossen zu halten, um die Kulturen auf der Fensterbank nicht mehr sehen zu müssen. War ja zum Glück auch nicht so, als gäbe es aus den Fenstern irgendwas Interessanteres zu sehen als die Wand des Hauses nebenan. Im Eingangsbereich verbarg sich hinter der feuchten Tapete ein rätselhaftes Loch in der Wand, von dem ich den Eindruck hatte, dass es wuchs. Genauer inspizieren wollte ich es allerdings nicht, weil ich Angst hatte, Stocherei würde den vermutlich bevorstehenden Einsturz der Wand beschleunigen.

Nur auf eine Leistung durfte ich in meinem Don-Quijote-artigen Kampf gegen die Widrigkeiten dieses Wohnens wirklich stolz sein: Nach einem Sommer der Krabbelinvasionen war es mir gelungen, die Angriffe größerer Insekten auf unseren Wohnraum dauerhaft auf null zu reduzieren. Gerne hätte ich eine Plakette an die Tür gehängt: *»Jetzt im dritten Jahr kakerlakenfrei.«* Selbstverständlich hatten mir dabei Mittel geholfen, die bestimmt keine schwärmerischen Kritiken in der Zeitschrift *Öko-Test* erhalten hätten. Aber seit Hana auf die Welt gekommen war und wir uns für einen Windeltypus entscheiden mussten, ist unser Familienmotto: *Ökos werden wir wieder, wenn das Kind aus dem Haus ist.*

»Haus« war das Stichwort. Wir waren jetzt schließlich eine richtige Familie, und die Vorstellung von Tokio als eine Ansammlung gestapelter Kleinstwohnungen darf man ganz schnell revidieren, wenn man mal die berüchtigsten Wimmelviertel verlässt. Als hätten sie sich abgesprochen, hatten in der jüngeren Vergangenheit viele unserer internationalen Bekannten in der Stadt Häuser gekauft. Sie fielen aus allen Wolken, als wir erzählten, wir suchten eines zur Miete: »Warum kauft ihr nicht? Bei den Preisen macht es doch keinen Unterschied.« Was unsere Bekannten nicht in Betracht zogen: Sie waren allesamt richtige Erwachsene mit richtigen Erwachsenenkarrieren. Sie bauten Flugzeuge zusammen, lehrten an angesehenen Universitäten, arbeiteten für jene IT-Unternehmen, die längst die Welt beherrschten. Als freischaffender Künstler konnte ich derweil froh sein, überhaupt im Land geduldet zu werden, von einem Kredit in hier angemessener Größenordnung war nicht mal zu träumen. Sollten wir beim Häuserkauf nicht den Gesamtbetrag in kleinen Scheinen unauffällig unter dem Tisch rüberschieben können, würde niemand uns ein Haus verkaufen. Wir dachten uns weitere gute Gründe aus, warum wir kaufen sowieso total doof fänden: Bei Naturkatastrophen, zum Beispiel, müssten wir jeden Blumentopf ganz alleine wieder aufstellen. Selbst wenn wir von katastrophalen Erdbeben verschont blieben: Mindestens ein Taifun pro Jahr meint es immer richtig ernst und wütet mit

Winden und Fluten. Und sollten wir des gekauften Objekts eines Tages überdrüssig werden, müssten wir es unsererseits verkaufen oder vermieten. Dann würden uns die Mieter genauso auf die Nerven gehen wie wir unserer Vermieterin. Denn eines musste man ihr lassen: Sie ließ, ohne formellen Vertrag und ohne zu klagen, alles prompt und auf eigene Kosten reparieren und begradigen, was wir kaputt und krumm gelebt hatten. Unsere letzte Vermieterin in München hingegen hatte, trotz klarer Mietvertragsverhältnisse, prinzipiell jede Kostenübernahme erst einmal abgelehnt, solange man nicht gleich mit dem Anwalt drohte.

Dennoch fiel in unserer Wohnung in Tokio irgendwann so viel an, dass wir selbst keine Lust mehr hatten und bei jedem weiteren Schadensfall nur noch seufzten: »Lass es uns einfach ignorieren und schnellstmöglich ausziehen.«

$$***$$

Fragte mich jemand, ob es einfach ist, eine Wohnung oder ein Haus in Tokio zu finden, wäre lange Zeit meine Antwort gewesen: »Ja, püppileicht.« Die meisten Geschäfte in den Straßen Tokios sind sicherlich Convenience Stores, aber gleich danach kommen Reinigungen und Maklerbüros (unseriös gefühlt, nicht seriös nachgezählt). Jeden Tag findet sich im Briefkasten ein Bündel bunter Spams von Sushi-Lieferdiensten, Fitnessstudios und Immobilienvermittlern. (Der unfreundliche »*Keine Werbung einwerfen!!!*«-Aufkleber ist in Japan unbekannt, dafür steht unter jeder Briefkastenbatterie gleich der Altpapierkübel bereit.) Doch nicht nur die augenscheinliche Angebotsquantität verführte mich zu meinem Optimismus, sondern auch die eigene Erfahrung. Es war mir, bevor ich komplett nach Japan übergesiedelt war, stets leichtgefallen, Wohnungen für Aufenthalte zu finden, die mehr Zeit in Anspruch nahmen als profane Urlaube.

Allerdings: Damals war ich ungebunden. Oder zumindest mit Frau, aber ohne Kind. Oder zumindest mit Frau und einem so kleinen Kind, dass es noch keine höheren Ansprüche als Milch und Bäuerchen stellte. Inzwischen jedoch mussten wir bei der Haussuche nicht nur Hanas Wohl, sondern auch ihre mittelfristige Zukunft zur obersten Priorität erheben. Das Haus müsste nicht nur in einer guten Nachbarschaft mit bequem erreichbaren Einkaufs- und Spielmöglichkeiten sein und nicht allzu weit von einem Bahnhof entfernt, sondern darüber hinaus in der Nähe einer vertrauenserweckenden Grundschule und am besten gleich auch einer vernünftigen Highschool sein.

Spazierten wir durch andere Nachbarschaften als der unseren, stellte Junko mir oft Testfragen. »Wie gefällt dir diese Gegend?«

»Gut«, sagte ich manchmal. »Schön ruhig, nicht so viele Autos …«

»Viel zu ruhig! Wenn hier mal was passiert, bekommt es niemand mit.« Belebtere Orte waren ihr selbstverständlich oft ebenfalls zu gefährlich, weil zu belebt. Wir bewegten uns auf einem schmalen Grat, und es dauerte eine ganze Weile, bis ich korrekt kalibriert war, um gemütliche Ecken von düsteren unterscheiden zu können, beruhigend belebte Straßen von beunruhigend belebten.

***

Beim monatlichen Durchsprechen meiner Leiden erzählte ich meinem Hausarzt, dass wir uns mit Umzugsplänen trügen. Er fragte mich, wo es denn hingehen solle. Ich antwortete wahrheitsgemäß: »Sctagaya, Ōta, oder wir bleiben in Meguro.«

Mein Arzt sagte: »Ah, südlich des Schlosses also.«

Ich sagte: »Hä?«

»Südlich des Schlosses. So nennt man diese Stadtteile.« Er verzichtete darauf, diese Information mit weiteren historischen oder geographischen Schmankerln zu unterfüttern, denn er veranschlagt pro Besuch nur zwei bis drei Sätze für Small-Talk. Einer der Gründe, warum ich so gern zu ihm gehe.

Wir würden also südlich des Schlosses leben. Streng genommen taten wir das bereits, doch irgendwie beflügelte mich diese Formulierung. Sie klang nach Aufbruch.

Leider war ich nur sinnbildlich beflügelt. Dabei hätte ich ein Paar gefiederte Schwingen gut gebrauchen können, wie sich herausstellte.

Neuen-san sucht das Glück (zu Fuß, bei knapp vierzig Grad im Schatten)

Und inmitten einer Pandemie, darf man auch nicht vergessen. Je nachdem, wen man fragt, ist die Coronazeit für die Immobiliensuche besonders günstig oder besonders ungünstig. Viele bleiben jetzt, wo sie sind, also gibt es wenig Konkurrenz bei der Suche. Also günstig. Viele bleiben jetzt, wo sie sind, also geben sie keinen Wohnraum frei. Also ungünstig. Letztendlich bleibt es sich wohl gleich.

Junko und ich gingen arbeitsteilig vor. Sie war das Gehirn, ich die Muskeln. Sie erstellte eine Longlist mit Häusern, die in Frage kämen. Teils allein, teils mit einem Makler, den sie sich angelacht hatte. Dann machte ich mich auf den Weg. Ich ging die Objekte und ihre Nachbarschaften ab, stoppte die Zeiten vom Bahnhof zum Haus, vom Haus zur Grundschule. Ich achtete auf all das, worauf Junko mich gedrillt hatte. Sie wollte auch, dass ich schon mal den Weg zur Junior-Highschool überprüfte, aber da schlug ich (wieder nur sinnbildlich) mit der Faust auf den Tisch und zeigte ihr mal, wer der Herr im Haus ist: »Schatz, nicht aufregen, aber es sind jetzt bis zu vierzig Grad im Schatten, da draußen grassiert ein komisches Virus, und irgendwann muss ich mit meiner Arbeit auch noch hinterherkommen. Wenn es also irgendwie möglich ist, wäre ich dir sehr verbunden, wenn ich die Recherchespaziergänge auf Bahnhöfe und Grundschulen beschränken könnte.«

Sagte sie: »Klar, okay.«

Der hatte ich es richtig gegeben.

*** *

Ich finde es wunderschön, dass japanische Wohnhäuser großspurige (manchmal auch nur drollige) ausländische Namen tragen. Meistens natürlich englische, aber gleich danach kommen französische und auch nicht zu knapp deutsche. Eines der Häuser, die für uns in Frage kamen, trug den schönen Namen »Glück«. Auf dem Weg dorthin kam ich an einer Anlage namens »Erbprinz« vorbei. Auf unserer Liste stand ebenfalls das »Park Heim«, was schon ein wenig nach betreutem Wohnen klingt. Erklärungsbedürftig, wenn man Kontakten in Deutschland seine neue Adresse durchgibt, von der der Name des Hauses üblicherweise Bestandteil ist. In der Gegend, die wir verlassen würden, gab es tatsächlich ein Altenheim namens »Hütte«, außerdem ein Apartmenthaus namens »Der Glanz«. Letzteres wird schon dort gestanden haben, bevor wir zugezogen sind. Trotzdem habe ich es erst Jahre später bemerkt, weil »Der Glanz« mit Abstand das unscheinbarste Gebäude vor Ort ist.

Unter den abgeschrittenen Nachbarschaften hatte ich schnell eine Favoritin: Sakurashinmachi, wörtlich »Neue Kirschblütenstadt«. Da gab es nicht nur genau die richtige Mischung aus Städtisch und Vorstädtisch, das Viertel war außerdem die Heimat der Manga- und Anime-Figur Sazae-san, einer sympathischen, relativ durchschnittlichen Hausfrau, die alle Hände mit ihren familiären

Pflichten voll hat, aber trotzdem ihre eigenen Begehrlichkeiten nicht aus den Augen verliert. Das galt in den Sechzigern, als die Serie erstmals gesendet wurde, als kontrovers, feministisch, irgendwie links. Heute ist es reine Wohlfühlunterhaltung für alle. Der Manga hat es nur auf schlappe 68 Ausgaben gebracht, doch die Fernsehserie läuft und läuft und läuft. Bald dürften es 8000 Folgen sein, das ist Guinness-Weltrekord im Animationsbereich (*Simpsons?* Welche *Simpsons?*). Covid war schuld, dass Sazae-san 2020 im Fernsehen zum ersten Mal seit der Premiere 1969 ein paar Wochen aussetzen musste. Ich bin gern dabei, wenn die Serie am Sonntag ausgestrahlt wird. Welcher Tag könnte geeigneter sein? Gerade in aufregenden Zeiten habe ich die beruhigende Wirkung von Sazae-san sehr zu schätzen gelernt. Und tatsächlich gibt es sogar einen Namen für die Melancholie, die nach der Ausstrahlung einsetzt, wenn einem bewusst wird, dass das Wochenende vorbei ist: Sazae-san-Syndrom.

In Sakurashinmachi begegnet man der ewig 27-jährigen Sazae-san und ihrer freundlichen Familie an jeder Ecke, ob auf Postern oder als Bronzenachbildungen. Selbstverständlich gibt es auch eine Sazae-Straße, ein Sazae-Museum und ein Sazae-Informationszentrum. Ist das alles ein bisschen viel Sazae? Finde ich nicht. Eine bessere Nachbarin könnte ich mir nicht vorstellen.

***

Sazae-san würde mir bestimmt beipflichten: Man sollte regelmäßig innehalten und dankbar sein für all die Annehmlichkeiten, die man tagtäglich für selbstverständlich nimmt. Während meiner langen Wege durch die Sommerhitze hielt ich immer wieder an Getränkeautomaten inne und war dankbar, dass ich in einem Land lebe, in dem an jeder Ecke einer von denen steht. Außerdem war ich dankbar für die Häuser der Cafékette Doutor. Die führten in diesem Sommer ein Saisongetränk, von dem ich einfach nicht genug bekommen konnte: kalten Kaffee mit Zitronenlimonade. Zuerst nur aus Jux bestellt, danach immer wieder aus Appetit. Mit der japanischen Tradition, schwarzen Kaffee on the rocks zu trinken, habe ich mich nie richtig anfreunden wollen, aber die Zitronenlimo-Kaffee-Mischung schmeckt ganz hervorragend. Wann immer ich bei meinen Erkundungen nicht nur Durst, sondern auch einen kleinen Hunger verspürte, kehrte ich in ein Doutor-Haus ein und bestellte ebenjenes Getränk und einen *German Dog*. So heißt bei Doutor der Hot-Dog ohne alles. Eigentlich esse ich lieber Hot-Dogs mit allem, doch ich nehme bei Doutor immer den *German Dog*, wegen des Namens. Gleich und gleich gesellt sich gern.

Die Aussicht auf Regen

Ich lief ein weiteres Paar Schuhe kaputt und schwitzte unzählige Hemden und Hosen durch, bis ich Junkos Longlist auf eine Shortlist reduziert hatte. Die Wege auf dieser gingen Junko und ich noch einmal gemeinsam ab, um sie wiederum auf eine The-Very-Best-of-Liste zu reduzieren.

Junkos Testfragen gingen weiter. »Wie würdest du den Weg vom Bahnhof zum Haus aus Hana-Gesichtspunkten beurteilen?«

»Nach dem deutschen Schulnotensystem würde ich eine glatte Zwei geben. Die breite Straße, die sie überqueren müsste, ist nicht sehr schön, aber immerhin vollverampelt. Wahrscheinlich ist die sicherer als so manche trügerisch ruhige Landstraße ohne Ampel, auf der der Verkehr immer nur dann angerauscht kommt, wenn man am wenigsten damit rechnet.«

»Falsch, das ist allerhöchstens eine Vier minus. Auf der Brücke oberhalb der breiten Straße verläuft schließlich noch eine breite Hochstraße.«

»Ich glaube nicht, dass Hana dort hochklettern würde oder dass da oft Autos herunterfallen …«

»Natürlich nicht. Aber sie müsste darunter durchgehen, und an solchen schattigen Orten versammeln sich in den warmen Monaten für gewöhnlich Halbstarke und andere unerwünschte Elemente.«

»Aber wir befinden uns doch in den warmen Monaten, und da ist kein Gesindel weit und breit. Denkst du, das fehlt wegen des Corona-Versammlungsverbots?«

»Haha, sehr witzig.«

Selbstverständlich war es ein Witz. Weil der japanischen Regierung die rechtliche Handhabe fehlt, den Bürgerinnen und Bürgern irgendetwas zu verbieten, gab es in Japan kein nennenswertes Corona-Versammlungsverbot. Angenehmerweise sind die Japaner mit der Maske aufgewachsen wie die Deutschen mit dem Sandmännchen. Bockiges Riesenbabygezeter, dass einer keine tragen wolle, meldeten die Nachrichtenagenturen nur in zwei Einzelfällen.

***

Nächste Nachbarschaft, nächste Frage: »Wie ist dieser Weg?«

»Astrein. Wenig, aber nicht zu wenig Verkehr. Offen und freundlich. Keine finsteren Ecken. Hier kann Hana unbeschwert hüpfend die Welt erkunden.«

»Nein. Sie kann sich hier nirgendwo unterstellen, wenn es regnet.«

»Dann vielleicht doch die Gegend, wo man sich unter der Hochstraße unterstellen könnte?«

»Sehr witzig.«

In diesem Fall hätte man in meiner Heimat einfach gesagt: »*Das Kind ist ja nicht aus Zucker.*« In Japan allerdings ist dieser Ausspruch unbekannt. Ich hatte ihn einmal, auf mich selbst gemünzt, Junko gegenüber vom Stapel gelassen, als ich mich geweigert hatte, wegen ein paar Regentropfen einen Schirm zum dreißig Sekunden entfernten Supermarkt mitzunehmen. Sie fand den Spruch so interessant und exotisch, dass sie ihn sogleich dem kompletten japanischen Teil der Familie weitererzählte. Alle stimmten zu, dass das ein schönes Gleichnis und eine interessante Sichtweise wäre, aber natürlich völlig falsch. Schlaf und Regen sind die Volksfeinde Nummer eins.

* * *

»Andreas, sag mir, wie findest du diesen Schulweg?«

»Nun, Junko, ich bin froh, dass du fragst. Ich kann gar nicht genug von ihm bekommen. Nicht zu viel und nicht zu wenig Verkehr. Ein Convenience Store auf halber Strecke zum Unterstellen und Heiße-Schokolade-Schlürfen bei Unwetter. Die Ampel an der Hauptstraße ist ein bisschen weit weg, aber dafür gibt es eine günstig platzierte Fußgängerüberführung, was viel besser ist als eine Ampel.«

»Warum sollte das besser sein als eine Ampel?«

»Äh … weil man nicht aus Versehen bei Rot rüberlaufen kann? Weil kein Autofahrer aus Versehen oder aus sinistrer Absicht bei Rot rüberfahren kann? Weil man treppauf, treppab etwas für die Gesundheit tut? Richtig?«

»Falsch. Bei Regen kann man auf diesen Stufen ganz leicht ausrutschen.«

Die Aussicht auf Regen. Sie würde verhindern, dass wir jemals eine Heimat fänden. Vielleicht sollten wir in eine dieser überdachten Einkaufsstraßen der Vorstädte ziehen. Ich hätte nichts dagegen, finde sie sehr charmant. Allerdings müssten wir dann von Haus auf Wohnung umdisponieren, und das würde Junko niemals mitmachen.

Lichtblick

Die Häuser der The-Very-Best-of-Liste fuhren wir mit dem Makler ab. In unseren Zoom-Gesprächen vorab hatte er einen netten und kompetenten Eindruck auf mich gemacht, aber beim Anblick seines Wagens kamen mir Zweifel. Die Rückbank sah aus, als hätte dort ein Messerkampf um ausgelesene Zeitungen und hinterlassene Einkaufstüten stattgefunden. Mit anderen Worten: Er sah aus wie der Wagen eines leicht exzentrischen Ermittlers in einer amerikanischen Krimiserie. Privat ein wenig schlampert, beruflich derweil ein Oberfuchs. Sollten wir tatsächlich den Columbo unter den japanischen Maklern erwischt haben, wollte ich mich am hier und dort nach außen dringenden Sitzbankinnenpolster und ein paar vergessenen Mineralwasserflaschen nicht stören.

Junko und ich versuchten, so viele Termine wie möglich ohne Hana wahrzunehmen. Nach dem Abklingen der ersten großen Coronawelle besuchte sie wieder den Kindergarten. Sie war zwar von der Umzugsidee nach wie vor überzeugt und auch willens, in Frage kommende Häuser zu besichtigen, aber manchmal verhielt sich das Kind dabei halt doch wie ein Kind. Mein Denkfehler war: Draußen ist es zwar heiß, sobald wir jedoch die Häuser besichtigen, wird's bestimmt angenehm kühl, wegen der Klimaanlagen dort. Allerdings ist es in Japan nicht üblich, voll funktionsfähige Häuser und Wohnungen zu besichtigen. Der Strom ist meist schon seit längerem abgestellt, weshalb es drinnen noch heißer ist als draußen. So lief es öfter darauf hinaus, dass Junko sich die Häuser allein ansah, während ich mit dem Kind in den nächsten Convenience Store rannte – die Notaufnahme des kleinen Mannes –, um es zu rehydrieren. Möglicherweise hätte man von vornherein etwas zu trinken mitnehmen können. Aber genau so, wie man in den ersten Lebensjahren des Kindes stets den halben Hausrat in bis zum Zerbersten gefüllten Mama- und Papa-Tragetaschen mit sich führt, weil ja jederzeit alles passieren könnte, so wird man allzu nachlässig, wenn man erst mal begriffen hat, dass nicht immer alles passiert.

Dass man in größeren Gruppen durch Räumlichkeiten gescheucht wird, in dem die derzeitigen Mieter noch ihr Leben leben, gibt es in Japan glücklicherweise nicht. In München, das für seinen besonders kaltblütigen Wohnungsmarkt bekannt ist, hatte ich diese legendären Gruppenbesichtigungen wohlgemerkt ebenfalls nie erlebt, und ich habe jedes Mal ohne Schwierigkeit die erste Wohnung bekommen, die mir gefallen hat. Lag vielleicht auch daran, dass ich nie sonderlich freche Forderungen gestellt hatte: Stuckdecke, Parkettfußboden, Szeneviertel waren mir nie so wichtig gewesen wie Supermarkt, U-Bahn, Heizung funktioniert. Einmal erzählte ich einem Münchner Freund, ich hätte eine Wohnung besichtigt, die in Frage käme. Er fragte: »Und, wie bist du mit dem Makler verblieben?« Ich antwortete wahrheitsgemäß: »Ich habe ihm gesagt, ich überleg's mir.« Da ist der Freund vor Lachen über meine Naivität fast von der Bierbank gefallen. Aber ich habe es mir überlegt, und ich habe die Wohnung bekommen. Auch das ist München. Später tat meine Tochter in jener Wohnung ihre ersten Schritte.

Gleichwohl habe ich in München durchaus bei Wohnungsbesichtigungen ungewollte Einblicke in die Leben anderer bekommen. Einmal mussten Junko und ich bei einer Hausbesichtigung die gerade schwer fieberkranke Besitzerin ignorieren, die keuchend und mit triefender Nase im Bett lag und unentwegt ihre gefühlt fünf hyperaktiven Kinder anschnauzte (vielleicht waren es in Wirklichkeit weniger), die nicht nur ihr auf die Nerven gingen. Da hatte ich mich gefragt: Muss das sein, dass wir die gute Frau in dieser delikaten Situation stören?

Nein, das muss nicht sein, wie wir bei unseren angenehmen Fahrten im zerschlissenen Maklerauto durch Tokio erfuhren. Die

Fahrten waren tatsächlich angenehm, denn im Wagen lief ja die Klimaanlage. Wenn Hana dabei war, kommentierte sie hemmungslos den Zustand des Wagens. Die meisten ihrer Theorien hatten etwas mit Raubtierangriffen zu tun. Auf Japanisch wäre sie dafür zu schüchtern – und wir hätten sie vielleicht zur Mäßigung aufgerufen –, aber sie hat schon früh begriffen: Wenn ich Deutsch spreche, versteht mich niemand. Also hat sie keine Scheu, wenn sie in der Bahn neben einem aufgetakelten Harajuku-Girl sitzt, in voller Lautstärke zu verkünden: »Die hat pink-grüne Haare!« Oder wenn wir an der Ampel hinter einer Frau in zeigefreudiger Minimode stehen: »Papa! Warum ist die nackt?!«

$$* * *$$

Nach Beurteilung der Innenansichten unserer Häuserauswahl hatten wir schnell einen Favoriten identifiziert: ein dreistöckiges Haus in Ōta, idyllisch gelegen zwischen einem gepflegten Spielplatz und einem kompetenten Schnapsladen (ungepflegte Spielplätze sind in Japan auch nur ganz schwer zu finden). Das Haus selbst war ebenfalls nicht schlecht: geräumig, vorteilhaft geschnitten, jede Menge Stauraum. Ein Büro nur für mich war genauso enthalten wie ein Tatami-Zimmer, also ein traditioneller japanischer Raum mit Strohmattenauslegeware. Als Zugereister verzückt mich so was natürlich weit mehr als Junko. Ich hatte stets davon geträumt, meinen Lebensabend in einem solchen Ambiente zu verbringen. Dass mein Lebensabend schon jetzt beginnen sollte, hatte ich nicht zu träumen gewagt. Außerdem gehörten zu dem Haus ein (klitzekleiner, also nicht zu arbeitsintensiver) Garten und eine Terrasse, auf der ich mich endlich in einen dieser Grillväter verwandeln könnte, obwohl mich dieses Milieu bislang allenfalls die Stirn runzeln ließ. Gelegenheit weckt halt ominöse Begehrlichkeiten. Die Bretter, aus denen die Terrasse gezimmert war, schienen ein wenig zu zart, um einen deutschen Grillvater und seine Ausrüstung dauerhaft zu tragen, doch ich war überzeugt, sie beizeiten gegen robustere Latten austauschen zu können. Seit ich einst den Wickeltisch für die neugeborene Hana selbst zusammenbauen musste und mit ihm nie ein größeres Malheur passiert war, als man es von einem Möbel dieses besonderen Verwendungszwecks erwarten durfte, hielt ich mich für einen begnadeten Handwerker. Freudig erregt informierten wir den Makler, dass wir es gerne mit diesem Haus versuchen wollten.

***

Der Tag, an dem die Absage kam, war einer der schönsten meines Lebens. Ich musste jedoch warten, bis die doch recht enttäuschte Junko außer Hörweite war und ich den dicken, schweren Stein geräuschvoll von meinem Herzen plumpsen lassen konnte. Je ernster es geworden war, desto kältere Füße hatte ich bekommen. Wir konnten uns das Haus leisten, allerdings nur gerade so. Wenn nichts passieren würde. Aber machen wir uns nichts vor: Irgendwas passiert ja immer. Wenn wir eine Lehre aus dem Jahr 2020 ziehen können, dann wohl diese.

Wir sahen uns weitere Häuser an. Sie waren nicht alle schlecht. Tatsächlich waren einige ziemlich gut. Aber irgendetwas war immer. Eines war außen blutrot, hatte Drachen- und Dämonenornamente vor dem Tor und im Eingangsbereich farbenfrohe Buntglasfenster. Es erinnerte stark an das Ambiente des Horrorfilms *Suspiria*, doch es hatte auch Nachteile. Zum Beispiel gab es keinen nennenswerten Außenbereich und keine Balkone. Leider sind solche im kellerlosen Japan für die Wäscheaufhängung unabdingbar. Die riesige Garage, die wir als Nichtmotorisierte nie im Leben in ihrem eigentlichen Sinne nutzen würden, war gruseliger als jeder deutsche Wäschekeller oder italienische Horrorfilm. Da hätte weder Junko Wäsche aufhängen noch ich Bestseller schreiben mögen.

In einem anderen Haus war jeder einzelne Türrahmen zu niedrig für meine Statur. Nun könnte man sagen: Wenn sonst nichts ist – daran gewöhnt man sich mit der Zeit. Ich aber sage aus eigener schmerzhafter Erfahrung: Nein, daran gewöhnt man sich nicht. Der Mensch wird früh in seinem Verhalten geprägt, und wenn er nicht mit niedrigen Türrahmen aufwächst, dann lernt er auch im Alter das Bücken nicht mehr.

Und dann war da dieses zugleich schnuckelige wie ultramoderne Haus, das auf dem Papier zu gut aussah, um wahr zu sein. In Wirklichkeit sah es sogar noch besser aus. Und es war nur drei Minuten vom nächsten Bahnhof entfernt; im bahnbetriebenen Japan ein Grund für Prahlerei. Nur leider lag es unmittelbar an der Schienentrasse, die zu diesem Bahnhof führte. Als wir vor dem Haus standen, sagte ich: »Ich glaube, diese modernen Züge heutzutage fahren recht leise.«

Eine Bahn donnerte so laut vorbei, dass ich Junkos Antwort nicht verstehen konnte. Sie wiederholte: »Das ist eine sehr lokale Linie. Vielleicht fahren die Züge hier ja nicht so oft.«

Der nächste Zug knallte vorbei.

Ich versuchte: »Wenn die Schlafzimmer nach hinten raus gehen, ist es möglicherweise nicht ganz so schlimm.«

Wir konnten das Gespräch nicht vertiefen, weil das Maklermobil angerollt kam. Nachdem der dritte Zug innerhalb von weniger als fünf Minuten vorbeigerauscht war, sagte der Makler: »Ja, das mit der Bahn ist wirklich ein Problem. Zumal die Schlafzimmer nach vorne rausgehen.«

Wir haben das Haus dann gar nicht erst betreten.

Wie wir wohnten und wie wir wohnen werden

Es ging lange so weiter: Häuser, die wir nicht wollten, oder Hauseigentümer, die uns nicht wollten. Irgendwann stellte Junko dann die Frage, die mir schon lange auf den Lippen brannte, die ich aber nie auszusprechen gewagt hatte: »Wie wäre es, wenn wir auch Wohnungen in Betracht ziehen?«

Als ich nach genügend vorgespielter Bedenkzeit mein Einverständnis erklärte, plumpsten gleich zwei Steine von zwei Herzen beziehungsweise nur einer zweimal, denn auf unser beider Herzen lag ja derselbe Stein. Offenbar hatten wir uns in dieser Haussache gegenseitig so hochgeschaukelt, dass wir beide dachten, der andere würde es darunter nicht machen. Es stimmte, dass Junko nostalgische Wohligkeit mit ihrem Elternhaus im Tokioter Vorort Machida verband. Gleichwohl machte sie sich Sorgen um den größeren alltäglichen Arbeitsaufwand, den so ein ganzes Haus mit sich bringt, und den weniger alltäglichen Arbeitsaufwand, wenn mal was ist (wie gesagt: Der Taifun-Saison entkommt man selten gänzlich unbeschadet). Es ist wahr, dass ich gerne ein Arbeitszimmer, eine Bibliothek und ein Billardzimmer (Euphemismus für Playstation-Zimmer) hätte. Nichtsdestotrotz muss ich feststellen, dass alle meine sentimentalen Wohnerinnerungen um Wohnungen kreisen, nicht um Häuser. Nicht unbedingt um jede einzelne, in der ich jemals gehaust habe, aber doch um die eine oder andere. Zum Beispiel um die besagte in München-Moosach, in der Hana ihre ersten Schritte getan hatte, und das, ganz ohne jemals die gemeingefährliche, geländerlose Treppe runterzufallen, die den Essbereich vom tiefer gelegenen Wohnbereich trennte. Was haben wir uns Sorgen gemacht. Haben die versiertesten Heimwerker unseres Bekanntenkreises zur Begutachtung geladen, auf dass sie das Szenario kindersicher zimmerten. Doch alle sagten: »Da kann man nichts machen. Am besten ausziehen.« Aber wir blieben. Das Kind wuchs einfach mit der Treppe auf und machte sich nichts draus. Als wir kinderlos in jene Wohnung eingezogen waren, war die Hoch/Tief-Konstruktion des großzügig geschnittenen Wohnzimmers sogar einer der Gründe gewesen, warum wir sie so schnell ins Herz geschlossen hatten. So was hatte nicht jeder.

Ein Badezimmer, das komplett in einem an diesem Ort ganz unvorteilhaft wirkenden Braun gekachelt war, ebenfalls nicht. Ich wäre gerne dabei gewesen, als der Besitzer im Kachelfachhandel das Schicksal des Bades besiegelt hatte:

»*Welche Kacheln hätten Sie denn gerne?*«

»*Die braunen da.*«

»*Wirklich* dieses *Braun?*«

»*Genau das.*«

»*Wollen Sie es sich nicht noch einmal überlegen?*«

»*Nein. Alles in Stuhlgangbraun, bitte.*«

Und trotzdem war es unser Zuhause geworden. Trotz der Farbe und trotz der verkehrt herum montierten Dusche. Verkehrt herum nicht in dem Sinne, dass das Wasser von unten rauskam, sondern in dem, dass die Kalt- und Warmwasserhähne vertauscht waren. Bewohner gewöhnten sich schnell dran, Besucher nie. Wenn Klempner vorbeikamen, was öfter notwendig war, lachten sie mich stets aus, als sei das mein Fehler. »*Die Kacheln sind auch nicht von mir*«, hätte ich ihnen am liebsten jedes Mal entgegengebrüllt.

* * *

Eine ziemlich perfekte Wohnung in Tokio war im Nullkommanichts gefunden. So nah an einem Bahnhof, dass man ihn fast hören konnte, aber eben nur fast. Hinter dem Haus ein freundlicher

Park mit Tempel, vor dem Haus eine jener vorstädtischen Einkaufsstraßen, die ich atmosphärisch so schätze, obwohl meistens nur wenige der dort vertretenen Geschäfte hohen Alltagsnutzen für mich haben.

Als wir das geräumige wie günstige Apartment in dem sehr gepflegten Haus betraten, buckelten gerade schwitzende Teppichverleger über flauschiger Auslegeware. In Großherrenmanier sagte ich über die Rücken des Personals hinweg zu Junko: »Schatz, die nehmen wir! Bei dem Preis können wir den Teppichboden rausreißen und was Anständiges verlegen lassen.«

Bevor Junko fertig genickt hatte, schaltete sich eilig der Makler ein. Nein, um Gottes willen, der Teppich müsse bleiben. Der sei im ganzen Haus Pflicht, wegen der Lärmdämmung.

Vor unseren geistigen Augen schloss sich die Tür unserer Traumwohnung wieder. Danach schloss sie sich auch tatsächlich, hinter uns. Wir überlegten pro forma noch ein wenig hin und her. Würden wir uns nicht mit dem Teppich arrangieren können, wo schließlich sonst alles stimmte? Waren wir jetzt wirklich Parkettbodenschnösel geworden? Wir kannten die Antwort längst: Ja, waren wir. Und wir waren mit Sicherheit nicht die einzigen in der Stadt. Der Makler steckte uns, dass die Teppichgeschichte der Grund sei, warum diese Traumwohnung so verdächtig günstig daherkäme.

***

Die Wohnung, für die Junko und ich uns letztendlich entschieden, war eine von vieren, die wir an einem Sonntagvormittag mit Kind im Schlepptau abarbeiteten. (Japanische Makler machen auch mal frei, aber ganz bestimmt nicht sonntags, wenn die meisten ihrer potenziellen Kunden am verlässlichsten Zeit haben.) Die erste Wohnung des Tages war eine, die Junko im Vorfeld priorisiert und ich aus Budgetgründen heimlich ausgeschlossen hatte. Sie ging über zwei Stockwerke, woraus ich eine Argumentation zu stricken versuchte, Junko die Sache madig zu machen. »Das ist doch völlig unnötige Treppensteigerei. Was, wenn Hana da mal runterfällt?« Damit argumentiert man leicht mal, wenn einem nichts Klügeres einfällt: Es ist wegen der Kinder.

»Erstens wurde sie, wenn du dich erinnern magst, als Treppensteigerin geboren. Zweitens haben uns die Treppen bei den dreistöckigen Häusern auch nicht gestört. Drittens wären im Untergeschoss dein Arbeitszimmer und deine Bibliothek, da müssten Hana und ich also nicht zwangsläufig ständig runterrennen.«

Das waren drei starke Argumente gegen ein schwaches. Die Wahrheit war: Abgesehen vom Preis mochte auch ich die Wohnung. Sie lag außerdem nah an der Grundschule, die Hana besuchen würde, falls wir uns entschlössen, dort zu leben. Vielleicht würden wir es ja finanziell stemmen können, wenn nichts passierte …

Doch zum Glück lag die Wohnung außerdem an einer grauen Hauptverkehrsstraße, die außer einem Convenience Store, einer Reinigung und jeder Menge Hauptverkehr nichts zu bieten hatte. Des weiteren war der Fußweg zum nächstgelegenen Bahnhof recht lang und nur mittelmäßig nachvollziehbar. So gelangte Junko von ganz alleine zu der Einsicht, dass wir weitersuchen mussten.

Die zweite Wohnung war wie ein zur Immobilie gewordenes Yin-und-Yang-Symbol. Auf der hinteren Seite der Wohnung lag meine Idealvorstellung einer Tokioter Nachbarschaft: ein Netz aus vorörtlichen Einkaufsstraßen mit genau der richtigen Mischung aus bequemen Kettengeschäften und schnuckeligen Originalen. Vorne hingegen rauschte wieder der Hauptverkehr, und es reihte sich Autohaus an Autohaus. Architektonisch protzte das Foyer des Gebäudes einerseits mit prächtigen Säulen. Andererseits gab es auf unserem Stockwerk einen Übergang zum Mietshaus nebenan, und zwar genau vor unserem potenziellen Wohnzimmerfenster.

Ich erkannte den Sinn nicht. Vertaten sich in dieser Gegend so viele Menschen, in welchem Haus sie wohnten? Insbesondere auf diesem Stockwerk? »Ich glaube nicht, dass hier viele Leute vorbeigehen werden«, meinte ich.

»Bisher habe ich drei gezählt«, meinte Junko. Da konnten wir erst zwei Minuten in der Wohnung gewesen sein, eine halbe davon vielleicht im Wohnzimmer. An der Wohnung selbst war ebenso wenig auszusetzen wie hervorzuheben, aber der ständige Sichtkontakt zu den Flaneuren zwischen den Häusern und die nur halb gelungene Umgebung machten uns das gepflegte Mittelmaß nicht schmackhafter.

Die dritte Wohnung war ein erster echter Favorit. Ein sehr großes Apartment mit eigenen Zimmern für Vater und Tochter, überzeugend renoviert und in einem Haus, in dem es laut den Namen an den Briefkästen bereits zwei weitere Parteien mit Migrationshintergrund gab. Die Grundschule war so nah, dass man sie aus dem Fenster sehen konnte. Es war nicht nur ein Bahnhof relativ nah gelegen, sondern gleich drei, bedient von drei Linien. Auch nicht ganz irrelevant: Das Ganze war deutlich günstiger als etliche vergleichbare oder gar unattraktivere Wohnungen, die uns bisher untergekommen waren. Dieses Objekt kam auf jeden Fall in Frage.

So sehr, dass wir zunächst die Augen vor dem einen total offensichtlichen Nachteil verschlossen oder zumindest versuchten, ihn herunterzuspielen: So relativ unweit die Wohnung auch von den drei Bahnhöfen und den damit einhergehenden Einkaufsmöglichkeiten und Gastronomiebetrieben entfernt war, so wenig hatte die unmittelbare Nachbarschaft zu bieten. Selbst der nächste Convenience Store war nicht allzu bequem zu erreichen. Doch vielleicht waren wir zu verwöhnt von unserer derzeitigen zentralen Lage, in der wir einen zweistöckigen Supermarkt, diverse Convenience Stores und unzählige Restaurants innerhalb von dreißig Sekunden bis drei Minuten bequem erreichen konnten. Wenn wir eine größere, derweil erschwingliche Wohnung wollten, dann mussten wir eben gewisse Abstriche machen.

Die vierte Wohnung des Tages gefiel uns auf den ersten Blick nicht ganz so gut wie die just besagte. Sie war ein bisschen kleiner, was sich vor allem darin äußerte, dass wir uns entscheiden müssten, wer sein eigenes Zimmer bekäme: Vater oder Tochter. Man kann sich ja denken, wie solche Entscheidungen ausfallen. Ich bin einfach zu weichherzig. Außerdem war diese kleinere Wohnung ein klein wenig teurer als die größere.

Leider stimmte ansonsten alles. Die Wohnung war nicht, wie die andere, überzeugend renoviert, sondern so neu, dass sie das gar nicht nötig hatte. Architektonisch war das Haus von einer verwinkelten Exzentrizität, die es optisch deutlich über das Durchschnittsniveau Tokioter Mietshäuser hob. Es gab einen üppig begrünten Innenhof, dessen Baumkronen freundlich wie unaufdringlich ins Wohnzimmerfenster grüßten. Die Anzahl der Mietparteien war sehr überschaubar, was nahelegte, hier könnte es weniger anonym zugehen als anderswo. Möglicherweise würde man Teil einer Gemeinschaft werden. Als notorischer Eigenbrötler war mir das nie ein großes Kriterium bei der Wohnungssuche gewesen, aber Sie wissen ja … wegen der Kinder. Die unmittelbare Nachbarschaft war äußerst ruhig, aber in nicht allzu großer Entfernung zeigten sich bereits erste Restaurants und rudimentäre Einkaufsmöglichkeiten, und zum örtlichen Bahnhof mit seinem kommerziellen Vollprogramm war es ebenfalls nicht weit. Fast genau hinter dem Haus lag ein attraktiver Park, den wir bereits ganz ohne Umsiedlungsabsichten mehrmals zuvor besucht hatten, einfach so zum Freizeitvergnügen.

Wir liebten diese Gegend, und wir mochten die Wohnung sehr.

Trotzdem hätte ich schon gerne ein eigenes Büro gehabt, wie andere Erwachsene auch. Wie ich es für ein paar herrliche Monate bereits in München gehabt hatte, bevor passiert war, was passiert war, und aus einem Arbeitszimmer ein Wickelzimmer werden musste.

Wir versuchten, uns einzureden, dass die andere, größere Wohnung die bessere Wahl sei. Mehr Platz. Drei Bahnhöfe. Schule um die Ecke. Ein bisschen günstiger. Junko und ich machten getrennt voneinander weitere Erkundungsmärsche durch die Nachbarschaft, um festzustellen, ob sie wirklich so öde war.

War sie. Der erste Eindruck verschlimmerte sich eher noch. Der Makler wartete auf eine Antwort. Wir sagten: Wir nehmen trotz allem die größere in der grauen Gegend. Gegenden kann man lieben lernen. Vielleicht klappt's ja auf den dritten oder vierten Blick. Sonst bereuen wir es später noch.

Am Abend nach der Entscheidung entschieden wir, dass wir uns falsch entschieden hatten. Wir würden es vermutlich noch viel mehr bereuen, nicht in die neuere Wohnung in dem schöneren Haus in der besseren Gegend gezogen zu sein. Sie war zwar etwas teurer, jedoch längst nicht so teuer wie dieses groteske Riesenhaus, das wir um ein Haar genommen hätten, so man uns gelassen hätte. Sie war zwar etwas kleiner als die, für die wir uns gerade erst entschieden hatten. Aber immer noch deutlich größer als die Verhältnisse, aus denen es zu entkommen galt.

Am nächsten Morgen riefen wir den Makler an, revidierten unsere Entscheidung und hofften, dass es nicht zu spät war.

War es nicht. Verträge wurden abgestempelt (die japanische Bürokratie traut Unterschriften nicht), und bald wurden die Umzugskartons geliefert.

Die still anklagende Freundlichkeit des mülltrennenden Hausmeisters

Bevor einer der Kartons mit dem putzigen Panda drauf – dem Maskottchen des Umzugsunternehmens – gepackt werden konnte, fand ich einen mir unbekannten Sack in der Küche. »Was ist das?«, fragte ich Junko.

»Ein Sack Reis.«

»Ich dachte, wir wollten vor dem Umzug unsere Vorräte eher reduzieren, als weitere anzulegen.«

»Das ist kein Vorrat, das ist ein Geschenk vom Umzugsunternehmen, weil wir uns so schnell entschieden haben.«

Noch war nichts umgezogen, aber der Panda und der Reis machten mir das Unternehmen schon mal sympathisch. Bei der Auswahl hatte Junko ganze Arbeit geleistet. Beim Makler mit dem zerschlissenen Auto hatte ich mitunter das Gefühl gehabt, sie hätte einfach den erstbesten genommen. Die Umzugsunternehmen allerdings hatte sie so lässig gegeneinander ausgespielt wie ein professionelles Poker-Ass in Las Vegas. Hat sich nie mit dem ersten Angebot zufriedengegeben, hat in Gegenwart von Unternehmensvertretern laut über Mitbewerberangebote nachgedacht, die sie bereits eingeholt hatte, bis wir blitzschnell bei einem recht humanen Tarif und der gut beleumundeten Firma mit dem Panda angekommen waren. Das niedliche Maskottchen war derweil für unsere Wahl nicht ausschlaggebend gewesen, zumindest nicht bewusst.

Beim Umzug gingen Junko und ich wieder arbeitsteilig nach dem Hirn/Muskel-Prinzip vor. Zu einer meiner aufreibendsten

Pflichten gehörte dabei das Runterbringen des Mülls. Aufreibend war es vor allem für meine Nerven.

Ich habe unseren Hausmeister immer dafür bedauert, dass er in dem Raum, in dem der Müll des gesamten Mietshauses lagert, bevor er zum Abholen auf die Straße gestellt wird, den lieben langen Tag die Fehltrennungen der Mieter korrigieren muss. Doch er tat es mit bewundernswerter, engelsgleicher Geduld und ohne zu murren. »Warum können diese Leute das nicht von vornherein richtig machen?«, echauffierte ich mich innerlich. »Sogar ich kann das, obwohl ich die seitenlange Mülltrennungsanleitung des Hauses nur unzureichend lesen kann.«

Kam ich in den Müllraum mit einem seltenen Müllstück, etwa einem Kleiderbügel oder einer Gasflasche, von dem ich nicht genau wusste, wo sein Platz war, fragte ich stets den Hausmeister. Der sagte: »Legen Sie es nur irgendwohin, vielen Dank.«

Nur irgendwohin legen. So einfach war das. Wieso beherrschte ich das als Einziger?

Erst als wir umzogen und einen Großteil unseres Hausstands entsorgten, weshalb ich häufig und in kurzen Abständen in den Müllraum musste, wurde mir bewusst, dass wir nicht besser waren als all die anderen. Kam ich Momente nach einer Müllsacklieferung mit der nächsten, wurde ich Zeuge, wie der Hausmeister seelenruhig meinen letzten Müllsack öffnete und den Inhalt neu sortierte. So, wie es anscheinend wirklich richtig war. Er schien, wenn er mich bemerkte, nicht aufgebrachter als bei unseren anderen Begegnungen. Denn er kannte mich gar nicht anders. Kannte mich nur als den dümmlich-stolz lächelnden Ausländer, der von der Mülltrennung seiner Wahlheimat noch weniger verstand als von der Sprache.

Von einer anderen Seite lernten wir den Hausmeister jedoch kennen, als wir ihm nach vollzogenem Auszug ein paar Versöhnungssüßigkeiten in sein Kabuff bringen wollten. Nachdem er sich freundlich versichert hatte, ob er uns nun wirklich endgültig los sei, wurde er barsch und abweisend. Gar nicht mehr die gute, ruhige Seele des Hauses, als die ich ihn stets gesehen hatte. Nun waren wir kein Teil der Gemeinschaft mehr, und er war uns gar nichts mehr schuldig, nicht mal unverbindliche Höflichkeit und schon gar nicht Dankbarkeit für ein bisschen Schickimicki-Schokolade als Wiedergutmachung für die Jahre achtloser Demütigung. Wir hatten es wohl nicht anders verdient.

* * *

In der neuen Wohnung wollen wir es besser machen. Müssen wir auch, denn hier gibt es keinen Hausmeister, der uns alles abnimmt. Wir müssen den Abfall korrekt trennen und dürfen ihn nicht zu jeder Tages- und Nachtzeit runterbringen, sondern nur am Tag der Abholung der jeweiligen Müllsorte, vor acht Uhr morgens. Auch der Samstag ist ein Mülltag. Für uns kein Problem – wenn Sehr-früh-Aufsteherin Hana uns mal bis sieben schlafen lässt, ist das schon dekadenter Luxus. Dennoch muss ich mich fragen: Würde man in Deutschland damit durchkommen, den Mietern aufzubrummen, jeden Samstag vor acht Uhr morgens aufzustehen, um den Müll rauszubringen? Sie ansonsten im selbigen ersticken zu lassen? Ich glaube, in meinen Flegeljahren hätte ich den Tod durch Ersticken im Eigenmüll dem frühen Aufstehen vorgezogen.

Sollten wir nicht korrekt getrennt haben, wird der Müll nicht mitgenommen. Und es würde bestimmt rauskommen, wem der nicht abgeholte Müll gehört. Japanische Nachbarn sind da begeisterte Ermittler. So einer möchte ich auch werden. Als ich gestern meinen überkorrekt getrennten Müll zum richtigen Zeitpunkt runterbrachte, sah ich einen Nachbarn, der einen Sack mit einer Müllsorte abstellte, die an einem ganz anderen Tag dran ist. Leider sah ich ihn nur von hinten und musste sehr erschrecken: Ein unbedarfter Beobachter hätte ihn leicht mit mir verwechseln können. Ein groß gewachsener Mann mit als Absicht getarnter Notwehrglatze. Von Statur und Haltung würde ich sagen ein Ausländer. (Obwohl ich der Erste bin, der sich bitterlich beschwert, wenn Japaner davon ausgehen, dass echte Japaner nur wie ethnische Bilderbuch-Japaner aussehen dürfen.) Nicht dass das auf mich zurückfällt. Man kann sich schon denken, wie die Zeugenaussagen ausfallen:

»Ich habe den Täter beobachtet, wie er am Plastikflaschentag mit Aluminiumdosen gescheppert hat!«

»Können Sie die Person beschreiben?«

»Den Anblick werde ich meinen Lebtag nicht vergessen. Ein männlicher Weißer mit Glatze.«

»Konnten Sie sein Gesicht erkennen?«

»Nein, er trug eine Maske.«

Die Familie, die einfach alles abonniert

Es war nicht alles schlecht in Deutschland. Das findet Junko auch, obwohl sie in unseren Münchner Jahren schwer mit den stockfinsteren und eiskalten Wintern, den unzuverlässigen Verkehrsmitteln und den riesigen Schweinshaxen zu kämpfen hatte. Doch ein paar Dinge möchte sie sich bewahren beziehungsweise sie zurück in unser Leben bringen. »Ich möchte vor der Tür so eine Matte, auf der man sich die Füße abtritt … Wie heißt das?«

»Fußmatte«, antworte ich. »Sehr deutsch. Habe ich in Japan noch nie gesehen. Liegt auch in diesem Haus vor keiner Wohnungstür.« Vor dem Haupteingang des Hauses liegt eine für alle, und vor dem Betreten der eigentlichen Wohnung zieht man sich in deren Eingangsbereich landesüblich sowieso die Schuhe aus. Nicht wie in Deutschland irgendwann, nachdem man die Einkäufe in den Kühlschrank gestellt, die Katze gefüttert, den Fernseher eingeschaltet hat und auf der Toilette gewesen ist, sondern *sofort*! Ausnahmen gibt es keine. Handwerker und Lieferanten, die sich nicht die Schuhe ausziehen mögen, rollen einen mitgebrachten Teppich oder eine Plane vor sich her oder haben zumindest Überschuhe dabei. Zwei- oder dreimal in meinen Jahren in Japan ist es mir passiert, dass ich bereits in Schuhen und unter großem Zeitdruck in der Tür stand, als mir einfiel, dass ich im Inneren der Wohnung etwas Unentbehrliches vergessen hatte. Weil ich allein im Haus war, huschte ich in Straßenschuhen übers Parkett und fühlte dabei einen Kitzel, wie ihn ein maskierter Meisterdieb fühlen muss, wenn er nachts über fremde Fassaden klettert. Gleichzeitig fühlte ich mich schmutzig, als würde ich die Wohnung damit entweihen. Ein Gefühl, das diesem Dieb vielleicht ebenfalls nicht unbekannt ist, wenn noch ein Funken Anstand in ihm glimmt. (Mein Geständnis muss unbedingt unter uns bleiben, versteht sich.)

»Ich finde das aber gut«, sagt Junko über die Fußmatte.

»Dann wird man uns als die Familie mit der Fußmatte kennen.«

»Es gibt Schlimmeres. Ich würde allerdings lieber eine leihen, anstatt sie zu kaufen.«

»Die kann man leihen?«

»Ja, das habe ich recherchiert. Dann bekommt man in regelmäßigen Abständen eine neue.«

»Kann ich mir nicht vorstellen. Der Kundenkreis für so ein Außenseiterprodukt muss äußerst überschaubar sein.«

»Genau. Sehr exklusiv. Und sehr exklusive Kunden schätzen halt solchen Service.«

Man wird uns als die Familie mit dem Fußmattenabonnement kennen. Es wäre nicht unser einziges Abonnement. Gerade erst haben wir uns zu einem Wasserfilterabonnement entschlossen. Im Gegensatz zu unserer vorherigen Wohnung, in der das Wasser aus Hähnen und Brausen eher fiel als floss, prescht es aus den Leitungen der neuen Wohnung mit geradezu ungestümem Elan heraus. Im Badezimmer prickelt das angenehm auf der Haut, in der Küche jedoch konnten wir uns einfach nicht daran gewöhnen und spritzten bei jeder Hahnöffnung den halben Raum inklusive uns selbst nass. Eigentlich wollten wir nur etwas vorschalten, was den Fluss sanfter gestaltete, aber der freundliche und geschäftstüchtige Wasserfilterverleiher konnte uns ein ganz erstaunliches Modell zur Montage am Hahn mit drei Modi aufschwatzen: »normal«, »köstlich« und »Brause«. Und das wird nun regelmäßig ausgetauscht, bevor irgendetwas im Innern verschleißen kann.

* * *

Bis vor kurzem hatten wir außerdem Kochboxen von einem Lebensmittelversender abonniert, also Rezepte inklusive aller roher, derweil bereits mundgerechnet zurechtgeschnittener und korrekt portionierter Zutaten. Junko hatte das speziell für mich angeleiert, weil sie den Verdacht hatte, dass die Tage, an denen ich koche, mich zu sehr unter Stress setzten. Vielleicht kam sie darauf, weil ich beim Kochen wie ein Rohrspatz schimpfe, was in anderen Lebenslagen nicht meine Art ist. Dabei ist das nur ein Zeichen meiner großen Kochleidenschaft, ein Ausdruck der turbulenten Beziehung zwischen mir, dem Küchengerät und den Zutaten. Nach einer Weile mit dem Kochboxabonnement stellten wir allerdings fest, dass mich das Entziffern der japanischen Anweisungen und das Entfernen und Entsorgen jeder Plastikverpackung jedes einzelnen Zwiebelrings noch viel mehr stresste als das Kochen frei nach Schnauze. Das Abonnement läuft trotzdem weiter, nur löschen wir jedes Mal die Menüvorschläge des Händlers und füllen den virtuellen Warenkorb mit individuellen Zutaten. So was kann man natürlich auch ohne Abonnement tun, mag man kühlen Kopfes einwenden, und ich habe keinen guten Konter. Außer: Wenigstens vergessen wir so nicht einzukaufen. Die zivilisationskranke Menschheit scheint ja zunehmend mehr Selbstverständlichkeiten zu vergessen, wenn man ihr so beim Schnattern zuhört. Vielleicht wird »Nicht vergessen einzukaufen« das neue »Nicht vergessen zu trinken«.

»Aber müssen wir denn wirklich alles abonnieren?«, fragte ich Junko hinsichtlich dieser Fußmattengeschichte.

»Sagt der Mann, der gerade einen Streaming-Dienst abonniert hat, der ausschließlich Kung-Fu-Filme zeigt.«

»Der Mann ist zur Besinnung gekommen und hat das Abonnement noch vor Ablauf des Gratismonats gekündigt.«

»Bravo. So viel Vernunft hätte ich ihm gar nicht zugetraut.«

»Die Übertragungsrate war einfach zu launisch. Ich versuche es noch mal, wenn wir den Internet-Provider gewechselt haben.«

»Dann nehme ich alles zurück.«

Die elektronische Kloprinzessin

Nicht nur der Wasserregler und die Fußmatte waren neu in unserem Leben. Eines Tages entdeckte ich einen kleinen Plastikkasten auf dem Klo, mit einer süßen Schleife und einer Reißzwecke an die Wand gepinnt, wie man halt in Japan technische Geräte an Wänden befestigt. »Was ist das?«, fragte ich Junko.

»Das ist eine *Otohime*«, sagte sie stolz. Eine »Klangprinzessin« zu Deutsch. Das Gerät ist dazu gedacht, mit simuliertem Wasserrauschen unangenehme Geräusche beim Toilettengang zu übertönen. Eine Erfindung zum Wassersparen, denn ohne sie lassen viele Japanerinnen und Japaner tatsächlich zu diesem Zweck ununterbrochen das Wasser rauschen. (Meistens wird insbesondere den Japanerinnen diese Marotte nachgesagt, ich habe sie aber auch schon auf genügend öffentlichen Männertoiletten belauschen müssen.)

»Warum jetzt auf einmal?«, fragte ich.

Leise, damit es niemand hört, antwortete Junko: »Nun … manchmal kann man was hören …«

Das scheint Teil der Qualitätsoffensive für unser neues Leben zu sein. In unserer alten Wohnung konnte man viel besser hören. Falls »besser« in diesem Zusammenhang das richtige Wort ist. Saß ich auf der Toilette und zog sich jemand im Flur die Schuhe an, war ich blockiert, weil ich das Gefühl hatte, direkt neben demjenigen zu sitzen. Junko kann es kaum besser gegangen sein. Trotzdem war sie dort nie auf die Idee gekommen, eine Klangprinzessin zu installieren. In der neuen Wohnung derweil haben die Schallwellen viel längere Wege und dickere Türen als Hindernisse, außerdem beginnt unausweichlich jedes Mal der Ventilator zu rauschen, sobald man das Licht in der Toilette anknipst. Ich hatte mich unter diesen Umständen ausreichend schallisoliert gefühlt, würde sogar von einer neuen Freiheit, einer neuen Qualität bei der Verrichtung des Notwendigen sprechen.

Aber jetzt wurde ich unsicher: Man konnte also doch etwas hören. Sagte meine Frau.

Ich begrüßte die Prinzessin mit offenen Armen, nahezu buchstäblich. Um sie auszulösen, muss man einmal an ihr vorbeiwinken.

Simulierte unsere Prinzessin tatsächlich so etwas wie Wasserrauschen, wäre es der Beginn einer wunderbaren Freundschaft gewesen. Wahrscheinlich hätte ich einen solchen Klang in den meisten Situationen als angenehm, in vielen gar als motivierend empfunden. Doch das Geräusch, dass sie blechern entlässt, erinnert eher an eine einstürzende Wand, in Klangfarbe wie Lautstärke. Ich bin beim ersten Mal fast von der Schüssel gefallen, Hana beinahe hinein. Um das Kind nicht zu traumatisieren, das auf leicht erhöhte Lautstärke empfindlich reagiert, solange es sich nicht um seine liebsten K-Pop- oder J-Rock-Songs handelt, haben wir das Gerät höher gehängt, sodass nur ich es unfreiwillig auslösen kann. Schlimm genug. Einmal erschreckte mich die zufallsaktivierte Elektroprinzessin so sehr, dass ich mit dem bereits nackten Hintern auf dem noch nicht geöffneten Klodeckel landete und dabei den Fuß so unvorteilhaft spreizte, dass ich dort einen Krampf bekam, welcher wiederum obenrum einen verzweifelten Lachkrampf auslöste, den allerdings bei dem Krach der Prinzessin niemand hörte.

Hana ist ihrer Mutter gegenüber normalerweise frustrierend loyal. Wann immer etwas passiert und ich ihr konspirativ zuflüstere, Mama müsse davon nichts erfahren (z. B. Maske vergessen auf dem Weg zum Kindergarten, Cola getrunken bei Royal Host), kann ich mir sicher sein, dass Hana ihre Mutter unterrichtet, sobald sie Gelegenheit dazu hat.

Als Junko uns kurz nach dem Umzug für ein paar Tage aus beruflichen Gründen alleine lassen musste, war mein erster feierlicher Akt des Vater-Tochter-Festivals, den verhassten Prinzessinnenkasten abzunehmen und in einen dunklen, fast unerreichbar hohen Schrank zu verbannen. Hana spendierte sitzende Ovationen. Trotzdem versicherte ich ihr: »Bevor Mama nach Hause kommt, hängen wir sie wieder auf.«

Ohne mit der Wimper zu zucken, meinte Hana: »Und wenn nicht? Vielleicht bemerkt sie es gar nicht.«

Doch in diesem Fall konnte ausnahmsweise ich nicht anders, als meiner Frau gegenüber loyal zu sein. Vielleicht fehlt mir auf dem Klo inzwischen tatsächlich etwas ohne den Sound einstürzender Neubauten.

***

Schwerer zu schaffen machte mir die Sache mit den Vorhängen. Finden Sie nicht auch, dass es nahezu unmöglich ist, schöne Vorhänge zu finden? Dann sind Sie bestimmt eine Frau.

Ich bin kein Freund überholter Geschlechterklischees und altbackenem »Typisch Mann/Typisch Frau«-Humors, aber gewisse unumstößliche Wahrheiten lassen sich in diesem Bereich nicht leugnen. Zwei Dinge etwa, die Frauen ungemein wichtig nehmen, interessieren Männer nicht die Bohne: Sofakissen und Vorhänge. Egal, was Sie gehört haben, meine Damen: Es gibt unter den Herren diesbezüglich keine Ausnahmen; es gibt allenfalls Heuchler. Nie in der Geschichte der Menschheit hat ein Mann ein Wohnzimmer betreten und ausgerufen: *»Wow, tolle Vorhänge!«* Das Verhältnis zwischen Mann und Vorhang ist ein einfaches: Sind Vorhänge aufgezogen, sehen wir aus dem Fenster. Sind sie zugezogen, sehen wir woandershin. (Für Sofakissen gilt: Ist ein Sofa ohne zusätzliche Kissen nicht bequem genug, war es ein Fehlkauf.)

Aber Frauen wollen das nicht wahrhaben. Meine zumindest nicht. Also muss ich mir in Schaufenstern, Katalogen und Internet-Datenbanken jede Menge Muster und Materialien ansehen, die ich alle toll finde, wenn ich das Gefühl habe, dass Junko sie toll findet. Und danach das Ganze noch mal bei den Hausbesuchen gut gekleideter Vertreter mit geschmeidigen Zungen und jeder Menge Musterbücher.

Ich möchte mit meinem Desinteresse keinesfalls angeben. Vermutlich ist es ein Defizit, diese absolute Gefühlskälte gegenüber Sofakissen und Vorhängen. Vielleicht rückt das in ein paar Jahrhunderten die Evolution gerade, und der Mann bekommt gar niemals mehr genug von der Textilienbegutachtung. Aber jetzt hilft mir das nicht. Und mit meiner Frau kann ich über meine wahren Gefühle in dieser Angelegenheit nicht sprechen, dafür habe ich bereits zu viel Interesse geheuchelt. Ich kann mich nur stumm meinem Tränenbuch anvertrauen.

Es ist keineswegs so, dass häusliche Ästhetik mir grundsätzlich schnurz wäre. Eifrig kann ich mich engagieren, wenn es um die Formen von Bilderrahmen, Käsepiksern oder Nussknackern geht, obwohl ich nicht vorhabe, jemals in meinem Leben wieder eine Nuss zu knacken (man kann sie geknackt kaufen, schmeckt genauso gut, macht keine Sauerei).

Wir wollen die Vorhangentscheidung nicht übers Knie brechen (also Junko will das nicht; ich hätte klammheimlich nichts dagegen), doch wir wollen auch nicht auf dem Präsentierteller fernsehen, essen, schlafen und Lego-Boutiquen zusammenbasteln. Deshalb haben wir provisorisch ein paar Vorhänge aus dem Fundus meiner Schwiegereltern aufgehängt, die auch schon in unserer alten Wohnung provisorisch hingen. Da jene Wohnung bis zum Schluss ein Provisorium blieb, blieben auch die Vorhänge bis zum Schluss. Dort waren sie ein wenig zu lang, hier sind sie viel zu kurz. Die Fenster erinnern nun an diese bedauernswerten erwachsenen Männer, die partout nicht einsehen wollen, dass ihre Konfirmationsanzüge nicht mehr passen, und die formellen Anlässen somit stets in zu kurzen Ärmeln und zu knappen Röhren beiwohnen. Zum Glück sieht man das unseren Fenstern nur von innen deutlich an, und selbstverständlich werden wir niemanden in unsere Wohnung lassen, bevor wir keine anständigen Vorhänge haben. Wir sind ja keine Wilden.

Von außen müsste man schon sehr penetrant hochstarren, um die Unregelmäßigkeiten zu bemerken. So wie Junko es natürlich tut, wenn wir draußen an unserem neuen Zuhause vorbeigehen. »Was sollen die Leute bloß denken, wenn sie unsere Fenster sehen?«

»Die denken: Sieh mal einer an – bis vor kurzem wohnte da niemand, und jetzt wohnt da jemand.«

»Aber diese Vorhänge …«

»Die denken: Da wohnt jetzt jemand mit grünen Vorhängen. Dann gehen sie weiter.«

Vielleicht auch nur die Männer. Selbst Hanas Blick scheint schon geschärft für diese Thematik. Als wir in der Kundentoilette eines Supermarktes am Bereich der Reinigungskräfte vorbeikamen, der nur durch ein besonders schäbiges Stück Stoff vom öffentlichen Bereich abgetrennt war, sagte Hana, ein wenig peinlich berührt: »Den Vorhang haben wir auch.«

Zum erfolgreichen Abschluss unseres Mietvertrages hatte uns der Makler mit dem schäbigen Auto eine ganz und gar nicht schäbige Flasche Sekt überlassen (ebendie, die nun auf unserer Küchenablage steht). Gleich nachdem unser Kühlschrank in der neuen Wohnung ans Netz gegangen war, stellten wir sie hinein und nahmen uns vor: Wir öffnen sie, sobald wir mit der Einrichtung fertig sind. Nach zwei Wochen nahmen wir sie wieder heraus, weil wir merkten, dass dieser Zeitpunkt niemals klar zu bestimmen sein würde. Das Wohnen ist ein stetiger Prozess und das Einrichten ein Teil davon. Vieles wird anfangs vorgeblich nur provisorisch dort gelassen, wo es gelassen wird. Oft genug wird aus dem Provisorium ein Dauerzustand, manchmal jedoch nicht. Schwer zu sagen, wann etwas endgültig an seinem Platz ist. Weil wir den Sekt wirklich gerne trinken würden, haben wir uns also ein neues Ultimatum gesetzt: Sobald die neuen Vorhänge da sind, muss er dran glauben. Wann genau das sein wird, steht noch in den Sternen, aber wir rechnen optimistisch mit einem Termin vor dem nächsten Frühjahr.

Nachbars Kekse aus dem Untergrund

Eines unserer Kriterien bei der Wohnungssuche war gewesen, dass wir nicht höher als im dritten Stock leben wollten. Seit Junko nach dem Tōhoku-Erdbeben 2011 erst 37 Stockwerke von ihrem Büro nach draußen laufen musste, dann zu Fuß durch die halbe Stadt und schließlich wieder neun Stockwerke nach oben in ihre damalige Wohnung, hat sie in dieser Angelegenheit verständliche Vorbehalte. Ein anderes Kriterium war, dass wir nicht wieder in einer Liegebatterie mit Hunderten von Parteien unterkommen wollten, sondern in einem überschaubaren Haus, in dem sich die Nachbarn einigermaßen kennen, einander vielleicht sogar freundlich gesonnen sind. Beides haben wir erreicht, wobei man freilich abwarten muss, ob aus Freundlichkeit Freundschaften gedeihen. Doch die Zeichen stehen gut. Uns gegenüber wohnt eine Familie mit einem Sohn in Hanas Alter. Die Eltern sind nett, er ist reizend schüchtern. Als Hana und ich einmal ihn und seine Mutter auf dem Heimweg trafen und schlendernd den Rest des Weges gemeinsam bestritten, fragte er irgendwann panisch: »Mama, können wir nicht schneller gehen?« Hana hat noch kein Wort *mit* ihm gesprochen, aber sie redet ständig *über* ihn. Es könnte der Beginn von etwas Wunderschönem sein, auch wenn der Junge es noch nicht sehen mag.

Eine andere Nachbarin stellte sich als Keksbäckerin mit umfangreicher Social-Media-Präsenz heraus. Eine echte Keksfluencerin. Sie empfange samstags Schüler zum Keksebacken, erzählte sie hinter vorgehaltener Hand, aber wir sollten es nicht weitersagen; das sei alles nicht ganz legal. Ich gehe davon aus, dass es bei der Illegalität der Operation um bürokratischen Papierkram geht, nicht um die Zutaten der Kekse. Wir haben welche zum Probieren bekommen. Drei Stück, einen für Junko, einen für mich, einen für Hana. Wir waren hocherfreut, wie köstlich sie waren. Das war allerdings auch die einzige Art von Hochgefühl, die uns diese illegalen Kekse verschafft haben.

Die Bäckerin betreibt außerdem ein Nagelstudio, anscheinend völlig legal. Ein Nagelstudio als Fassade für eine konspirative Keksbackschule. Ganz schön aufregend, so eine raffinierte Kriminelle im Haus zu haben. Reicht fürs leichte Prickeln vollkommen aus. Es muss ja nicht immer gleich ein Yakuza-Kredithai sein.

Das Nagelstudio könnte ebenfalls relevant für uns werden, zumindest für Junko. Früher ging sie nie ohne Klunker an den Nägeln aus dem Haus, heute dekoriert sie sie nur noch zu besonderen Anlässen, nämlich während der Kirschblüten- und Adventszeit, mit entsprechenden saisonalen Motiven. Ob sie das fortan von unserer neuen Nachbarin vornehmen lassen wird, ist eine andere und etwas heikle Frage. Junko ist schon sehr anspruchsvoll, was ihre Fingernageldekoration angeht. Falls ihr die Arbeit unserer Nachbarin nicht zusagen würde, wie sollten wir damit umgehen? Einem anonymen Salon in einem anderen Stadtteil kann man aus dem Weg gehen. Bei einer Nachbarin sieht das anders aus. Da würde immer etwas zwischen uns stehen, wenn sie uns unsere Schweigekekse vorbeibringt. Lieber nichts riskieren.

***

Ähnlich gut wie die Nachbarn ist auch die Nachbarschaft. Falls man sein Kind mal effektiv ermüden möchte, befindet sich im Park hinterm Haus die vielleicht längste Rutsche Tokios. Ermüdet das Herabrutschen nicht genügend, erledigt das mit Sicherheit der lange Weg nach oben. Wieder und wieder. Kinder können da ja sehr ausdauernd sein. Und die Rendite fahren die Eltern nach dem Abendessen ein, wenn die Kleinen erschöpft ins Bett fallen.

Alle Ramen-Restaurants der Gegend durchzuprobieren wird noch eine Weile dauern, doch das erste war schon mal ein voller Erfolg. Man musste den allgemeinen Grad der Schärfe und den der Zungenbetäubung separat auswählen. Ich bin zunächst konservativ im mittleren Bereich geblieben, könnte mir allerdings vorstellen, mich langsam zu steigern. Um die Ecke unseres Hauses befindet sich außerdem ein von innen edles, von außen eher unscheinbares Sushi-Lokal. Vor dem Bezahlen multipliziert man einfach den Preis, den man eigentlich erwartet, mit drei, dann muss man hinterher nicht so schockiert aus der Wäsche gucken, wie ich es dem Vernehmen nach getan hatte. Dementsprechend gut war das Sushi allerdings auch, wurde mir gesagt (meine Zunge war noch mittel betäubt vom Mittagessen am Ramen-Tresen). Um die Ecke des Lokals ist eine kleine, aber ziemlich ernst wirkende Kampfsportschule, aus der besonders nachts ziemlich ernstes Kampfgeschrei durch die Nachbarschaft hallt. Um deren Ecke wiederum ist ein Craftbier-Laden mit Ausschank, in dem sich die Kampfsportlerinnen und Kampfsportler nach dem Training gerne das eine oder andere internationale Firlefanzbier gönnen und Kampftechniken durchsprechen. Ich geselle mich gerne dazu und werde in diesem Laden mit Sicherheit keinen Streit anfangen.

In unmittelbarer Hörweite unserer Wohnung wohnt zudem jemand, der sehr schön Geige spielt. Etwas weiter jemand, der noch etwas üben muss, was er leider unentwegt tut. Dazwischen hat ein Geigenbaumeister seine Werkstatt, der jeden Morgen sogar die Geige stimmt, die nur draußen zur Dekoration hängt. Wie soll man sich in dieser Nachbarschaft nicht wohlfühlen?

Ausgelöchert

Einmal noch hörten wir von unserer alten Wohnung. Und zwar etwas, was wir nicht hören sollten. Eines Nachmittags sagte Junko, nicht ganz ohne Schalk: »Unsere ehemalige Vermieterin hat sich beschwert, dass wir zu viele Löcher in den Wänden hinterlassen hätten.«

Irgendwie mussten wir unsere Schränke ja erdbebensicher und die bescheidene Kunstsammlung sichtbar machen. Ich fragte, vorsorglich aufgebracht: »Will sie uns das etwa in Rechnung stellen?

Dann werde ich ihr erst mal geigen, was wir *ihr* alles hätten in Rechnung stellen können, wären wir nicht so faul gewesen!«

»Nein, nein. Sie hat es nur im Vertrauen ihrer Mutter erzählt. Unter der Auflage, dass die es nicht meiner Mutter erzählt.« Die beiden Mütter sind befreundet. »Natürlich hat ihre Mutter es sofort meiner Mutter erzählt. Unter der Auflage, dass sie es nicht mir erzählt.«

»Und natürlich hat deine Mutter es sofort dir erzählt.«

»Aber nur unter der Auflage, dass ich es nicht dir erzähle.«

»Und wem darf ich es nicht erzählen?«

»Ich habe keine Auflage. Als *Gaijin* stellst du in diesen Kreisen kein Sicherheitsrisiko dar.«

Gaijin heißt eben doch eher »Außenseiter« als »Ausländer«. »Ich könnte es deiner Schwester erzählen.«

»Meinst du, die weiß es noch nicht, wenn meine Mutter es weiß und ich es weiß?«

»Ich könnte es Hana unter der Auflage erzählen, dass sie es nicht Teacher Lucy erzählt.«

»Ich glaube, die beiden interessiert das nicht.«

Also werde ich dieses Geheimnis, so schätze ich, auf ewig für mich behalten. Wenn mir nur jemand einfiele, dem ich es verraten könnte.

Royal Host Memories

ESSEN MIT GIMMICK: SAGE MIR, IN WELCHEM RESTAURANT DU EINKEHRST, UND ICH SAGE DIR, WELCHE ART VON MENSCH DU BIST

Wir waren einmal eine Royal-Host-Familie, jetzt sind wir eine Jonathan's-Familie. Das Geständnis fällt mir nach wie vor nicht leicht, denn als Royal-Host-Familie haben wir immer auf Jonathan's-Familien herabgesehen. Der Ruf von Royal Host mag nicht unbedingt dem großspurigen Namen der Restaurantkette gerecht werden, aber die Häuser der Konkurrenzkette Jonathan's gelten Menschen mit Geschmack als Orte, die man höchstens aus Verzweiflung oder Unwissenheit aufsucht. Wann immer Eltern und Kinder verschiedener Familien zusammenkommen, um gemeinsame Unternehmungen zu planen, trennt sich die Spreu vom Weizen bei der Wahl des Speiselokals. Schlägt eine Familie Jonathan's vor, lacht sich garantiert die eine oder andere ins Fäustchen und bleibt fern. Nicht nur dem Treffen im Speziellen, sondern der ganzen ordinären Familie im Allgemeinen.

wieder mal Schwein gehabt

Unter einem *Family Restaurant*, japanisch abgekürzt zu *Famiresu*, versteht man nicht zwangsweise eines, das von einer Familie geführt wird, sondern eines, in dem Familien auch mit kleinen Kindern angstfrei und zwanglos einkehren können. Von Bedienungen im Clownskostüm und Hüpfburg-Terror wird (meistens) abgesehen, gleichwohl werden Kinder mit drollig dekorierten Speisen samt Spielzeugbeigaben bei Laune gehalten, während die Eltern sich mit Hilfe von Alkoholausschank und ein bisschen Fantasie einbilden können, richtig essen zu gehen.

Zwei Arten von Erwachsenen besuchen diese Restaurants: solche, denen echte Restaurants zu kompliziert sind, und halt Eltern in Begleitung Minderjähriger. Meine *Famiresu*-Karriere begann in der ersten Kategorie, mit meinen ersten schüchternen Schritten in Tokio in den Neunzigern. Mittlerweile bin ich in der zweiten Kategorie angekommen. Glücklicherweise habe ich in den Jahren dazwischen durchaus auch Abstecher in andere kulinarische Gefilde gemacht.

Nicht wir als Familie haben Royal Host ausgewählt, Royal Host hat uns gewählt. Eine Filiale war ganz in der Nähe unserer ersten Wohnung in Shimomeguro. Wir kamen, wir sahen, Hana gefiel's, wir zuckten mit den Schultern, wir blieben.

Wie in anderen Familienrestaurants auch, bietet die überdimensionale Hochglanzkarte von Royal Host sehr gut fotografiertes Essen. Kompliment an den Fotografen. Das Auge mag zwar mitessen, doch kann es den Gaumen nur bedingt täuschen. Ein typischer Royal-Host-Dialog:

»Wie schmeckt's?«

»Nicht schlecht.«

Natürlich erwartet man vom Leben ein bisschen mehr als »nicht schlecht«. Man tritt der Restaurantkette wohl nicht zu nahe, wenn man darauf hinweist, dass Royal Host nicht der entscheidende Grund ist, warum Tokio als die Gourmethauptstadt der Welt gilt.

Einer der größten *RoyHo*-Hits ist eine riesige Speiseeis-Dessert-Konstruktion namens »Yogurt Germany«. Damit bekommt man eine ganze japanische Familie satt – oder immerhin einen deutschen Erwachsenen. Als solcher fühlte ich mich verpflichtet, es einmal zu probieren, um mir danach Ausreden auszudenken, warum ich es bei dem einen Mal belasse: »*Wissen Sie, für uns Deutsche ist* Yogurt Germany *so etwas wie der Berg Fuji für Japaner. Einmal im Leben muss jeder ran, doch öfter sieht es das Brauchtum nicht vor.*«

Besser ist da das Schweinesteak. Mit Abstand das unfotogenste Gericht der Karte und obendrein das günstigste Hauptgericht, abgesehen vom niederen Reiscurry. Wer Schwein bestellt, fühlt sich schlecht, weil er meint, dass andere meinen, man könne sich nichts Teureres und Hübscheres leisten. Es handelt sich um eine blasse, undekorierte Scheibe Fleisch auf ebenso unansehnlicher Soße, anbei eine Handvoll Pommes und ein klitzekleiner Klecks Senf (es handelt sich wohlgemerkt um die starke japanische Variante *Karashi*, von der mehr als ein klitzekleiner Klecks nicht zu schaffen wäre). Hinterher fühlt man sich dafür umso besser, weil es auch mit Abstand das schmackhafteste Gericht auf der Karte ist. Die Kunst der japanischen Schweinefleischzubereitung ist zwar im Land selbst kein Geheimnis, scheint mir aber im Ausland, wo man immer nur von Sushi und Sashimi, allenfalls noch von Tempura und Ramen schwärmt, stark unterdokumentiert. Hat vielleicht optische Gründe.

Der Hauptreiz für die Einkehr bei Royal Host ist aber natürlich nicht das Schwein, sondern der Kasten mit billigem Plastikspielzeug, das auf dem freien Markt nicht mal ein 100-Yen-Laden losschlagen könnte. Auf den materiellen Wert kommt es selbstverständlich nicht an. Es geht um das Ritual. Die freudige Erwartung, wenn der Kasten von einer freundlichen Autoritätsfigur in einer hübschen Uniform an den Tisch gebracht wird. Dadurch bekommt der Plastikschrott eine überhöhte Bedeutung, und er wird vielleicht sogar später zu Hause noch geschätzt. Falls er den Heimweg überstanden hat.

Außer Konkurrenz: Denny's

Als wir als Familie in Tokio angekommen waren, sind wir so oft bei Royal Host eingekehrt, dass wir es mit der Angst bekamen, Hana könnte den Begriff »Restaurant« irgendwann ausschließlich mit diesem einen Restaurant verbinden. Also sind wir hin und wieder auch bei Denny's eingekehrt. Denny's ist eine von vielen ursprünglich amerikanischen Ketten, die in Japan so erfolgreich waren, dass findige japanische Unternehmer einfach die lokalen Rechte an der Marke gekauft und unter dem internationalen Namen ihr eigenes Ding daraus gemacht haben. Das Corporate Design von Denny's ist hüben zwar dasselbe wie drüben, auf der Speisekarte findet sich jedoch nahezu ausschließlich japanische Hausmannskost. Leider gab es in unserer unmittelbaren Nachbarschaft kein Denny's, deshalb mussten wir ein paar Bushaltestellen weiter ins zauberhafte Ōsaki fahren, diesen blitzblanken Industriepark mit Speis und Trank. Bei Denny's gibt es ebenfalls eine Grabbelschachtel mit Gratisspielzeug, doch hat man da entweder sehr strenge Richtlinien, wann und ob sie an den Tisch gebracht wird, oder das Personal ist einfach vergesslicher als das bei Royal Host. Ein ums andere Mal ließ es einfach kein Gimmick rüberwachsen. Wäre ich Aktivist, hätte ich eine saftige Schlagzeile daraus gemacht: *»Japanisches sogenanntes Familienrestaurant verweigert Mischlingskind billiges Plastikspielzeug!«* Die Vertreter der Auslandspresse hier gieren geradezu nach solchen Meldungen.

Für uns war es allerdings kein Problem, denn unser Mischlingskind hat japanische Zurückhaltung nie gelernt. Immer wenn Hana bei Denny's die Box hinter der Theke sah (und die sieht sie selbst aus großer Entfernung und im Dunkeln), rannte sie hin und holte sie selbst; schneller, als wir oder das Personal hinterherhecheln konnten. Waren wir alle wieder an unserem Tisch versammelt, wurde die übliche *Sumimasen*-Schlacht geschlagen: Wem tut es mehr leid, dem unachtsamen Gast oder dem unachtsamen Gastgeber? Dabei schmeißt man sich so lange gegenseitig das Wort *Sumimasen* (»Entschuldigung«) an den Kopf, bis einer aufgibt. Der Japaner gibt in der Regel nicht auf.

Hana gewann bei ihrer Aktion auf jeden Fall. Doch wie lange konnte so etwas gut gehen? Irgendwann war der Punkt erreicht, an dem sie einfach jedes Spielzeug aus allen Kisten schon hatte. Auch aus den Kisten von La Pausa (das Gleiche wie Royal Host und Denny's, nur auf Italienisch) und Sobaemon (eine Izakaya-Kette). Hatten wir es zu weit getrieben? Waren wir eine Familie hemmungsloser Hedonisten? Verhätschelten wir unser Kind mit ständigen Restaurantbesuchen?

Der Mangel an Spielzeugnovitäten war nicht das einzige Indiz dafür: Auf dem Weg von Royal Host zu unserer damaligen Wohnung kamen wir stets an einer Bronzeskulptur einer Frau vorbei, die einem Mädchen aus einem großen Buch vorliest. Hana blieb eines Abends vor ihr stehen, deutete auf die entsprechenden Bestandteile und sagte: »Mama, Hana, Speisekarte.«

Vom Restaurant zum Kinderarzt

Nun soll man nicht glauben, Hana hätte all ihr Spielzeug gratis in Restaurants bekommen. Manches hat sie auch gratis von ihrem Arzt bekommen. Der hat eine große Schatztruhe, aus der man sich nach einer der stressintensiveren Behandlungen, zum Beispiel Impfungen per Injektion, bedienen darf. Die behandelten Kinder dürfen sich daraus bedienen, meine ich, nicht die ebenfalls danach ziemlich gestressten Eltern. Eigentlich hätte ich es nur angemessen gefunden, wenn der Arzt für die noch einen Schnapsschrank neben die Schatztruhe gestellt hätte, aber gut. Ich will ihm nicht vorschreiben, wie er seine Arbeit zu machen hat.

Einmal verlor ich zu Hause die Beherrschung. Ich weiß nicht mehr, worum es genau ging, aber es hatte wohl mit Hanas typischer Missachtung aller Sicherheitsrichtlinien beim Spielen zu tun; vermutlich waren Scherenblätter oder Türscharniere involviert. Aus dem verständnisvollen, besonnenen Bilderbuchvater wurde der zornige Psychovater (ach, kommen Sie, ist Ihnen auch schon passiert), und ich fauchte: »Wenn du nicht sofort damit aufhörst, wirst du alle deine Finger verlieren, und wir müssen sie beim Onkel Doktor mit vielen Stichen wieder annähen lassen!« Mir wurde sofort klar, dass ich einen Fehler gemacht hatte: Wahrscheinlich hatte das Kind noch gar keinen Begriff vom chirurgischen Nähen. Also fügte ich hinzu: »Und vorher und hinterher bekommst du jede Menge Spritzen!«

Sogleich wurde mir mein tatsächlicher Fehler bewusst. Die Schuld und die Liebe übermannten mich, ich bereitete eine große Umarmung für Tröstungen, Erläuterungen und Entschuldigungen vor.

Hana sprang lachend hinein und rief: »Und Spielzeug!« Und dann bereitete sie ihren nächsten Stunt vor.

***

Ihr liebstes Arzt-Präsent ist übrigens eine billige grüne Plastiksonnenbrille (nach einer Grippeimpfung bekommen; ihren Fingern ist letztendlich doch nichts passiert). Sie trägt sie mit demselben Stolz, mit dem einige ihrer kleinen Freundinnen ihre teuren Designersonnenbrillen tragen. Zuerst hatten wir die Befürchtung, sie könnte deswegen gehänselt werden. Wir überlegten uns, selbst ein bisschen tiefer in die Tasche zu greifen, um unsere Tochter brillenmodisch auf dem Spielplatz konkurrenzfähig zu machen. Es stellte sich allerdings heraus, dass niemand sie hänselte. Alle fanden, dass ihre Brille genauso cool war wie die anderen.

So, liebe Eltern, sind Kinder nämlich, wenn man sie nicht verzieht.

Jonathan's: Willkommen in der Zukunft der Servicegastronomie

Heute rauschen wir zwar noch immer täglich mit dem Bus an unserem alten Royal Host vorbei, doch wir steigen nicht mehr aus. Aus der Wohngegend, aus dem Sinn.

Da es in unserer neuen Nachbarschaft in Sachen *Famiresu* nur Jonathan's gibt, gaben wir uns einen Ruck und der Filiale eine Chance. Es ging schon befremdlich los. Lange standen wir uns im Eingangsbereich die Beine in den Bauch und warteten, dass uns jemand zeigen würde, wo wir uns hinsetzen dürften. Niemand kam. Dabei war der Laden nicht mal schrecklich voll. Andere Kunden derweil spazierten munter an uns vorbei. Sollte diese billige Mischung aus American-Diner-Ambiente und japanischer Fast-Food-Karte etwa nur Gäste mit Reservierung annehmen?

Gerade als wir entrüstet wieder gehen und den Bus zum Royal Host nehmen wollten, entdeckte uns eine Kellnerin, erkannte uns als Neulinge und erklärte: »Sie können sich hinsetzen, wo Sie wollen!«

Hinsetzen, wo man will? Die pure Anarchie! Sind wir denn hier in einem gastronomischen Entwicklungsland? Servicewüste Jonathan's. Hoffentlich kein Fingerzeig, wo es mit dem Rest der Nation hingeht.

Ein Mal könnten wir uns diesen seltsam Sitten beugen, beschlossen wir. Wir machten uns vorsichtigen Schrittes auf ins Innere des Lokals. Wir setzten uns einfach hin, wo wir wollten.

Auf dem Tisch gab es keine Speisekarte und keinen Klingelknopf, um das Personal herbeizuklingeln, wie in solchen Etablissements eigentlich üblich. Stattdessen nur einen Tabletcomputer in einer Dockingstation.

Wie gut, dass wir unsere Sechsjährige dabeihatten. Sie hatte sich in Windeseile den Computer geschnappt, Angaben zu unseren Personen gemacht (zwei Erwachsene, ein Kind), ihr Leibgericht in den Warenkorb gelegt und sich den Zugang zur Kinder-Getränketheke freigeschaltet. Wir konnten ihr das Gerät gerade noch rechtzeitig aus den Händen reißen, bevor sie die Bestellung ohne unsere eigenen abgeschickt hatte.

Ich musste zugeben: Das hatte etwas. Dank der freien Platzwahl fühlte ich mich frei und verwegen. Der Online-Bestellprozess war viel stressfreier als dieses hektische Durchblättern der Speisekarte und das »Moment ... wo war es noch mal ...«, während dem Kellner schon die Stifthand schmerzt.

Gebracht wurde das Essen tatsächlich von menschlichem Personal. Und wir mussten leider einsehen: Es war nicht nur günstiger als bei Royal Host (das hatten wir vom vulgären Jonathan's kaum anders erwartet), sondern auch besser (das war ein Schock). Am Ende des Abends waren wir bereit, endgültig loszulassen. Stolz sagten wir: »Bye-bye, Royal Host! Wir sind jetzt eine Jonathan's-Familie, und das ist auch gut so!«

***

Das sind wir geblieben, obwohl wir inzwischen auch die Schattenseiten von Jonathan's kennengelernt haben. Zum Beispiel: Das Tablet hat keinen Menüpunkt, um die Kellnerin einfach so zu rufen – etwa, weil man Hilfe mit dem Tablet braucht. Einmal hatte sich der Bestellprozess des vorherigen Gastes in der *Order-Pipeline* festgesetzt (jaha, fünfzehn Jahre Schuften im E-Kommerz – ich kenne den Fachjargon). Die Bestellung ließ sich weder löschen noch mit unseren Bestellungen überschreiben. Zum Rufen des Personals musste man sich für einen von zwei Punkten entscheiden: 1) Ich brauche Schachteln für meine Essensreste. 2) Ich möchte mich beschweren.

Ich wollte nicht, dass die Kellnerin ganz umsonst extra die Schachteln raussuchte und mitschleppte, aber Punkt zwei schien mir zu hart. Wahrscheinlich wird so was irgendwo gespeichert, und dann muss sich das Personal, das gerade Schicht hatte, hinterher verantworten, warum sich da ein Gast beschweren wollte. Letztlich gelang es mir doch noch, jemanden wie in alten Zeiten durch Winken und Rufen auf mich aufmerksam zu machen.

Auch zunächst nicht so toll bei Jonathan's: Anstatt Spielzeug gibt es Münzen für Gacha-Gacha-Spielzeugautomaten (*Gacha-Gacha* nach dem Geräusch, das die runden Kapseln machen, wenn sie durch den Schacht kullern). Es gibt im Laden jede Menge attraktive Gacha-Gacha-Automaten. Aber die kosten fast alle echtes Geld. Die einzigen beiden, die man mit den hauseigenen Münzen benutzen kann, geben recht dürftige Gimmicks aus (Roboter für Jungs, herzförmige Accessoires für Mädchen). Vergisst das Personal, uns eine Münze zu bringen, besteht nicht mal mehr Hana darauf, die Kellnerin zurückzupfeifen. Sie flitzt auch nicht hinter die Theke, um sich ihr Recht einfach zu nehmen.

Vielleicht ist das genau das Richtige für uns. Vielleicht hilft Jonathan's uns bei der Befreiung von der Tyrannei des Gratisspielzeugs. Vielleicht sind wir bald so weit, in Restaurants einfach nur das Essen zu genießen. Und vielleicht können wir bald sogar mal in eines gehen, in dem es überhaupt keine Non-Food-Beigaben gibt.

Früher war weniger Regenbogen

SUPER MARIO UND SANTA KLAUS, DÄMONENKILLER UND KARTOFFELSALAT, SINATRA, SCHWIEGERELTERN UND DAS SCHWEIGEN IM KINDERGARTEN. – ES MUSS WOHL WIEDER WEIHNACHTEN SEIN. NUR FREDDIE MERCURY IST NICHT DABEI

Weihnachten ist in Japan ein reines Deko-Event mit Kuchenver-
zehr. Ein Spaßfest ohne kulturelle Verwurzelung oder Bedeutung,
dass die Bevölkerung aus Hollywoodfilmen und amerikanischen
Fernsehserien übernommen und die Industrie gerne aufgenommen
hat; wie Halloween oder der Valentinstag in Deutschland. Diesem
japanischen Weihnachtsfest sind wir stets gerne ferngeblieben.
Sehr fern sogar, nämlich beim Neuenkirchen-Teil der Familie in
Bremen. Im ersten Coronajahr ging das nicht. Also wollten wir in
Japan so deutsch wie möglich feiern, auch wenn wir wegen wichtiger Arbeits- und Kindergartentermine die Bescherung auf den
Abend des ersten Weihnachtstages und den zweiten Weihnachtstag
auf den 27. Dezember verschieben mussten. Es blieben nicht die
einzigen Kompromisse.

2020: Odyssee zum Weihnachtsbaum

Als Deutscher in Japan leide ich schon länger unter Weihnachts-
baumneid. Doch damit sollte in diesem Jahr Schluss sein. Wir
hatten eine größere Wohnung, wir würden einen größeren Baum

haben. Niemals wieder wollte ich auf dem Weg vom Kindergarten nach Hause, oder auf irgendeinem anderen Weg, einen Dialog wie diesen aus der vorjährigen Vorweihnachtszeit hören:

Hana: »Guck mal, Mika, ein Weihnachtsbaum!«

Mika: »Wir haben auch einen Weihnachtsbaum zu Hause.«

Hana: »Wir auch. Einen ganz kleinen.«

Mika: »Wir haben einen ganz großen.«

Meine Tochter sollte nie wieder unter einem Weihnachtsbaum Geschenke auspacken, der kleiner ist als der ihrer Freundin, die Hana selbst kaum bis zum Brustbein reicht. Und sie sollte bitte schön nicht mehr überall rumerzählen müssen, dass wir einen ganz kleinen haben.

Selbstverständlich fährt man für den Weihnachtsbaumkauf in Tokio nicht mit dem Pkw aufs Land, um sich eine frisch gefällte Tanne aufs Dach zu schnallen. Stattdessen fährt man mit der Toyoko-Linie (oder der Yamanote-Linie, falls man diesem Kreis der Hölle noch nicht entfliehen konnte) nach Shibuya und geht zur Hauptfiliale von Tokyu Hands, einer beliebten Kaufhauskette, die alles außer Mode verkauft. Das unterscheidet sie von den üblichen japanischen Kaufhausketten, die so ziemlich gar nichts außer Mode verkaufen. Besonders beliebt ist Tokyu Hands wegen der großen Auswahl an Schnickschnack-Artikeln, von denen man vorher gar nicht wusste, dass man sie braucht. Ein maßstabsgetreuer Plastikmodellbausatz des klassischen Nissin-Cupnoodles-Bechers? Der aktuelle Gullideckel-Fotokalender? Ein Gerät, das die Stimmungen von Zimmerpflanzen in Töne und Farben umsetzt? All das und vieles mehr findet man bei Tokyu Hands.

Es nimmt nicht wunder, dass Tokyu Hands, wenn es darauf ankommt, auch eine Weihnachtsabteilung hat. Als ich die mit Junko betrat, konnte ich mich vor lauter Glitzer erst mal gar nicht orientieren. »Mein Gott, es ist voller Sterne!«, hauchte ich.

Junko nahm mich bei der Hand und führte mich durch den psychedelischen Traum mit weihnachtlicher Musikbeschallung zu den künstlichen Weihnachtsbäumen. Als sich meine Augen an all das Glitzern und Flackern gewöhnt hatten, sah ich, dass keiner von ihnen grün war. Sie waren silbern, golden, weiß glitzernd und …

»Welche Farbe ist das?«, fragte ich Junko.

Sie sah aufs Etikett. »Regenbogen.«

Regenbogen sind in Japan schwer angesagt. Es muss nicht extra erwähnt werden, dass der japanische Regenbogen offiziell mehr Farben hat als jeder andere auf der Welt. Ein Regenbogensymbol ziert dieser Tage die Eingänge der meisten Geschäfte und Gastronomiebetriebe. Das hat leider nichts damit zu tun, dass diese Geschäfte nun insbesondere Kundinnen, Kunden und KundX aus der LGBT+-Gemeinde für sich gewinnen wollen. Die Regierung hat jener lediglich ihr Regenbogensymbol gestohlen, um Geschäfte auszuweisen, in denen alle Corona-Hygieneregeln eingehalten werden. Zumindest soll es diesen Anschein haben; kontrolliert wird niemand. Das Regenbogenabzeichen kann sich jeder Geschäftsinhaber selbst aus dem Internet herunterladen, den Namen seines Geschäfts eigenhändig eintragen, ausdrucken und es sich an die Tür hängen, wenn er findet, dass er alles richtig macht.

Was man auch immer mit dem Regenbogen verbinden mag, ich wollte keinen in Weihnachtsbaumform in meinem Wohnzimmer haben. Die Suche musste weitergehen.

Ich bin entscheidungsfreudiger, wenn ich alleine auf der Pirsch bin, außerdem habe ich Weihnachten in unserer Familie immer als meine ureigene Verantwortung gesehen. Also war ich fortan unbegleitet unterwegs. Junko beauftragte mich, Weihnachtskugeln zu kaufen, die sie dekorativ in einem Flechtkorb anrichten wollte. »So, wie deine Mutter das immer macht«, sagte sie. Als ob ich die Dekorationsideen meiner Mutter aus dem Stegreif kannte. Das sehe ich wiederum als Junkos Verantwortung.

»Welche Art von Kugeln möchtest du denn?«, fragte ich, nachdem ich in mehreren Geschäften Kugeln angeschaut hatte und mir fast eine gegeben hätte, weil ich mich einfach nicht entscheiden konnte.

»Na ja … nicht zu groß. Aber auf keinen Fall zu klein.«

»Welche Farbe?«

»Rot. Aber nicht zu rot.«

»Geht es etwas genauer?«

»Rot, aber nicht so richtig rot-rot. Du weißt schon.«

»Nein.«

»Geschmackvoll sollten sie sein.«

»Mit oder ohne Snoopy drauf?«

»Ohne.«

»Hello Kitty?«

»Nein.«

»Dann könnte es schwierig werden.«

Im Schnickschnack-Kaufhaus Loft fand ich schließlich einen Satz mattroter mittelgroßer Kugeln ohne Cartoon-Figuren und im japanischen Ikea-Konkurrenten Nitori sogar einen grünen Baum, der komplett zusammengesteckt einen Meter fünfzig in die Höhe ragte. Das mag manchem als nicht sonderlich groß erscheinen, doch er ist immerhin ungefähr so groß wie meine Frau, ein wenig größer als unsere Tochter und mehr als einen Meter größer als unser alter Baum, der dieses Jahr in der Schublade bleiben würde. Jetzt konnte der Besuch kommen.

Das Jahr des Dämonenkillers geht zu Ende

Auch wenn es niemand mehr hören kann – wir werden nicht umhinkommen, das größte Medienthema des Jahres 2020 anzuschneiden: Wie die Zeichentrickserie *Kimetsu no Yaiba*, international bekannt als *Demon Slayer*, ganz alleine die japanische Wirtschaft rettete, als aus ihr ein ganzer Industriezweig wurde. Sie erzählt die Geschichte eines Jungen vom Lande, der zusammen mit seiner dämonisch besessenen, aber dank eines magischen Antidämonen-Knebels einigermaßen funktionalen kleinen Schwester durch das Japan des frühen 20. Jahrhunderts zieht und Dämonen abschlachtet, weil Dämonen den Rest seiner Familie abschlachtet haben. Das inspirierte Millionen von Japanerinnen und Japanern dazu, *Kimetsu*-Instantnudeln, *Kimetsu*-Dosenkaffee, *Kimetsu*-Fertigcurry, *Kimetsu*-Actionfiguren, *Kimetsu*-Büromaterialien sowie zahllose weitere *Kimetsu*-Fanprodukte zu kaufen und den Kinofilm zur Serie zum erfolgreichsten japanischen Film aller Zeiten zu machen, wodurch die scheußliche Ghibli-Produktion *Chihiros Reise ins Zauberland* endlich vom Thron gestürzt wurde.

Ich hätte nicht »scheußlich« schreiben sollen. Es ist schließlich Weihnachten. Die Zeit, in der man auch mal etwas für sich behält.

Gleichwohl wollte ich in diesem Jahr, an diesem Weihnachtsfest, eine Sache nicht für mich behalten, auch wenn es zu bösem Blut führen mochte. Am zweiten Weihnachtstag hatten wir die Eltern von Hanas Freundin Mika zu einem zwanglosen Abendessen zu uns eingeladen, selbstverständlich inklusive Mika. Die Situation mit den Vorhängen hatten wir ihnen vorher erklärt. Sie würden uns nicht verurteilen. Tatsächlich hatte Mikas Vater zu dieser Vorhangproblematik gesagt: »Wir sind damals einfach zu Nitori gegangen. Ging schnell und war billig.« Die Idee war mir auch gekommen, aber ich hatte mich nicht getraut, sie Junko gegenüber zu äußern, und nun war es zu spät. (Unser Zwischenstand zu Weihnachten: Die Stoffe waren bestellt, hingen aber wegen Corona in London fest. War teuer und dauert lange.) Die beiden schienen einiges lockerer zu sehen als wir. Vielleicht ein wenig zu locker. Das war genau das, was mit ihnen zu klären sein würde.

Wir wollen sie an dieser Stelle mit allem Respekt Mr. und Ms. Pac-Man nennen, weil sie sich als Teile der Belegschaft eines Videospieleherstellers kennen und lieben gelernt haben. Allerdings nicht auf einer firmeneigenen Kuppelparty, was in Japan durchaus nicht unüblich wäre, sondern in einem firmeneigenen Freizeitinteressenverband für Fußballverrückte.

Einmal erzählte Ms. Pac-Man mir, Hana übe einen guten Einfluss auf Mika aus: Sie würde inzwischen mit der Duolingo-App auf dem mütterlichen Smartphone Deutsch lernen, obwohl die Mutter die App doch für ihre Arabisch-Studien bräuchte.

»Brauchst du Arabisch für die Arbeit?«, fragte ich.

»Nein, für die nächste Fußballweltmeisterschaft.«

So gut Hanas Einfluss auf ihre Tochter sein mochte, ich sorgte mich ein wenig um den Einfluss in umgekehrter Richtung. Ich würde sie darauf ansprechen: *»Sagt mal, warum lasst ihr eure sechsjährige Tochter eigentlich Horror-Animes sehen, bei denen sogar manchem Erwachsenen (zum Beispiel Junko) ganz anders wird?«*

Doch Mikas Mutter kam mir zuvor, als sie fragte: »Sag mal … was ich wissen wollte, und bitte nicht krummnehmen … Warum lasst ihr Hana nicht *Kimetsu* gucken?«

Die Frage überraschte mich zwar. Leicht zu beantworten war sie indes durchaus. »Nun, weil darin zu viele Köpfe und Gliedmaßen abgehackt werden, zu viele blutige Augäpfel durch die Gegend fliegen, zu viele Leiber von scharfen Klingen von oben bis unten gespalten werden … Und das sind nur die Grausamkeiten, die ich in Worten beschreiben kann.«

Ms. Pac-Man lachte herzhaft und klatschte begeistert in die Hände. »Das stimmt!« Als wäre ihr das vorher gar nicht aufgefallen. »Aber Mika mag das.«

Na dann. Vielleicht bin ich zu deutsch. Einerseits wird dem Tod nachgesagt, er sei ein Meister aus Deutschland, andererseits ohne Unterlass behauptet, er sei in Deutschland »ein Tabuthema«. Eine dieser haltlosen Aussagen, die mich verlässlich Augen rollen lässt. Der Tod ist in Deutschland kein Tabuthema, sondern ein Thema wie jedes andere auch: Einige tun sich damit leichter als andere, aber kaum einer lässt es sich verbieten, darüber zu sprechen, oder verbietet es anderen. Die Deutschen vergraben ihre Leichen nicht heimlich im Keller. Und dass deutsche Trauerfeiern kein ausgelassener Totentanz mit bunten Gewändern sind, liegt daran, dass die deutsche Kultur keine bunte, ausgelassene Tanzkultur ist. Wäre ja auch langweilig, wenn jede Kultur das wäre. Dass in Deutschland nicht alle naselang über den Tod gequatscht wird, hat denselben Grund, aus dem nicht alle naselang über Vanilleeis mit Kirschsoße gesprochen wird: Es gibt so viele Gesprächsthemen auf der Welt, und irgendwann wollen die anderen auch mal drankommen.

Aber hier ging es schließlich gar nicht um den Tod an sich, sondern um sein gewaltsames, glorifiziertes, voyeuristisches Herbeiführen und Auskosten. Gut möglich, dass das tatsächlich in Deutschland ein größeres Tabu ist als anderswo. Der deutsche Jugendschutz nimmt sich im internationalen Vergleich recht strikt aus. Im Sturm und Drang der Jugend spricht man da gern von Zensur. Mit einsetzender Altersweisheit beginnt man, zwischen Jugendschutz und Zensur durchaus zu differenzieren. In Japan allerdings nicht. Altersfreigaben für Filme wie Videospiele werden offenbar gewürfelt, außerdem von der Zivilbevölkerung nur selten wahr-, geschweige denn ernst genommen. Als vor ein paar Jahren ein butterweiches Gesetz erlassen wurde, explizite Erotik-Mangas nicht mehr allzu offen ausliegen zu lassen und an jeden Dreikäsehoch abzugeben, schrien einige Künstler und Herausgeber gleich »Zensur!«, als seien sie aufgebrachte deutsche Horrorfans in der Pubertät, die die Schnittfassungen ihrer Lieblingsfilme mit dem Millimetermaß überprüften.

Ich wollte nun kein deutscher Moralapostel sein. Ich versuchte den unmöglichen Spagat, mein Kind vor unangemessenen Inhalten zu schützen und mich gleichzeitig vor unseren Gästen, diesen Vollblut-Popkulturarbeitern, als coole Type zu gerieren. Also sagte ich wahrheitsgemäß: »Ich mag das auch! Junko und ich gucken die Serie heimlich, wenn Hana im Bett ist.«

»Ich gucke meistens nicht hin«, warf Junko ein.

Ich fuhr fort: »Aber wir sind erwachsen. Schon länger. Die Serie ist in Deutschland ab zwölf freigegeben. Zu meiner Zeit wäre sie ab achtzehn gewesen. Oder so stark geschnitten, dass Hana sie doch problemlos hätte sehen können. Oder beides.« *Zu meiner Zeit.* Noch so eine Augenroll-Floskel. Ist meine Zeit denn schon vorbei? Gehört die »Zeit« der Jugend allein?

Ms. Pac-Man antwortete, als sei das ein Argument für sie: »In Japan ist die Serie auch ab zwölf.«

Ich verzichtete auf den Hinweis, dass ihre Tochter, wie unsere, erst sechs ist. Irgendwie kamen wir vom Thema ab, während ich nachschenkte und weitere Flaschen öffnete. Hana und Mika kreischten aufgedreht und wie am Spieß in Hanas Zimmer herum (um ein Haar mein Arbeitszimmer) und kamen hin und wieder so überdreht herausgeflitzt, als seien sie es, die die vielen Flaschen leerten. Sie erzählten dann konfuse Witze, die sie sich gerade ausgedacht hatten, und die ich meistens als Erster und oft als Einziger verstand, obwohl sie auf Japanisch waren. Mein japanisches Wortspielverständnis ist also auf dem Niveau Sechsjähriger. Nicht schlecht. Die Pac-Mans erzählten von ihren Reisen und ihren Videospielen und wie die zusammenhingen (Nürnberg haben sie besucht, weil es offenbar eine Kulisse für die japanische Rollenspiel-Serie *Dragon Quest* abgab). Eine Einsicht ihrerseits, ihre Tochter keinen Horror-Animes mehr auszusetzen, war zum Schluss ebenso wenig vorhanden wie eine Einsicht unsererseits, es doch mal zu versuchen, bevor sie zwölf ist. (Besser achtzehn. Oder einunddreißig.)

Ein Ziel immerhin hatten wir erreicht: Nach der Verabschiedung sah ich in die leeren Halterungen unseres Weinregals und stellte erleichtert fest: »Wir haben unsere gesamten Rotweinvorräte ausgetrunken.« Wir sind ordinäre Weißweintrinker, kann man nicht ändern.

Junko rechnete nach. »Das war dann eine Flasche pro Erwachsenen, den Sekt mit eingerechnet.«

»Wenn du es so sagst, klingt es gar nicht so viel.«

»Findest du?«

Mathematik mag eine exakte Wissenschaft sein, die Interpretation der Ergebnisse ist es nicht immer. Ob wir nun viel oder wenig getrunken haben, sei dahingestellt. Auf jeden Fall haben wir strategisch richtig getrunken, nämlich auf absteigendem Niveau. Zuerst die Flasche 2010er Château de Quelque-chose-à-Boire (Name erfunden, Jahrgang authentisch), die mir meine Schwiegereltern im Vorjahr zum Geburtstag geschenkt hatten. Dann eine Flasche mit Joël-Robuchon-Branding aus dem Supermarkt, die sicherlich zu schade zum Kochen war, aber nun auch nicht gerade das, was in den Restaurants mit Joël-Robuchon-Branding tatsächlich serviert wird. Und so kann man seinen Gästen schließlich auch noch die Flasche der Eigenmarke des Family-Mart-Convenience-Stores unterjubeln, die man aus Versehen mal gekauft hatte (Knick in der Optik beim Griff ins Regal). Zu diesem Zeitpunkt kann man dann auch schon gemeinsam herzlich über den nicht gerade önologische Seriosität ausstrahlenden Namen des Family-Mart-Weins lachen: Famigos. Ein völliger Fehlgriff, muss ich gestehen, war es ohnehin nicht: Ich wollte eigentlich zum Famigos-Weißwein greifen. Den hatte ich bereits als überraschend genießbar erkannt. Der rote ist es auch, wie wir merken sollten. Zumindest am fortgeschrittenen Abend.

Einmal war mir im Verlauf des Abends kurzzeitig das Herz stehengeblieben, als Mikas Eltern erwähnten, sie hätten im Namen ihrer Tochter bei einer Privatschule vorgesprochen. Ich wusste, dass sie das einmal in Betracht gezogen hatten, genau wie wir. Ich meinte allerdings auch, dass sie, genau wie wir, inzwischen wieder auf dem Boden der wirtschaftlichen Tatsachen aufgeschlagen wären.

Waren sie auch, denn die Privatschule hatte sie ohne größere Spende nicht gewollt, wie sie erzählten. Ms. Pac-Man war sich sicher: »Es lag nicht an Mika, es lag an uns. Die schreiben sich auf die Fahnen, dass sie Kinder aus vielfältigen familiären Umfeldern wollen, aber in Wirklichkeit meinen sie nur die Umfelder Ärzte, Anwälte und Wirtschaftslenker. Ich mache PR für Videospiele, mein Mann ist Sounddesigner – kann mir keiner sagen, dass sie schon allzu viele davon hätten!«

Mr. Pac-Man ergänzte: »Außerdem behaupten sie, sie wollten verstärkt Kinder aus Familien aufnehmen, in denen die Väter eine aktive Rolle in der Erziehung spielen. Bei den Informationsveranstaltungen allerdings war ich der einzige Mann. Ich mache alles mit meiner Tochter!«

»Ich auch«, sagte ich, und sogleich stürzten wir uns in einen freundlichen Wettstreit, welcher Vater mehr mit seiner Tochter unternahm. Männer. Ungefähr gleich viel, stellte sich heraus, nämlich fast alles. Schließlich fragte ich die beiden, warum sie sich ausgerechnet für die genannte Schule entschieden hätten, von der ich noch nie etwas gehört hatte. Sie sagten, es wäre in ihrer Preisklasse die einzige ohne religiösen Hintergrund gewesen. Von jeglicher Art von Glauben wollten sie ihr Kind fernhalten, deshalb hätten sie sich auch für den Kindergarten entschieden, in dem sich unsere Kinder kennengelernt hatten.

Da musste ich fragen: »Wie fandet ihr es denn dann, dass die Kleinen letztes Jahr ein Krippenspiel aufgeführt haben?« Mika hatte eine Gastwirtin gespielt, die Maria und Josef abweist (ihr kompletter Text: »No room!«), Hana eine andere, etwas barmherzigere Gastwirtin (»We don't have any room, but you can sleep in our stable.«)

»Ein was?«

»Ein Krippenspiel. Die *Origin-Story* von Jesus.« So sollten sie es verstehen.

»Ach so, das. Das war süß. War das religiös?«

»Irgendwie schon.«

Die Eltern dachten darüber nach. Die Mutter sagte schließlich: »So habe ich das noch gar nicht betrachtet. Na ja, aber das mit Jesus ist nicht so schlimm. Das sind für uns nur … Geschichten.«

Das Wichtigste an diesem Weihnachtsabend waren natürlich nicht irgendwelche religiösen Geschichten, sondern die frohe Botschaft, dass die weltliche Privatschule sie abgelehnt hatte. So konnten wir das gute Gewissen behalten, dass wir nicht die einzigen Rabeneltern waren, die ihr Kind nach dem privaten Kindergarten nicht schnurstracks weiter auf eine private Schule schickten. Das verband. Das und unsere gemeinsame Liebe zu Gewalt-Animes. Und zu unseren Kindern, natürlich.

Schwiegermutter verlangt Shinatra

Bevor am nächsten Tag Junkos Eltern und ihre Schwester kamen, mussten wir also neue Getränke einkaufen. Wir entschieden uns für Rotwein, weil wir seit gestern einfach solche Leute waren.

Mein Schwiegervater überraschte mich mit einem Geschenk für mich ganz persönlich, von ihm ganz persönlich. Wir sind eine dieser Familien, die sich »eigentlich nichts schenken«, aber eigentlich doch. Diese persönliche Geste war dennoch unerwartet, weil wir normalerweise eher gebündelt als gezielt nichtschenken-schenken. »*Hier, von uns für euch, aber es ist eigentlich gar nichts!*« anstatt: »*Hier, von mir ganz persönlich und nur für dich, aber es ist kein Weihnachtsgeschenk.*«

Ich war gerührt. Mein Schwiegervater ist, ähnlich wie Mr. Pac-Man, einer, mit dem ich bestimmt viel zu bequatschen hätte, wenn die sprachliche Hürde nicht so hoch wäre. Ein Mann des Geistes und der Kultur, aktiv in mehreren Haiku-Zirkeln und Sumo-Fanclubs. Ein Mann, der jeden Künstler (eines gewissen Alters) in jedem Künstlerviertel der Stadt beim Vornamen nennt (beziehungsweise beim japanischen Nachnamen). Ein Mann, der immer gerade auf dem Weg ins Theater zu sein scheint, wenn man ihn besucht. Sein Geschenk hielt ich zuerst angesichts der Form für ein Buch, doch bei genauerer Abtastung war es dafür zu kleinteilig. Ich öffnete das Papier, und heraus purzelten zahlreiche … Post-its! Kleine und große, bunte und monochrome, seriöse und niedliche, alte und neue Modelle.

Mein Schwiegervater lachte, ich freute mich, der Rest der Familie fasste sich an den Kopf. Mein Schwiegervater hat Post-its nicht erfunden, war allerdings zeit seines Arbeitslebens bei der

Firma angestellt gewesen, die sie herstellt. Schnell versuchten Junko, Takako und meine Schwiegermutter, mir diesen Umstand zu erklären, damit ich nicht Theorien hinsichtlich seines Geisteszustands aufstellte, doch das war gar nicht nötig. Wenn ich etwas über meinen Schwiegervater weiß, dann, dass er morgens in aller Herrgottsfrühe spazieren und nachmittags ins Theater geht, abends Gedichte schreibt und früher für die Post-it-Firma gearbeitet hat. Ich hatte den Witz verstanden. (Ich spare mir an dieser Stelle den Hinweis, dass man Post-its »immer gebrauchen« kann, denn das stimmt erstens nicht, und zweitens würde es das Jux-Geschenk nicht praktischer machen. Tatsächlich braucht man Post-its mal öfter, mal seltener, aber ganz bestimmt nicht »immer«. Wenn dem so wäre, wüsste man ja auch immer, wo man welche findet. Man findet die aber nie, wenn man sie mal braucht. Egal, wie viele man selbst irgendwo in der Wohnung an verschiedenen Stellen deponiert oder von pfiffiger Verwandtschaft geschenkt bekommen hat.)

Meine Schwiegermutter ist ebenfalls kulturell interessiert und im Gegensatz zu ihrem Mann sogar Modernerem gegenüber aufgeschlossen. »Ah, Shinatra!«, rief sie, als sie meine CDs durchging. »Du hast Shinatra!«

»Was habe ich?« Es war Weihnachten, also hatten wir selbstverständlich nur CDs mit Weihnachtsmusik im Wohnzimmer.

»Shinatra Frank!«

Sogleich fingen Schwiegermutter und Schwägerin im Chor mit übertrieben tiefen Stimmen an zu singen: »*I'm … dreaming … of a white … Christmas …*«

Also legte ich *The Christmas Album* von Frank Sinatra auf. Es beginnt mit einer beschwingten Version von »Jingle Bells«.

»Warum nicht ›White Christmas‹?«, fragte meine Schwiegermutter ein wenig ungehalten, als sie merkte, dass sie bei »Jingle Bells« nicht textsicher war.

Ich holte aus: »Siehst du, das ist interessant: Ausgerechnet dieses Lied, das heute mit dem Weihnachtswerk von Frank Sinatra assoziiert wird wie kein zweites, war auf dem Album gar nicht drauf, als es ursprünglich als *A Jolly Christmas* veröffentlicht wurde. Das kam bei dieser Neuveröffentlichung erst als Bonustrack dazu. Es ist also weiter hinten auf der CD.«

»Warum machst du es dann nicht an?«

»Weil der Rest der CD doch auch weihnachtlich ist …«

»Mach ›White Christmas‹ an.«

Also machte ich »White Christmas« an. Schwiegermutter sang ein wenig mit, seufzte: »Ah, *good old times*. Hast du auch Mercury Freddie?«

Da musste ich leider passen.

»Magst du Queen nicht?«

»Als Kind mochte ich Queen, aber heute bin ich eher der Shinatra-Typ.«

Meine knapp achtzigjährige Schwiegermutter hatte im Kino *Bohemian Rhapsody* gesehen und war seitdem Hardcore-Fan von Queen und Freddie Mercury. »Irgendwo hast du bestimmt noch eine CD …«

»Nein, habe ich leider nicht mehr.« Irgendwann, vermutlich in meinen bockigen Zwanzigern, hatte ich einen regelrechten Hass auf Queen entwickelt, auf diesen Bombast, diesen Protz, dieses Operettenhafte. Das hatte sich inzwischen wieder gelegt, und ich muss zugeben, dass auch ich *Bohemian Rhapsody* mag. Allemal besser als dieser viel höher gelobte Elton-John-Film, der sich nicht traute, ein herkömmliches Biopic zu sein. Herkömmliche Biopics haben einen schlechten Ruf bei der cineastischen Intelligenzia, deshalb freue ich mich stets umso mehr, wenn mir mal ein selbstbewusstes Exemplar unterkommt. Filme sollten zu ihrem Genre stehen. Trotzdem ging meine Versöhnung mit Freddie Mercury und seiner Begleitband nicht so weit, dass ich die Musik ohne Film zurück in mein Leben gelassen hätte. Der Hass war zu einer wohlwollenden Gleichgültigkeit erweicht. Zum Trost konnte ich anbieten: »Mein Vater ist auch großer Freddie-Mercury-Fan.« Das kam natürlich ebenfalls erst durch den Film, der anscheinend Pflichtprogramm für die Ü70-Generation ist. Wo war sein Verständnis für meine Leidenschaft, als ich vierzehn war?

»Ich weiß«, sagte meine Schwiegermutter. »Hat er mir geschrieben.« Manchmal vergesse ich, dass die beiden Brieffreunde sind.

»Mein Vater hat zwei oder drei CDs.« Nicht dass es uns nun hülfe.

»Ich habe fünf.«

»Hilft uns jetzt leider nichts.«

»Dann eben weiter Shinatra. Was gibt's zu trinken?«

Die Keine-Wahl-Verwandtschaft

Seit wir unsere für den April geplante Deutschlandreise in Anbetracht der Weltnachrichtenlage absagen mussten, war mir klar, dass wir auch Weihnachten nicht in Deutschland verbringen würden. Selbst wenn diese Coronasache bis dahin vorbei und so gut wie vergessen wäre – wovon ich zu jenem Zeitpunkt felsenfest überzeugt war –, würden Flüge bis auf weiteres vermutlich rar und teuer sein. Obwohl ich von dieser Tatsache selbstredend nicht begeistert war, hatte ich sie akzeptiert. Verinnerlicht allerdings hatte ich sie nicht, wie ich immer wieder feststellen musste. Ein ums andere Mal ertappte ich mich bei deutschen Phantomweihnachtsgedanken. Erfuhr ich von einer attraktiven Neuerscheinung auf dem deutschen Buchmarkt, überlegte ich: »Soll ich sie mir schnell als schnödes E-Buch rüberzappen, oder kann ich bis Dezember warten, wenn ich sie als richtiges Buch in einer anständigen Buchhandlung kau-

fen kann?« Als mein eigenes aktuelles Buchprojekt im Herbst ab-
gegeben war, schwante mir: »Wenn das Lektorat nicht rechtzeitig
zurückkommt, muss ich es mit nach Bremen nehmen.« Meiner
wichtigsten Auftraggeberin fürs Fernsehen hätte ich um ein Haar
versichert: »*Wenn's dringend ist, kann ich zwischen den Jahren auch
in Deutschland arbeiten, aber behalte bitte den Zeitunterschied und
die Besinnlichkeit im Hinterkopf.*«

Je näher die Weihnachtsfeiertage kamen, desto bewusster wurde mir, dass ich mir und anderen etwas vormachte, wenn ich den
fröhlichen Weihnachtselfen gab, der beteuerte, dass er trotz des
unchristlichen Umfelds vor Weihnachtsstimmung geradezu zu
zerbersten drohte. Dieses Weihnachten war Stress. Alles Festliche
musste im Alleingang vorbereitet werden, was mal eine ganz neue
Erfahrung ist, wenn man sich bislang nur ins Flugzeug setzen und
ins gemachte Nest fliegen lassen musste. Das höchste der Weih-
nachtsgefühle für mich war in diesem Jahr, abends durch die aus-
ufernde Weihnachtsbeleuchtung vor der Starbucks-Firmenzentrale
in Meguro zu spazieren. Sie ist in der Nähe von Hanas Kindergarten, wo ich sowieso täglich hinmusste. Allerdings muss man
einen kleinen Umweg gehen. Ich ging ihn jeden Abend, in der
Hoffnung, die Starbucks-Stimmung längerfristig in meinem Herzen abspeichern zu können. Wer weiß, was ich von der amerikanischen Kaffeehauskette halte, der kann sich ausmalen, wie nah ich
am Rande des Nervenzusammenbruchs agierte.

Die Feiertage selbst waren keine Feiertage. Heiligabend und
der erste Weihnachtstag fielen auf normale Arbeitstage, insbesondere für Junko, allenfalls leicht reduziert auch für mich. Als ich
mich auf meinen für den ersten Weihnachtstag geplanten Vortrag
im Kindergarten vorbereitete, bei dem ich den Kindern unter
anderem erzählen wollte, wie toll es ist, an Weihnachten seine
Familie aus nah und fern wiederzusehen, bekam ich ernsthafte
Zweifel, ob ich das Ganze emotional verkraften würde. Die paar

Momente, die wir in dieser Weihnachtszeit zur Ruhe kommen würden, schienen nicht genug, um die Batterien so gründlich wieder aufzuladen, wie es nur ein vernünftiger Weihnachtsheimaturlaub kann. Die Besuche, die wir uns über die Feiertage eingeladen hatten, erschienen im Vorfeld mehr wie zu bewältigende Aufgaben als freudige Ereignisse.

Eine meiner Adventszeitlektüren war die Greatest-Hits-Sammlung *The Best of Me* des amerikanischen Essayisten David Sedaris. Die Publikation war für mich eine willkommene Ausrede, alles, was darin versammelt war, noch einmal zu lesen, obwohl mir seit über zwanzig Jahren keine Veröffentlichung und keine beiläufige Äußerung von Sedaris entgangen ist. Im Vorwort erwähnt der Autor seine Probleme mit dem angesagten Begriff der »Wahlfamilie«, also dem engen Freundeskreis, von dem sich manch einer besser verstanden, akzeptiert, geliebt fühlt als von den zufällig Blutsverwandten. Der Witz an einer Familie sei ja gerade, so Sedaris sinngemäß, dass man sie sich *nicht* aussuchen kann. Am Corona-Weihnachtsfest 2020 wollte ich hinzufügen: Wenn man nicht verreisen kann, kann man sich nicht nur die Familie nicht aussuchen, sondern noch nicht mal den Familienzweig, mit dem man gerne feiern würde. Man muss einfach die nehmen, die kommen können.

Und als sie da waren, merkte ich: Das ist gar nicht so schlimm. Es ist sogar ganz gut. Ich vermisste meinen Familie in Deutschland, aber meine Familie in Japan stellte sich ebenfalls als eine echte Familie heraus. Man muss hin und wieder die einfachsten Dinge zehnmal sagen, bis man sich versteht. Man könnte vielleicht auf die eine oder andere Kindheitsgeschichte aus Hokkaido verzichten, die man schon bei jedem anderen Familientreffen mindestens einmal erzählt bekommen hat. Und man weiß nicht so recht, was das über einen sagt, wenn die Schwiegermutter einen moderneren Popmusikgeschmack hat als man selbst. Doch genau diese Spannungsfelder sind es, die Familie ausmachen. Gut, vielleicht nicht ganz genau diese. Aber diese Art von Spannungsfeldern. Wir können froh sein, dass keine dramatischeren zwischen uns brutzeln.

Während ich so von meiner Schwiegermutter verhört wurde, deren Fragen mit jedem Schluck Rotwein investigativer wurden, während mein Schwiegervater kritischen Blicks und wissenden Nickens meine Bücherregale abging, als könnte er auch nur eines der Worte darin lesen, und während meine Schwägerin und meine Tochter sich bei *Mario Kart 8* im Rausch der Geschwindigkeit die Seelen aus den Leibern schrien – da wurde mir doch noch recht weihnachtlich zumute. Ich bin fest überzeugt, dass es nicht der Wein alleine war. Und auch nicht »White Christmas«.

Und die Pac-Mans? Waren die nun etwa unsere »Wahlfamilie«? Nein, aber Freunde wohl. Man muss ja nicht gleich jeden adoptieren, den man gut abkann.

Was meinen Batteriestand betrifft: Um Neujahr herum war genügend Zeit, die eigenen Energiereserven wieder aufzufüllen, denn dann macht ganz Japan dicht. Man kann nichts machen – auch nicht, wenn man wollte. Abgesehen von dem einen oder anderen Convenience Store hat nichts geöffnet. Es ist jedes Jahr so, als wäre ein geheimnisvolles Endzeitereignis über die Welt gekommen. Oder ein deutscher Sonntag. Das kann wunderschön sein. Für ein paar Tage.

Ach, erwähnte ich den Vortrag im Kindergarten?

Papa Germany

Hanas Kindergarten wählt sich zweimonatlich ein neues Land dieser Erde als Schwerpunktthema. Dann wird spielerisch Landeskunde vermittelt, werden Tänze und Lieder gelernt, und zum Schluss wird ein Land-XY-Tag veranstaltet, an dem die Kinder das

Gelernte den Eltern präsentieren. Sollte unter den Eltern zufällig jemand sein, der aus dem Land kommt, das gerade durchgenommen wird, wird der normalerweise gebeten, ein bisschen was dazu vorzubereiten, entweder für den Unterricht oder die abschließenden Festlichkeiten. Manchmal muss man nicht mal direkt (beziehungsweise gar nicht) aus dem fraglichen Land kommen, um gebeten zu werden, einen zum Besten zu geben. Als Indien Thema war, wurde zum Beispiel ein ganz normaler japanischer Vater, der zufällig Yogalehrer war, herbeizitiert, um vor den Kindern zu sitzen und »Ooohm …« zu sagen. Hana tut es ihm zu Hause noch heute gern nach, im Schneidersitz und mit geschlossenen Augen sowie einem geheimnisvollen Lächeln, das offenlässt, ob sie die Sache genießt oder sich über sie lustig macht.

Als Ende 2020 Deutschland an die Reihe kam, meldete sich zunächst niemand bei mir. Junko und ich hatten gleich einen Grund identifiziert, den wir uns gegenseitig so lange unterjubelten, dass wir ihn beinahe selbst glaubten: Corona. Der Kindergarten hatte sich zwar selbst in den turbulentesten Zeiten der Pandemie standhaft geweigert zu schließen. Doch die Aktivitäten, die über den normalen Kindergartenalltag hinausgingen, wurden stark eingeschränkt. Auch die beliebten Landestage wurden nun ohne Livepublikum aufgezeichnet und später für die Eltern auf YouTube hochgeladen (Finger weg vom Handy, die sind von Unbefugten nicht zu finden).

Doch tief in mir wusste ich, dass der Verzicht auf meine Mitarbeit nichts mit Corona zu tun hatte. Es ging immer noch um diesen Artikel von damals. Sie hatten mir die Sache mit der schwedischen Botschaft nicht verziehen. Sie hatten mich auf die schwarze Liste gesetzt, wie einst Senator McCarthy die aufrichtigsten Künstler der USA. Mit dem Unterschied, dass denen untersagt worden war, ihren Lebensunterhalt zu verdienen, während mir nur ein Gratisvortrag vor Zwei- bis Sechsjährigen verweigert wurde.

Ich hätte das gern gemacht. Ich kann überraschend gut mit Kindern. Überraschend vor allem für mich selbst. Ich hatte es nie groß ausprobiert, bevor Hana geboren worden war. Aber wir kommen gut klar. Auch ihre kleinen Freundinnen brauchen meist nur wenige Monate, um meinen Humor verstehen zu lernen und höflich über meine Witze zu kichern, anstatt mich nur mit halb geschlossenen Augen und schnurgraden Mündern anzugucken. Der kleinen Mika habe ich sogar einmal zu einem linguistischen Durchbruch verholfen. Allgemein als cleveres Girl bekannt, frech wie Oskar und ganz und gar nicht auf den Mund gefallen, war sie doch eine der wenigen im internationalen Kindergarten, die partout nicht Englisch sprechen wollten. Eltern und Lehrer waren sich nicht sicher, ob sie von der Weltsprache überhaupt irgendetwas verstand. Nachdem ich allerdings tagein, tagaus versucht hatte, sie auf dem gemeinsamen Nachhauseweg auf Japanisch zu amüsieren, schaute sie mich eines Tages mitleidig an und sagte ohne Akzent und Unsicherheit: »English is okay.« Seitdem hält sie auch auf Englisch nicht die Klappe.

Ich hätte also keinerlei Bedenken gehabt, im Kindergarten zum Thema Deutschland zu sprechen, aber ich wollte mich nicht aufdrängen, wenn niemand mich fragte. Zum Glück drängte Hana mich auf. Eines Abends, als ich sie abholte, kam Teacher Ayumi mit gequälter Miene auf mich zu. Sie mochte mich nicht, da war ich mir sicher. Sie war damals beim Schweden-Debakel dabei gewesen und sah mich seitdem als Provokateur, als Unruhestifter, als Kindergartenverräter. Inzwischen war sie zur Oberlehrerin befördert worden, was sie de facto zur Kindergartenleiterin machte, denn die tatsächliche Kindergartenleitung saß seit der vermutlich unfreundlichen Übernahme in Yokohama und sprach kein Englisch.

Teacher Ayumi spricht Englisch, allerdings anders als ich. Manchmal ist es schwierig. Fragt sie mich: »Wie war Hanas Wochenende?«

Und antworte ich: »Gar nicht gut. Sie hatte hohes Fieber und schweren Brechdurchfall.«

Dann gurrt sie, sich zu Hana runterbeugend: »Oh, wie toll, Hana!« Und macht dazu ein Gesicht, als hätte ich gesagt*: »Total megasuper! Wir waren im Ueno Zoo Pandababys streicheln und durften eins mit nach Hause nehmen.«* Vielleicht hat sie genau das verstanden.

Was sie nun zu mir sagte, verstand ich wiederum nur ansatzweise. Irgendwas mit Hana, Weihnachtsfeier und Deutschlandtag. Wahrscheinlich die dringende Ermahnung, allen Festivitäten so fern wie möglich zu bleiben, wenn mir die weitere Kindergartenkarriere meines Kindes am Herzen läge. Ich sagte, dass das doch wohl eine Selbstverständlichkeit sei. Ihr Gesicht erstrahlte, und sie antwortete in alter Zuckersüße: »Großartig! Ich freu mich darauf!«

Ich flüsterte Hana zu: »Was hat Teacher Ayumi Papa gerade gefragt?«

Hana strahlte ebenfalls: »Ich habe ihr gesagt, dass du am Deutschlandtag einen Vortrag halten kannst!«

Als wir schon fast zur Tür raus waren, flötete Teacher Ayumi uns hinterher: »Eine Sache noch, Hanas Papa.« Nach diesem Muster werden im Kindergarten alle Elternnamen gebildet. Eigentlich ist das ungerecht; wir müssen uns von den Lehrerinnen und Lehrern immerhin die Vornamen merken.

»Und das wäre?«

»Bitte schreiben Sie nichts darüber.«

»Wie käme ich darauf? Und sollte ich es doch tun, soll ich eintausend Zahnstocher schlucken.« Das ist in Japan die redensartliche Strafe fürs Lügen.

Sie nickte glücklich. Abgemacht.

***

Ich hatte einen Vortrag über deutsche Weihnachtsbräuche von Adventskalender bis Heilige Drei Könige vorbereitet, außerdem ein wenig Bonusmaterial über deutsche Zeichentrickfiguren und als Zugabe ein paar freche Lieder auf YouTube markiert. Ich hatte außerdem Teacher Ayumi erzählt, wir hätten wegen einer Adventskalenderfehlplanung noch viel zu viele kleine Haribo-Tütchen übrig, die ich gerne mitbringen würde. Sie war von der Idee so angetan, dass sie gleich den Kindern davon erzählte. Dann erzählte sie mir, wie viele Kinder es waren. Es stellte sich heraus, dass ich noch ein paar Tüten nachkaufen musste.

Den Auftakt hatte ich mir folgendermaßen vorgestellt.

Ich: »*Good afternoon, everyone!*«

Kinder: »*Good afternoon, Hana's daddy!*«

Ich: »*I will talk to you about how we celebrate Christmas in Germany, but we will also do some other fun stuff! By the way … I've been thinking … since we are talking about Germany – should I do it in* German?«

Kinder (panisch belustigt): »*Nooo!*«

Ich: »*Should I do it … in* Japanese?«

Kinder (sich fast wegschmeißend): »*Nooo!*«

Ich (Schweiß-von-der-Stirn-wisch-Geste): »*Phew, safe!*«

(Lange Pause, bis das schallende Kinderlachen verstummt ist.)

Tatsächlich riefen die Kinder, nachdem ich gefragt hatte, ob ich zu ihnen auf Deutsch sprechen solle: »Yeeesss!« Das war der erste von einigen Witzen, die nicht funktionierten. Trotzdem erzählte ich tapfer auf Englisch weiter. Dass wir wegen Jesus Kartoffelsalat und Würstchen essen; dass Oskar, der Freund des kleinen Drachen Kokosnuss, Vegetarier sei (Sympathiepunkte bei Teacher Lucy); wie wichtig das *Yps*-Heft für meine erfüllte deutsche Kindheit war und warum Mama die Urzeitkrebse immer irgendwann entnervt das Klo runterspülte (mein Vortrag, meine Themen).

Danach stellten die Kinder Fragen, die nichts mit dem Vortrag zu tun hatten: »Was ist deine Lieblingsfarbe?« Rot. »Was ist dein Lieblingsessen?« Currywurst. »Was ist deine Lieblingscomicfigur?« Batman.

Ich durfte mit den Kindern Kuchen essen und ihnen beim Basteln zusehen. Sie machten leuchtende Weihnachtsornamente, auf die sie Motive ihrer Wahl malen durften. Ein mir unbekanntes Kind malte mich. Ich wurde nun nicht mehr »Hanas Papa« gerufen. Für diese Kinder war ich fortan »Papa Germany«.

Schließlich kam dann noch der Weihnachtsmann über den Balkon gekrabbelt (der Kindergarten ist im vierten Stock). Normalerweise enträtseln die Kinder schnell, wer sich dieses Jahr den Bart angeklebt hat, und rufen dessen Namen immer und immer wieder. Diesmal große Ratlosigkeit. »Teacher Henry!«, versuchten manche, aber Teacher Henry stand hinter ihnen. »Papa Germany!« Doch auch ich war noch in Zivil (zumindest relativ; ich hatte mir extra für diesen Anlass eine Weihnachtsmannmütze und einen angesagten Ugly-Sweater mit Weihnachtswelpen sowie der Aufschrift »*Santa Paws*« zugelegt, ein großer Erfolg). Bald machte das Gerücht die Runde, diesmal sei der Weihnachtsmann *echt*. Das war einigen zu viel. Ein paar der kleineren Kinder fingen an zu weinen. Beschenkt wurden sie trotzdem. Ich habe bis heute nicht herausbekommen, wer dieser Weihnachtsmann war.

Aber mehr als der Weihnachtsmann interessierte mich meine eigene Leistung. Ich fragte Hana auf dem Rückweg an der funkelnden Starbucks-Zentrale vorbei: »Und, war ich in Ordnung?« Mehr erhoffte ich gar nicht. Dass das ganze Haus nicht gerade außer Rand und Band gewesen war, hatte ich schließlich selbst gemerkt.

Hana strahlte: »Ja, niemand hat gelacht.«

Die Geschichte meines Lebens.

DANK & ANMERKUNG

Dank der exzellenten Arbeit meiner Agentin Aenne Glienke und dem Enthusiasmus von Hans Peter Buohler im Knesebeck Verlag kam dieses Projekt so schnell zustande, dass mir zwischen ihm und dem letzten kaum Zeit zur Reflexion blieb. Umso erleichterter war ich, als nach der Manuskriptabgabe die Rückmeldungen von Herrn Buohler und meiner Lektorin Monika Kempf so überaus erfreulich ausfielen. Noch erfreulicher waren Frau Kempfs umsichtige Nachbesserungen, die aus dem Manuskript erst ein Buch gemacht haben.

Ich danke meiner Frau Junko Katayama, dass sie immer wieder meiner Erinnerung auf die Sprünge geholfen und mir beim Schreiben den Rücken freigehalten hat. Ich danke meiner Schwägerin Takako Katayama, dass sie Letzteres übernommen hat, wenn Junko ihren eigenen Rücken freihalten musste.

Da es hier nicht in erster Linie um Ereignisse der Weltgeschichte geht (obwohl ungefragt welche hineinspielten), habe ich mir die Freiheit genommen, manches zu verknappen, auszuschmücken, neu zu arrangieren. Dennoch hat alles, was in diesem Buch steht, tatsächlich stattgefunden. Nur nicht immer in dieser Reihenfolge oder haargenau im geschilderten Zusammenhang.

DANK & ANMERKUNG

Alle Namen von Personen, mit denen ich weder verwandt noch verschwägert bin, wurden geändert. Mitunter wurden weitere Details verfremdet, um Identitäten zu verschleiern und Privatsphären zu schützen.

Tokio, im März 2021 (die Vorhänge sind da)

Dieses Werk wurde vermittelt durch Aenne Glienke | Agentur für
Autoren und Verlage | www.AenneGlienkeAgentur.de.

Projektleitung: Hans Peter Buohler, Knesebeck Verlag
Lektorat: Monika Kempf, Starnberg
Gestaltung und Umschlaggestaltung: Favoritbüro, München
Grafikelemente: © shutterstock.com (HstrongART, Lauritta, Marish,
smym, Katsiaryna Pleshakova, Worldgraphics)
Satz und Herstellung: Arnold & Domnick, Leipzig
Druck: Livonia Print, Riga
Printed in Latvia

ISBN 978-3-95728-506-5

www.knesebeck-verlag.de